青春
都在西北政法（第一季）

西北政法大学校友总会 组编

知识产权出版社
全国百佳图书出版单位

《青春都在西北政法》编委会

编委会主任： 贾　宇

编委会委员（按姓氏笔画排列）：

王　昕　王　俊　王惠玲　王慧泽　韦荣龙　丛松平　冯兆惠
任　际　邢　亮　刘汉文　孙学龙　孙珩超　李成业　李国友
杨仕东　杨青年　杨宗辉　汪功新　沈　萍　张　杰　张　岩
张大林　张汉琦　张树贤　范继东　范登峰　罗　青　罗江明
周济生　贺　众　胡　勇　贾　宇　高福华　郭永辉　涂　楠
崔　峰　葛洪义　董小龙　程相会　曾月英

主　编： 孙学龙

副主编： 杨建云

编　辑（按姓氏笔画排列）：

王敏琴　齐梓伊　杜　平　邹　义　张文渊　张承兵　张艳华
张馨艺　康尔平　谢勇强

序

大学之大在于大师，而一所高校所获得的社会评价，很大一部分是来自培养学生所获得的综合评价，因此从某种意义上说大学之大还在于学生之大。

1938年3月3日，毛泽东亲临陕北公学结业典礼，看到学员们的英姿勃发，高兴地说"中国不会亡，因为有陕公"。时至今日，作为陕北公学的发展和延续，西北政法大学的校友们继承前辈的红色血脉和革命传统，坚持法治信仰、站稳中国立场、拓展国际视野、保持平民情怀，凭着扎实的专业功底、朴实的工作作风、求实的工作态度，砥砺担当，无私奉献，为国家特别是西北地区的经济社会发展和民主法制建设作出了突出贡献。这些，是西北政法大学最可骄傲和最可自豪的宝贵财富。

人非草木，贵在有情。亲近深爱莫过于母亲，母校与学子则犹如母子。千千万万校友对母校魂牵梦绕，经过西安时一定会回母校走一圈，看到母校的消息会兴奋地点个赞，到了毕业10年、20年或者入校10年、20年等时间节点，往往还要认真筹划一次隆重的聚会，更有许许多多的校友关注、关心和支持着母校的发展。学校深切地感受到各位校友的拳拳深情，把校友工作摆上重要议程，成立了校友总会，专门设置了校友工作办公室，就是为了给各地校友搭建一个交流沟通的平台，努力打造校友与母校联系的桥梁和纽带，努力成为校友人生旅途中休憩畅谈的心灵驿站，让全国各地校友的事业能够更好地发展、发展得更好。

目前，各地校友会的机构和组织建设越来越规范和完善，已经有36个地方校友会先后成立，涉及全国27个省、市、自治区。多年来，校友总会和各地校友会所做的一切努力，为校友与母校，以及校友与校友之间的沟通联络提供了良好的组织保障和工作平台，对服务母校，增进校友间的情谊，推动地方经济建设、社会和谐稳定和法治昌明作出了非常重要的贡献。

我们常说，母校是校友们心中永远的牵挂，的确如此。无论校友们身居何位、身处何地，距离母校有多么的遥远，只要说是母校来的人，校友们都是热情接待；只要说是母校的事，校友们都义不容辞、无怨无悔。校友们为母校发展献计献策、出资出力，通过各种渠道，运用各种方式支持母校的建设和发展，充分表现了校友对母校的深厚情意。现在，呈现在大家面前的这本《青春都在西北政法》，近百篇与母校、与校友、与曾经挥洒过青春的这片土地有关的，承载着众多校友在政法园里，曾经快乐或艰辛、甚或孤独和灰暗心绪的文字，在今天读来都成了彩色的、无比美好甚至是深情款款的回忆，这些正是校友们母校情、校友谊的真实流露。

而这本书的名字和其中大部分的文章就来自在西法大校友中影响颇广的微信公众号"青春都在西北政法"。这是一个由校友自发组织起来运营的微信公众号，从2014年5月以来，坚持每周6次更新，截至2016年12月，他们已编辑刊发校友各类文章1400多篇330多万字，总阅读量超过550万人次，在校友群体中掀起了一轮又一轮感怀母校、追忆青春的热潮。通过这个平台，也使很多人对于西北政法有了更新的认识。尤其让人感动的是，"青春都在西北政法"的各位编辑都是离开母校近20年的社会中坚力量，他们在繁忙的工作之余，用个人的时间完全义务运行这个西法大人的精神家园，这一份对母校真挚质朴的感情，这一份但求付出的奉献情怀，既是西法大人眷恋母校、支持母校的一个典型例证，也是西法大人不断追求人格完善的一个典型例证。

我是"青春都在西北政法"的忠实读者，因为我的青春也在西北政法。37年前，当16岁的我背着行囊离开青海贵德老家，我完全预想不到那张印着"西北政法学院"的录取通知书会成为我一生最重要的指引，我更预想不到自己的青春乃至命运都和这所学校紧密地联系到了一起。

在这里，我幸运地成为"全国优秀班集体"西北政法学院1979级2班的一员，在百废俱兴的蓬勃氛围里完成了自己本科阶段的学习；在这里，我又幸运的师从新中国第一批刑法学家之一的周柏森教授，取得了硕士学位，并在母校的挽留下放弃从事法律实务工作的初衷，留校开始刑法学的教学研究工作；在这里，我得到学校支持前往武汉大学，师从刑法学泰斗马克昌先生取得了博士学位。母校也给自己的孩子最大的鼓励，29岁破格晋升我为副教授，33岁破格晋升为教授，还给了我很多的荣誉。2006年，上级和母校又把管理学校的重担交到我肩上，10年来，我和母校的党政领导、各位老师一起，身体力行服务性管理，坚持质量立校、特色兴校、人才强校、依法治校，坚持建设学科、创新学术、培养学者、广纳贤才，努力推动学校回归大学本位。经过我们持之以恒的努力，学校更名为大学，实现了一本招生，"服务国家特殊需求博士人才项目"已经招收四届，并拥有了西北地区第一个法学一级学科博士后科研流动站，学校的社会声誉持续提升。回首在西北政法的这数十年历程，我每每心潮澎湃，不能自己。就像诗人说过的：为什么我的眼中常含满泪水，因为我对这片土地爱得深沉！

  铁打的校园，流水的青春，我们的青春都和这所有着光荣传统的西北法学重镇密切关联，这就决定了我们的人生风格有了某种相同的基因。在"青春都在西北政法"第一个选集即将付印之际，我在秦岭北麓的天平楼下写下这些文字，表达我的祝贺，祝愿我们西北政法大学的明天更美好，祝愿我们的每一位校友工作、生活更美好！

  此为序。

2016 年 11 月 16 日

目录 Chapter

1 西北政法，我人生事业的起点

P004	西北政法，我人生事业的起点	田文昌
P009	母校萦怀无绝期	谢　晖
P016	成长的摇篮，温暖的家，我们的"七九二"	马建川
P021	"七九二"的故事：同学韩松	周　健
P024	我的大学生活（节选）	陈晓光
P032	20年后的重逢	李　娟
P036	1979：秋天的故事	李　端
P039	母校风范	郑玉光
	——忆西北政法大学三件事	
P042	回忆我的大学生活	王向东
P045	毕业，去新疆兵团工作	郭　锋
P048	通往高原的心路	陈铎元
P054	20年，一个政法人的跋涉和抵达	陈　炜

2 我在政法园的日与夜

P062	老南楼打鼠记	周少华
P066	我在西北政法园的日与夜	袁连飞
P075	我的大学	邹　辉
P081	我们的1996版"兵马俑"开幕式	莫瑞安
P085	我的政法我的系	李　利
P089	大学的别名叫"篮球"	谢勇强
P090	他们·往事	陈　迪
P100	1996年的第一场雪	杨青青
P102	那些年，我们经历的面试	孙　科
P105	那一年，西北政法一举超越两个"超级大国"	姚敏利
P109	法学二系1995级律师班毕业15年聚会记	行燕舞
P113	拼凑大一	何柏松
P116	回忆政法的那八年	冯立培

P120　那些年，我们一起占座 ············· 邱昭继
P123　那一天，那些年 ················· 聂宝铖

3　我最挚爱的政法和我最敬爱的老师

P128　感动着那份感动 ················· 王有信
　　　——我最挚爱的政法和我最敬爱的老师
P131　学生眼里的贾宇校长：西法大的耕作者 ····· 赵倩倩
P134　再回西安 ····················· 徐立伟
P137　接地气的哲学老师张周志 ············ 张馨艺
P140　西子静晚秋重逢 ················· 张纵华
　　　——西北政法大学浙江校友聚会随感
P144　那些年上过的刑侦课 ··············· 高凡子
　　　——小忆刑侦老师许志
P146　昔人已去 ····················· 蘅云儿
　　　——记杨森老师

4　邂逅美丽之政法爱情故事

P152　老板，来瓶冰冰的 ················ 杨　帆
P155　那个法二系的男生，你还好吗 ·········· 陈　喆
P158　紫色指甲 ····················· 弋　戈
　　　——那些年陪我走过的女孩
P163　邂逅美丽 ····················· 徐崇杰
P166　姐姐，今夜我不关心人类，我只想你 ······ 六小开

5　回忆似水流年

P172　漫漫30载 ····················· 李　维
P175　回忆似水流年 ··················· 宋远升
　　　——《检察官论》后记
P181　出杨庄记：我的高考故事 ············ 杨建云
P187　致第一四合院终将逝去的青春 ·········· 陈景春
P189　长安古道 ····················· 刘争远

P191	2008年，一个政法人的毕业往事（节选）……………	肖容宽
P198	2004年，我上了西北政法……………………………	康尔平
P202	高考季的回忆…………………………………………	邹　义
	——收麦	
P204	流水天涯………………………………………………	王敏琴
	——五个人的大学光阴	
P209	花枝招展………………………………………………	程玉洁
P212	毕业日志………………………………………………	张　佳
	——怀念我远逝的大学四年	
P215	毕业十年………………………………………………	马　云
	——致我的全体同学	
P217	毕业十年感怀…………………………………………	钟宇华
P220	回想与未来……………………………………………	魏　涛
P225	面对校友，春暖花开…………………………………	张　煜

6　那些年，那些事，那些人

P228	二蛋你好，我是淘气…………………………………	杨　静
P232	舍友大胖………………………………………………	曹睿萍
P235	那些年，那些事，那些人……………………………	刘智华
P240	政法往事之那些梧桐…………………………………	聂武钢
P243	我无意知晓自己仍难过………………………………	沈亚洁
P248	将进酒　杯莫停………………………………………	谈　鑫
P251	小吃院的那些人………………………………………	李　源
P254	悼念我的同学小夏……………………………………	陈锐杰
P258	"211"纪事……………………………………………	李梦洁
P262	老王这厮………………………………………………	郑　智
P266	施瓦辛格＋伍佰＝政法的福贤………………………	刘鸿伟
P271	楼管大爷黄善学………………………………………	李　轶
P273	刘海先生留下的不解之谜……………………………	王学堂

7 政法情缘

P278	大学"墓志铭"	刘　炯
P284	政法情缘	杜　晶
P287	情系政法	周　琦
P291	岁末光亮	张艳华
P294	这些	司　雨
P296	七年政法情	孙　杰
P299	毕业了，好好的	霍文妍
P304	《查与你收》	李春英
	——写给1994级法二系一班15周年聚会	
P307	天赋奇缘　八三四班	吕晓晶
P309	长安夜未冷	郭　佳
P312	20年的风云际会	刘怀峰
P314	西北政法人的特质	薛兰锁
P316	法九五·二毕业15年聚会散记	张廷发

8 岁月断流

P322	悠悠桑梓心　深深画乡情	刘亚谏
P330	一个纳西族家庭的春节聚会	李学凤
P335	同学二三事	刘贵俊
P338	孙少安的"理智与情感"	朱　锐
P345	岁月断流	雷雪霞
P349	梵高的耳朵	杨　伦
P351	杭州与西安	黄　震
P354	读书记	吕　锋
P357	想起父亲	李学军

西北政法大学

NORTHWEST UNIVERSITY OF POLITICAL SCIENCE AND LAW

1

P004　西北政法，我人生事业的起点 ………………………… 田文昌
P009　母校萦怀无绝期 ……………………………………… 谢　晖
P016　成长的摇篮，温暖的家，我们的"七九二" ………… 马建川
P021　"七九二"的故事：同学韩松 ……………………… 周　健
P024　我的大学生活（节选） ……………………………… 陈晓光
P032　20年后的重逢 ………………………………………… 李　娟
P036　1979：秋天的故事 …………………………………… 李　端
P039　母校风范 ……………………………………………… 郑玉光
　　　——忆西北政法大学三件事
P042　回忆我的大学生活 …………………………………… 王向东
P045　毕业，去新疆兵团工作 ……………………………… 郭　锋
P048　通往高原的心路 ……………………………………… 陈铎元
P054　20年，一个政法人的跋涉和抵达 …………………… 陈　炜

西北政法，我人生事业的起点

西北政法，
我人生事业的起点

田文昌

"文革"、知青、一步之遥失去了进大学的机会，我成了"动乱"时期最"幸运"的一代人。

1966年，我在读高中二年级的时候，史无前例的无产阶级文化大革命爆发了。在这场任何人都对之茫然的"革命风暴"中，同一切青年人一样，我经历了一场触及灵魂的洗礼。

性格使然，"文革"初期，因替被打成"反革命"的同学鸣不平，被取而代之，我成了"反革命"；接下来，又成了造反派、黑五类。自1966年至1968年的三年中，我迷茫过、狂热过、消沉过、苦闷过，又逐渐地冷静下来，如饥似渴地读书、学习。我读马列、毛泽东著作，也读作为"反面教材"的刘少奇等人的著作；后来，又读历史、哲学、经济学，都是为了一个目的：在经典著作中寻找答案。因为，在狂热过后的思考中我开始困惑，而又没有任何人可以给我任何答案。尽管当时我并没有找到答案，但这个寻找答案的过程却为我将来的发展奠定了思想基础。

1968年9月21日，作为"文革"中第一批上山下乡知识青年中的一员，我与同学们一起到辽宁北镇县（现为北宁市）插队落户，接受贫下中农再教育。我干遍了农村所有的苦活、累活、脏活，整整三年，全身心地把自己献给了改变农村面貌并"脱胎换骨"改造自己的事业。在"战天斗地"和"自我改造"中表现突出而得到了贫下中农认可后，1971年我被第一批选调回城。

回城后，先做中学教师，又调到工厂当工人，做职工教育。直到1980年，我经历了很多，却始终没有机会去读大学，我的学历还是高中。

从1966年到1980年，历时15年，在这人生的黄金时代，我经历了太多的坎坷，把自己历练成为一个强者。但是，却由于无法接受系统的正规教育而在专业上一无所成。但值得欣慰的是，在这15年中，我为了寻找答案而从没有停止过读书和思考。

看来这正是我与西北政法结缘的基础。

首届刑法学研究生论文答辩纪念

1980年，我以同等学力破格考取了西北政法学院的刑法硕士研究生。那一年我已经33周岁，过了而立之年。我阔别了学生生活15年后，第一次迈进了大学的校门，由一名对法律几乎一无所知的人变成了第一批法学硕士研究生，我一生中第一次被媒体报道称为"自学成才的典型"。自此，我有了自己的专业，确立了为之奋斗的人生目标。后来，我成了中国政法大学的教授，成了中国的著名律师，中央电视台专访报道的《东方之子》……直到今天，这一切都开始于西北政法。

任何时候，我都会感慨万分地说，西北政法是我人生事业的起点。

校园巨变，今非昔比

今天就读于西北政法大学的学生们，不会想象出30年前刚复校时西北政法学院的样子。

1980年，当我欣喜若狂地来到学校报到的时候，已经身在校园之中的我，还在寻找"西北政法学院"，因为我无法相信这就是西北政法的校园。我走了一圈又一圈，当我确信再也没有遗漏的时候，失落感油然而生：这哪里是大学？简直还不如一所像样的"中专"校园！

那时西北政法的校园，几乎连散步的地方都没有，比今天的老校区还要缩小一圈，而且还不完全属于西北政法所有。当时的西北政法校园，印象深刻的场所之一是学生食堂；两间不大的学生食堂，每天全校师生都在那里排队打饭、用餐，还包括全省各地来校进修、培训的政法干部。习惯使然，因陕西有些地区的人喜欢蹲着吃饭，有些进修者总是蹲在食堂的高凳上用餐，这样一来，坐凳变成了脚蹬，通常很难找到一个干净的凳子，大家也就只好站着用餐了。好在我们几个研究生因"稀有"而享有"特权",每人一个煤油炉子,单起炉灶。所以,也只是去食堂买点儿主食,而免去了站立吃饭的修炼。

值得一提的还有操场的利用率非常之高。当时学校的体育活动似乎受到格外重视,每天早晨跑步、做操从不间断,下午操场内的球类活动十分活跃,那时我们硕士研究生只有五个人,经常混在本科生之中一起活动,打排球、篮球,其乐融融。由于每天坚持体育活动,读研的三年虽然很苦,却是身体状况最好的时期。

但是,那时的操场还达不到四百米跑道的标准。

今天的西北政法大学,真正是"今非昔比"了,有时我会想,如果有可能,宁愿重来一次,体验一下今天做学生的感受。

欣慰的是,我们这一代人就是在那种环境中走出来了,成功了,我们没有辜负母校西北政法!

我希望校园的巨变能带动学子的巨变,校园环境今非昔比了,学术水平今非昔比了,学子的成就也应当今非昔比。今天的学子们,应当飞得更高、更远!

师生情深,终生难忘

作为第一批硕士生,条件是艰苦的。政法学院刚刚复校,一切都是从零开始,没有教材,没有参考书,师资缺乏,甚至连教师自己也是从头学起,教学、科研都在摸索之中。

然而,作为第一批硕士生,又是十分幸运的,因为是首批,人数又极少,我们真是享受了难得的VIP待遇。我们与导师的关系十分密切而融洽,在导师那里,我不仅学习知识,也学会了做人的准则。

我的两位导师周柏森教授、解士彬教授都已离开人世,但我永远也不能忘记他们的教诲。

周柏森老师指导研究生

解士彬老师指导研究生

周柏森教授资深而严谨，早年毕业于中国人民大学，"文革"后曾做过"四人帮"的辩护律师，我读研三年中他几乎全身心地投入到教学当中。我们对他的求教不分时间，不拘方式，可以毫无顾忌地与他探索和争论任何问题，几乎已经没有了师生的界限。他读博士的小女儿曾经说过，她很难理解我们与周老师的关系为什么能够那样密切而平等，因她对自己的导师是绝对不敢如此"放肆"的。

我想，这也许就是我今天能够成才的秘诀，因为周柏森教授教会了我知识，也教会了我做人。今天，我也像周老师对我一样对待我的学生。

解士彬教授，才华横溢、思路开阔，早年毕业于中国人民大学，因被打成右倾分子而被贬到中学教书，直至西北政法复校时才进校执教。解老师外语好，精力充沛，因相对年轻一些，更是与我们完全打成一片，毫无距离。有一件使我终生不能忘怀的事例：我的毕业论文初稿经解士彬教授修改后，几乎通篇都变成了红色。而在最后完稿之前，解老师竟然在我的寝室里陪我彻夜修改，直到完成。在解士彬教授那里，我才真正学会了如何写论文，也学会了以后如何教我的学生写论文。

令我更为感慨的是，我的两位导师都有一个博大的胸怀。在复校初期，因资料匮乏，两位导师担心自己的资讯有限，观点偏颇，便鼓励我到全国各地去请教名师。他们凭借个人的老同学、老朋友关系，多次修书介绍我去拜师求学。在他们的鼓励和支持下，在三年读研期间我访遍了国内的刑法学界的前辈名师，实现了他人所没有的"游学"经历，也学到了许多在一所大学里所无法学到的众家之长。

直到今天，我可以感慨万分地说，能达到周柏森、解士彬两位教授如此境界的人，绝不会很多；我还可以无比自豪地说，像我这样如此幸运的人，更是少之又少了。

在两位导师的身上，我懂得了一个更深刻的道理：知识重要，胸怀更重要。正是由于他们博大的胸怀和远见卓识，使我可以博采众长，知识放大了若干倍。虽然我在众多的前辈法学家那里学到、悟到了我的两位导师所无法教给我的知识，但是，这一切又都源自我的这两位导师。

由于历史的原因，周柏森教授和解士彬教授没有机会更充分地发挥他们的才能，他们在学界的影响与他们的实力不相匹配。但是，这绝不影响他们在我心目中的地位！作为学生，我更了解他们；作为学生，我有责任去延伸他们的事业；作为学生，我要用自己的成就去证明他们的实力！

30年过去了，我伴随着西北政法的复校而成长，也伴随着中国改革开放和法治建设的进程而成长。

对我来说，事业犹如生命；而我事业的起点，就是西北政法大学。

希望每一位从西北政法大学走出来的人，都把自己的辉煌当成母校的辉煌！

祝愿西北政法大学，明天更加辉煌！

作者：田文昌，1980级研究生校友，京都律师事务所高级合伙人、名誉主任。

母校萦怀无绝期

谢 晖

不知何时，又是什么人，在自己学习的学校前加上最能表现人类伟大情感的字眼"母"字，从而，"母校"这个类比如母亲般的伟大称呼，就被世人所自觉接受。是啊，如果说我们每个人的父母，铸就了自己的肉身的话，那么母校在肉身之外，铸就的却是每位学子的魂灵。人皆云：人的塑造，需要家庭、学校和社会三管齐下，信然！

笔者迄今接受过四所学校的教育，分别是甘肃省甘谷县何家坪学校（小学、初中）、甘谷县第三中学、西北政法学院（西北政法大学）和山东大学。这些学校，都给笔者的心智成长留下了深深印痕。我的身体人格、思想历练、意志打磨，除了父母给付的良知、良能外，就是这些学校教育的结果。多年来，我在多篇文章中均谈及过这些母校对我的决定性影响。今天，恰值我的大学、我的母校西北政法学院（大学）恢复招生30周年。在学校举行庆典之际，把这所学校带给我的深刻影响，再次借诸文字，留在这里，以表达一位学子的心路和心愿。

1981年，我高中毕业当年，顺利考取大学。公社用有线广播传递来的消息，我本人，甚至我的家人都未听到，而是乡邻们听到之后，一传十、十传百地在乡间扩散的。我知道这一消息，是当时年龄尚小的堂妹气喘吁吁跑到半山腰来告诉我的。我当时不知去了什么地方，从家乡的山顶上走下来，或许是山下村庄里的小妹在急切地等我回来，她在村头一看到我从山上下来，就一边喊着"三哥来了，三哥来了"，一边快速地朝山上跑来。在半山腰快和我见面时，她才从嘴里激动地蹦出几个字："三哥，你考上了！"

闻听这一消息，当时究竟是何种感受，如今实在回想不起来了。唯一能回想起的是当时在疑问：我究竟考上了哪所大学？之所以有这样的疑问，是因为前几年考完大学知道成绩后，才由考生自己填报志愿。但从1981年起，甘肃考生在高考结束后几天，就要填报志愿。而我仍依照前些年的惯例，考完之后就回乡务农去了，所以，谁给我填的志愿，究竟填报了哪所学校，我都丝毫不知。事后才知道是住在县城的班主任颉正生老师给我代填的。

自从知道考取的消息后，一直在盼望录取通知书，但每次邮递员来，都说没有。直

到有一次，邮递员说，你还是到学校去看看吧。为此，正在病中的父亲多次催我去学校，但那年淫雨肆虐，从这个叫谢家沃的小山村，到我就学的中学，需要经过两条悬崖壁立的深沟。出于安全考虑，一直没成行。直到有次父亲以二哥数年前不及时主动地去拿录取通知书、上高中的名额被他人顶替占去为例，督促我快去学校时，我才拔腿赴校。到学校，顺利地在"王老头"那里拿到了录取通知书——我被西北政法学院法律系录取了！准备返家时已近黄昏。路上，因暴雨冲溃了一座土坝，我沿原来土坝的坝基回家，几度陷入泥淖差点一命呜呼！还算命大，有同学来坝上挑水，看到我陷在泥里，不能动弹，赶快去他们村上喊来几位村民，大家才用绳索、扁担把我硬生生地拖出泥淖，我才算捡了条命！

回到家，家人乡邻拿着通知书，你瞧瞧，我看看，但对西北政法学院究竟怎么样，谁也说不上个子丑寅卯来。只有一位堂哥说：按通知书上说的，学校应当在西安郊区。说实话，当时听到"郊区"这个词，我很陌生，忙问堂哥："郊区是什么意思？"他说："就是在城外面。"这位堂哥50年代在兰州当过工人，对这有些了解。至于法律系究竟学些什么，毕业后做什么，我和家人更是一概不知。直到一位老大娘问起："孩子，你将来出来（毕业）后干啥的？"我才开始思考这样的问题。遗憾的是，我回答不上来！好在在场的大队党支部书记出来替我说话，我才知道我将来毕业后"还不是用绳绳绑人的"！

临报到的日子越来越近了，但天空仍然淫雨不断！去学校的那几天，大哥陪我先到小姐姐家住一宿后，再到大姐家。晚上，住在四姐家——因为四姐家离火车站最近。第二天，要出发了，暴雨仍然下个不停！从四姐家到最近的火车站——朱圉站，要经过一道陡峭的山坡。在路上，这样大的雨，如此泥泞陡峭的羊肠小道，一个人想要直立着行走，几乎不可能。而我更是一位文弱学子，所以，四姐夫、四姐、大哥三人拿着铁锹给我铲台阶，我则几乎臀部坐地，双手后背着地，艰难地走过10华里左右的山坡，终于到了朱圉火车站。临行出门前，家里人说我要坐客车到天水。当时，客车是什么意思，我也不懂。就问家人，客车有篷子吗？为此，据说我离开家后，父亲一直很不放心！

火车到了天水，因陇海线天宝段被暴雨冲垮，我只能坐汽车绕道六盘山，到宝鸡后再转坐火车到西安。经过几天的折腾，终于到了古城西安，到了我的母校——我心目中豪华气派的西北政法学院。但是，到学校后发现，母校并没有想象中的气派豪华，反之在精致、典雅之外，还略显荒芜。一进拙朴的校门，左右两边是土灰色的教师宿舍，正对面是一座五层的苏式大楼，两侧的裙楼通过天桥和主楼连接起来，显得浑然一体、古朴大方。楼的正前面一个小小的花园里，有一株参天的雪松（可惜，后来被大风刮断，令我们这些学子不无伤心），高洁妩媚，成了当时不少学子留影的主要背景。从校门到主楼的通道两旁，是参天的梧桐树，夏日里，浓荫密布，是傍晚师生散步的最好去处。再往里走，有一座大礼堂，此后四年间，凡是重要的学术报告，或者我们全年级合上的大课，都被安排在这座气派、宽敞的礼堂里。礼堂的后面与南边，分别是学校的主操场和篮球等球类、体操类体育场。再往西走，是四座学生宿舍楼，依次是北楼、中楼、南楼和老西楼。这就是当时校园的大概。因为过了一个假期，校园的操场上、木工基地等处杂草丛生，我们新生开学报到后首先做的一项集体活动，就是在老师带领下清除杂草。

学校的周遭，基本是农村和农田，东边过了马路，就是一片桃园，把我的母校和西安外语学院分开；北边一片开阔的农田远处，是一个较大的村庄；南边直接挨着杨家村和吴家坟，还有一座解放军的干部疗养院；西边的农田更为开阔，过了这片农田，就是西安革命烈士陵园。在这样的环境中学习，可谓清静自然。

我们是恢复招生后进入母校的第三批学生，全年级共8个班，400人。其中法律系6个班，300人，学生来自西北五省和内蒙古；政治理论系（含哲学和政治经济学两个专业）两个班，100人，学生全部来自陕西。开学后同学们之间谈论的重要话题之一是你考了多少分，我考了多少分。当时，我在来自甘肃的全部七十多位学生中，成绩是倒数第一名，都不好意思和同学们说起。所以，有幸能到母校学习，一是要感谢中学时的班主任，二是要感谢命运之神对我的眷顾！但尽管如此，因为前述大队党支部书记的话，依然让我对在这座学校学习法律，既缺乏兴趣，也缺乏信心。所以，一度时间，很想转学哲学。可因为哲学专业只在陕西招生，也就作罢。这种情结困扰了多时，直到王陆原先生在新生开学典礼的大会上讲"学习法律专业的同学们，你们是祖国未来的治国之才"时，我才逐渐地改变了对法律专业的看法。但尽管如此，在很长时间中，我对法学投入的精力很不够，更多的时间是在看文学、哲学、历史学、经济学等方面的书。这种情形，直到上大三时，才得以根本改观。

随着对法学专业学习的深入，主要的法学课程在大三时都全面开设了。对法律的认识，也由当警察、"用绳绳绑人"、专政的"刀把子"，提升到对公民交往行为的权利保障、义务遵守视角去思考。那些年，学术界，特别是法学界在今天看来尽管建树不多，但学术争鸣现象开展得有声有色，绝不像如今这般，学术争鸣似乎要销声匿迹了！当时关于人治与法治问题的论争，关于法律的阶级性、社会性与人民性的论争，关于中华法系特征的论争，关于打击犯罪要单独"从重从快"，还是要"依法从重从快"的论争，关于有罪推定、无罪推定和既不能搞有罪推定也不能搞无罪推定的论争，关于犯罪因果关系的论争，关于法律与政策、形势关系的论争，关于民法与经济法、行政法关系的论争，关于经济法调整对象问题的论争等，都对我们这些天生就好奇的年轻学子是一种深深的诱惑。看那些论争的文章，听老师在课堂上讲授不同的学术观点，或者不同学者之间的分歧，既兴奋，又感觉特别的奇妙！在这里，我充分地领略了在乡村所无法领略的见识：原来对一个问题，可以如此地从不同视角进行论证，甚至提出完全相反的观点！这不禁让从山里走出来的我滋生了某种朦胧的主体意识和自治、自主的自豪！原来学习法学可以如此自由地发表主见，表达思想！

或许是受学术界这种开放精神的影响，大学期间，我最喜欢的课是讨论课。几乎在每次讨论课上，我都是发言最积极的学生之一。尽管初来乍到，我还带着浓重的乡音，但在讨论课上，乡音的困扰并没有阻挠我发言的积极性，并且在发言中，最喜欢和同学甚至老师真诚地辩论。与此同时，把过去写作诗歌甚至写作小说的积极性投入到对论辩文章的写作上来。这种积极地参与课堂讨论、论辩活动的行为，既锻炼了我的口才，也迫使我独立思考，不人云亦云，期望借助自己独特的视角和观点来反驳别人的观点，使自己的观点能够自圆其说。当时来自西南政法大学的青年教师廖德功、陈涛等老师，和我们一样，也喜欢辩论，并且经常主持我们的课堂讨论。即使那些年长的老师，如教授经济法学的徐德敏先生，教授民法学的寇志新先生，教授刑法学的吴孝先先生、段立文先生，教授法律史、法律思

想史的方克勤先生、段秋关先生，以及教授哲学、经济学、党史、国际共运史的一些老师，都特别倡导学生的独立思考，看中讨论课堂上的自由发言。这又无形中助长了一位年轻学子对独立思考和学术探索的热情！这种情怀甚至延续到学术讲座中。

我上学那会儿，母校的学术讲座也比较多。至今记忆犹新的如钱学森、李德伦、温元凯、熊映梧、朱家明、黄江南、吴家麟、吴大英、许崇德等著名科学家、指挥家、经济学家和法学家的讲座。在如上讲座中，尽管有两次讲座因为演讲者对母校或者对母校摄影师的不敬，我带头离开会场，但绝大多数演讲，还是让我受益匪浅。特别是在演讲结束后的提问阶段，很能表现演讲者和听者的互动、质辩，体现演讲现场的学术关怀和学术精神。我也尽量提出我的质疑，期望能得到演讲者的指教。记得熊映梧演讲时，继续以斯大林的生产关系四环节论——生产、分配、交换、消费——来阐述商品经济在生产关系方面的特征。演讲结束后，我提出了如下问题：严格说来，真正的商品经济是不存在"分配"这个环节的，"分配环节"是计划经济的概念。虽然熊先生未就此专门详细解答，但他还是对这样的问题表示出了浓厚的兴趣。

还记得有一次，一位研究文学问题的学者（一时记不得是谁了）到母校讲课，对"文以载道"的命题提出了严厉的批评，认为恰恰是这种命题，把我们的作家绑在政治的战车上，不能产生纯粹的、彰显人性的文学作品。但在末了，他又强调，中国的作家必须深入实践，深入到改革开放的火热生活中去，写出能真正反映时代特色、关注民生疾苦、社会问题的文学作品。演讲结束后，我立即用纸条写下我的问题递上去："您一方面反对'文以载道'，另一方面强调作家深入改革开放的火热生活，要他们的作品'反映时代特色、关注民生疾苦和社会问题'，请问，您的这种主张是不是仍然是一种'文以载道'？"该演讲人看到我这个条子，并给在场的所有听众念出来之后说："这表明我的听众和我一起在思考，我很高兴！"为此，他对自己的演讲进行了反思，说是深受某种"集体无意识"的影响云云。

还有一次，是我敬重的宪法学家吴家麟先生到母校演讲结束后，我也把问题用一个纸条递给他，并写上了我的名字。当时因为时间关系，吴先生没顾得上回答听众们的提问，但老人家把听众递上去的所有纸条和问题都带回去了。忽然有一日，我们班一位来自宁夏的同学告诉我："谢晖，吴家麟先生看到你提的问题很好，要见你。"同时，他也告诉了我吴先生在学校的住处。后来我去找吴先生，虽然没见到，但就因为吴先生捎话带来的这次"赏识"，让我下定决心毕业后到宁夏大学，追随吴先生教书去……

当然，母校给我的，更是各位老师们亲切的关怀和精心的指导。还记得吴孝先生在课堂上不厌其烦的教诲，记得他知道我有一年春节没回家时，把我叫到他家，共同包饺子过节的情形。还记得段立文老师利用他做《西北政法学院学报》主编的机会，知道我酷爱看书，把每期的学报都要给一位本科生很用心地准备一份的情形。特别当每次与他谈及刑法学界的动向，谈及母校的教师最近有什么文章发表时，他都如数家珍、眉飞色舞地和我谈及。记得我到当时母校在国内影响最大的学者、刑法学家周柏森先生家里请教时，周先生和方克勤先生那平易近人的待人接物方式。记得我多次到解士彬先生家里拜访并请教问题时，先生夫妇把我当朋友一般看待的情景。有时候去，他们正在用餐，但我们师徒间毫不介意："谢晖你吃饭了没有，没吃就让你师母给你下面条；吃了你就先等一会儿，我吃完了我们再聊。"快人快语，何如之哉！记得徐德敏先生带领我们调查一个案件过程中的一丝不苟、严谨认真，也记得他对我问题多、诘问多的表扬和批评。记得应松年先生授课时的丰富资料、严谨逻辑和循循善诱，他的教学方式，至今直接影响着我对行政法的关注和学习。记得寇志新先生讲课时，把民间婆婆妈妈、鸡毛蒜皮的一桩桩小事，纳入他民法原理中去的情形。他关于在生活中学习民法，用日常的新闻事件分析民法的教诲，让我受益终身。记得段秋关先生讲课时的口若悬河、笔若舞龙、激情四溢、雄辩滔滔；更记得为了抢着听他的课而占座位，学生间不时打架、吵闹的情形。我没有调查过，为能抢着听上一位中国法律思想史学者的授课，学生间打架的事，恐怕举中华之大，再无它例吧？记得吴运才先生在证据法学课堂上和课堂外对我的深刻影响。记得严存生先生并不扣人心弦、引人入胜的讲课，对我而言，却获益非凡，使我最终迷上了理论法学，选择了以理论法学为学术的从业方向。还有教授法理学的马朱炎先生、杨琪先生，教授政治学的邵诚先生，教授劳动法的侯文学先生，教授中国狱政史的李文彬先生，教授外国法制史的冯卓慧先生，教授罗马法的张继孟先生，教授劳动改造法的赵建学先生，教授法医学的杨世云先生等，都对我的知识储备、人格修养和意志磨炼，给予了深刻的影响。至于那些教授哲学、经济学、党史、国际共运史和写作课的老师，他们的所授所讲，至今是我取之不尽、用之不竭的知识养料和见识启示。记忆中的恩师们在这里只能挂一漏万地撮要介绍。如今，很多研究生刚刚毕业，就记不住给自己上课的老师的姓名，甚至连自己导师的姓名都能忘掉！而当年大本期间，给我上过课的那些老师的名字，以及他/她们的音容笑貌、知识见识，会永远铭刻在我的记忆中，同时也永远是我成长、进步的知识动力、精神动力和人格动力。

正是母校的悉心栽培、严格教育，才让我从一名乡下小子、一名"要面客"，成长为一位在国内法学界稍有影响的学者。记得大学毕业后不久，我的一位分配到北京工作的同学来信说："我们西北政法学院没有知名学者，这严重地影响着我们的前途。"接到来信，我这样回复之："俗话说，师傅领进门，修行在个人。只有不用心的学生，没有不尽心的老师。只要你想努力，母校老师教给我们的知识，足以让你很有前途！"现在看来，我的话或许有些绝对，但这一直是我真心的感受和切身的体会，也一直是促使我不断奋斗的动力。也正因如此，不论走到哪里，对母校的惦念、萦怀，就如同惦念、萦怀自己的母亲一样，永远伴随着我流浪的脚步、探索的足迹和报恩母校的心思。

衷心祝福我的母校、我的大学蒸蒸日上、欣欣向荣！

作者：谢晖，西北政法1981级校友。1964年2月生于甘肃省天水市，现任中南大学、广州大学教授，兼任甘肃政法学院法学院院长。

成长的摇篮，温暖的家，我们的"七九二"

马建川

1979年我高中毕业，应届考上了西北政法学院，被分到了法律系1979级2班，从此我与这个温暖的大家庭联系到了一起。入学时我还差几个月才17岁，从没有走出过铜川，是一个没有什么学识和不谙世事的愤青，"七九二"团结友爱、互帮互助、勤奋求学、积极上进的班风，还有班上各位兄弟姐妹的熏陶和帮助，使我成长为一个合格的具有特定历史符号的1979级、1983届毕业生。

由于"文革"导致大学停止考试和政法院校解散停招，1979级是大多数法律院系"文革"后复校招生的第一届学生，也是恢复大学招生以后的第三届学生，所以积累了很多生源。"七九二"班50名同学年龄差距较大，从1951年出生的到1963年出生的，从"老三届"到应届毕业生，最大的年龄差有一轮左右，以至于年龄大的老赵同学说"咱们差十几岁，你都应该叫我叔叔了，还成一个班了"，都是历史的奇迹。

当时"文革"刚刚结束，对"文革"的结论还没有作出，但是已经开始改革开放，逐渐出现了许多新的气象。大家来自工厂、农村、部队、学校、上山下乡的村寨等，特别珍惜来之不易的求学机会，像母校老师所说的那样"像蜜蜂采蜜一样"辛勤地学习。同学们一边讨论着"活着为了什么"，一边高喊着"振兴中华，从我做起"，对中华民族的伟大复兴充满了历史责任感。时不我待，为了体现当代大学生的历史担当，许多同学在集体讨论或独自思考，其中有些同学还向中央机关投送了振兴中国大纲之类的建议。我当时也在笔记中写了一个这样的大纲，虽然有点不知天高地厚，但确实充满了青春的激情和兴我中华的豪情。在我担任课代表的宪法课结业考查时，老师布置的作业是"对修改宪法的意见（1982年宪法）"，同学们在意见中积极建言，许多属于真知灼见，而且还比历史的发展和宪法的历次修改超前。1980年，学生会搞征文比赛，我写了一篇一万多字的《论社会主义民主》，获得了论文三等奖。在小韩的鼓励和支持下，向《光明日报》投了稿。虽然未能发表，但据王德铮老师说就是因为这个事，把我分到北京去的。

学法律的人善于思辨，喜好辩论。朱铭老师的哲学课和杜辛可老师的形式逻辑课都非常受同学们的欢迎，而且奠定了辩论的基础。从国家与法的理论课开始，全班开始了

争先恐后的积极发言，经常有同学抱怨自己没有得到发言的机会，老师也强调让没有发言的同学也说说话。在班级的集体讨论中，大家精心准备，踊跃发言，还以批判的精神不时提出批评，被批评的还要回应；全班也被分成了几派观点，大家展开辩论，互不相让，很是热闹，经常让人笑不可支。记得"撒切尔夫人"铁生、建平、老赵、时春明、王俊、顾班长、迁西、江河、桂博等老兄，还有玉梅与李娟师姐经常发言，其中，以铁生、春明等为代表几乎要垄断发言。上述老兄每次讨论课都抱着马恩列斯毛著作当成论据，无论是自主发言还是批评或回应批评，都要翻开一本一本书，引经据典，滔滔不绝，以致后来不得不限制发言的时间，以体现公正。等到后来刑法、民法等部门法的学习时，我们这些后生才不再目瞪口呆，得到了比较充分的发言机会。记得在第三年的学习中，西安红安公司的高玉贵到我们班跟班进修，他年龄较大，是陕北人，操着有点陕北调的普通话，经常在刑法等课上抢着发言，由于他经常睡在我的床上，我也经常帮他打饭，所以，有的同学抱怨我领来别人来抢占了发言的机会。但全班没有歧视和排挤他，反而为他提供了班级的温暖和平等的机会。老高后来也成长为高级法律人才并担任了西安某飞机制造公司的领导，他也非常感谢同学们。

除了班级的集体讨论，回到宿舍的分组讨论则安排得更多、进行得也更深入，既保证了每个人的发言机会，也为同学们后来出庭和站上高校的讲台奠定了口才基础。第二小组的讨论一般都在我们宿舍进行，隔壁的宣力、周健兄及楼下的晋兰过来，玉梅和李娟师姐从女生楼也到我们宿舍。我们宿舍有宿舍长兼组长贺文学、桂博、樊宏德、钟伟罡、冯建仓、韩永明、梁增昌和我，共13个人。组长贺文学稳重得体、组织得当，桂博帮忙维持秩序。头一年，玉梅大姐和桂博老兄的观点更正统一些（桂博老兄不是左，而是当代大学生的历史担当和责任意识比较强烈,所以发言非常踊跃。记得桂兄入学前当过生产队长和学习马列33条的理论宣传员),我和晋兰、伟罡则更离经叛道一些,李娟很是尖锐而且激情饱满,其他同学也各有独到的观点和辩论风采。每次吵起来,桂博往往是争论的一方,其他同学之间也经常争论,小霸王周健先参与争论,见吵得厉害了,就开始和稀泥。玉梅大姐入学时是宝鸡的一个团委书记,非常稳重和正统,每次都最后一个发言,把大家都褒贬一番,像做政治报告,现在想起来很是有趣;但当时她老是以正确自居的样子也着实有点让人起急。当时我年轻气躁,知识有限但不自觉,涵养也修炼得不够,经常自己发完了言,对玉梅和李娟等人的发言以"去……"进行排斥,以至于多年后见了李娟,还被她提起往事,说我当年辩论起来没有风度。

在那个大变革的时代,宿舍里也经常自发地对一些学术或社会问题进行讨论或辩论。一开始大家批评别人时经常张口就说"你错了",经过激烈的辩论,大家明确了辩论规则,即使再反对别人的观点也得让人家讲完;每个人的观点只是自己的观点,充其量是一家之言,不能像学霸一样,随便指责别人错了,应该说"我认为你错了",或者说"我认为你的观点值得商榷"等,只是个人认为,不能盖棺定论,也不能扣帽子。结果宿舍晚上睡觉前辩论得一急起来,就会有人说"你错了";话音刚落,就会有一个或几个声音连着说"你错了""你也错了"……直到大家说"你不能说你错了""你认为他错了",才告一段落,经常弄得哄堂大笑。

这些讨论或辩论,不但提高了同学们思辨的能力和讲得清自己思想的口才,而且领略了更多的知识和见识,更是锻炼了宽阔的胸怀和容人的雅量。这些经历,对我以后当老师都很有教益。现在提倡素质教育和研究式教学,特别是研究生上课,教师讲得很少,经常是学生讨论。每次为新生讲课而布置一学期的讨论时,我都要提起大学里自己辩论

没有气度、风度的往事,提醒学生:我们就像盲人摸象一样,可以对同样的事物得到多种不同的知识,要尊重他人的观点,对自己的观点也不能过于自信,要有探索未知的精神和宽容的胸怀和气度。

"七九二"是一个充满爱和温暖的大家庭。年级办组织全年级同学去爬了南五台和骊山,班委和团支部组织全班去了乾陵、昭陵等游玩。现在还能清楚地记得几件温暖的事情。第二年的元旦,顾班长组织同学自愿参加,在他们宿舍包饺子,羊肉馅儿的,用煤油炉子和小锅煮,在桌子上擀皮和包。由于吃的人多,炉子和锅不能多煮,只能谁有事谁先吃,吃完走人。等轮到我吃饺子时,已经下午不知几点了,把我香坏了,至今记得那个饺子非常好吃。班长从头到尾给大家服务,非常温暖。还有一次是元旦还是周末,大家集体去小寨看《人证》还是什么的日本电影,早上6点场的,好像是加场。由于太早,还没有开公共汽车,大家踏着大雪,唱着歌,欢笑着走到了小寨。最不能忘记的是拉肚子,那个惨呀,多半个班都牵涉进去了,据说有些课全班就去了10多人,老师一点名谁怎么没有来?大家回答拉肚子住院了;那个谁为什么没有来?大家回答上医院伺候去了。真是1/3的同学在上课,1/3的同学在拉肚子住院,1/3的同学在伺候生病的同学。我当时跟梁增昌去四医大看望拉肚子住院的张江河,我们买了苹果,到了那里,江河兄很是客气,从床头柜里拿出两个苹果说"洗过的,吃吧"。我拿在手里还有点犹豫,看看增昌他已经开始吃了,我不能不讲情分,就吃了起来。结果回来到晚上就出状态了,第二天下楼,三层楼要歇好几次,坐在楼梯上,第三天就昏迷起来。顾班长和我们宿舍的老兄们把我背到校医院,又联系了车送到了南郊的传染病医院,我迷迷糊糊就住进了伤寒病房。我昏迷了三天,就记得打针时翻我的身体,还有一件神奇的事是到了中午12点半广播开始播单田芳的评书《隋唐演义》,我就醒了,听完就又睡着了。等好了以后,才知道是钟伟罡把他的半导体收音机给我特意送去了。桂博、文学和宿舍的老兄们帮我洗了脏衣服,提供了不少服务,还多次看望我。我一直没有说过感谢的话,在此,衷心地感谢班长和宿舍及班里的同学们!

在操场旁边的锻炼器械边,曾经和其他班的同学一起聊过,包括一些年龄大的和在其他班当过班长的同学,他们不服气我们班的成绩,说你们班能人比较少,所以老顾才能一直当班长,全班也不打架。实际上不是我们班人才太少,现在看看,真是风景独好!

也不是学校没有经常更换班长的规定，而是大家太喜爱顾班长了，不让换他。记得有一次换届，学校为了同学都能当当干部，培养领导才能，要求更换班长，我们选了老顾以后，年级办不同意，高老师还坐镇在小平房的教室，说选不出来不解散。大家以谁的腿粗为标准选谁，结果冀超、杨学文被选了出来……最后，只能顺应民意选出顾班长。不是我们班能人少，而是"七九二"团结友爱、互帮互助、勤奋求学、积极上进的班风好！

作者：马建川，1962年生，法律系1979级1983届毕业生，现任中国政法大学教授、法治与廉政研究中心主任、政治与公共管理学院学术委员会委员、学位委员会委员。兼任一些党政机关与政法部门咨询专家与法律顾问。多年来为各级立法机关、党政机关、法院与检察院等单位的立法、决策、改革、领导与人力资源提升等提供咨询、论证、讲座等服务和智力支持，具有丰富的理论知识和实践经验，深受学生和实践部门的欢迎。研究方向主要为行政管理、政府改革、行政法治、领导科学与艺术、危机管理、信访与群体性事件应对等。

"七九二"的故事：
同学韩松

周 健

要找韩松很好找，他不在总编办公室，就在去总编办公室的路上。

韩松当了很多年《法律科学》的总编，这个刊物一直名列法学类杂志前茅。

韩松是陕西凤翔人。毕业很多年后，我去他的家乡，他家旁边就是西凤酒厂，站在田头，仿佛能闻到酒的香味，但可惜韩松从来不喝酒。他对我说凤翔有三大宝：西凤酒、东湖柳、姑娘手。而且专门陪我去凤翔东湖公园看了苏东坡栽的满园的绿柳。"姑娘手"，说的是姑娘的手巧，剪纸、刺绣、草编样样都精。

在 1983 年春天四年级实习阶段，"七九二"在西安市的区基层法院和区检察院实习，我和韩松被安排到碑林区法院实习。为方便乘车，学校给每个同学都办了月票，但韩松晕车，在班干部和老师的关照下，在碑林法院给他安排了住处，避免了每天往返的痛苦。但在法院办案，总要调查，还是要出外的，我就从家里给他弄来一辆旧自行车。这辆自行车虽然旧，但很好用，他骑着自行车，走南闯北，很是方便。（韩松后来说道：多少年过去了我总是感到周健的这辆自行车是我骑过的最好的自行车，简直就是我的"奔驰""宝马"。我记忆着这辆自行车，更感谢周健同学。）

韩松喜爱秦腔，碑林区法院附近有著名的秦腔百年剧社"易俗社"，还有"三意社""尚友社"等，晚上住在法院时，他常去附近的东木头市朝阳剧场、西一路的易俗社、骡马市的工农剧场看戏。我也曾陪他看过。

多年过去了，他的这一爱好未变。2015年春节前，我和李迁西去他的主编办公室，他拿出刚写好的秦腔唱词，即兴为我们高歌一曲，如醉如痴，美妙绝伦。这就是他写唱的秦腔唱段"七九二精神家园"：

韩松教授

吼一腔秦腔戏热情奔放，尊一声同窗友情意深长
想当年上大学政法学院，你与我有缘在七九二班
七九二全班有五十学员，七朵花绿叶伴四十有三
同学习同劳动互敬互让，好兄弟好姐妹手足一般
论年资排位序分为帅将，顾四帅当班长指点江山
树正气育班风团结向上，率领着全班人创优争先
讲五讲倡四美文明礼貌，创三好标兵班四年冠连
校内外都曾把经验讲谈，校和省都给咱把奖状颁
更光荣全中国文明模范，教育部团中央大奖双揽
捧奖牌举锦旗自豪无限，红灯牌收音机抱在胸前
荣誉感激励咱进步不断，凝聚起七九二精神家园
虽然说毕业后地北天南，隔不断同窗情心心相恋
首十年庆校庆相会校园，十五年又相聚渭水园前
曾歌唱二十年来相会见，践约定相会在癸未秋天
报春晖在母校植树桂园，感天恩去黄陵祭奠祖先
零九年庆复校三十周年，同学们又相会古城西安
一三年聚兰州黄河公园，游船上激动情感人心弦
唱不完叙不尽相思情感，犹如那黄河水汹涌浪翻
聚会散期盼着何日再见，到今日都来到群聊里边
在美国在中国微信传言，雅诗词美散文笑谈其间
微信里把故事长忆常念，同窗谊兄弟情暖在心间
观旧照忆往事思绪联翩，又仿佛回到了同学少年
过往事一件件历历眼前，弹指间过去了三十五年
小弟们华发生两鬓白斑，一个个都过了天命之年
元帅兄花甲过夕阳红灿，一个个保童心快乐神仙
早吹号晚祝安天天见面，播新闻谝闲传海阔空天
无论你在新疆还是海南，也不论在北京还是西安
群聊中洋溢着真情一片，共守护七九二精神家园

韩松上学时叫韩永明，毕业后改名为韩松，这个新的名字像个学者。毕业后分配到宝鸡市司法局。1984年的秋天，我去宝鸡看望他，我俩徘徊在宝鸡的大街上，也许是他

对校园生活的怀念，他突然要我唱首歌给他听，我就用粗哑的嗓子唱了几首当时很流行的校园歌曲《童年》《乡间的小道》等。

2006 年 9 月，我们班在北京工作的贺嘉同学英年早逝，我和韩松连夜坐火车赶往北京八宝山公墓参加贺嘉同学的追悼会。凌晨，我们一下火车直奔八宝山公墓，时间尚早，就我们俩人静静地坐在革命公墓的石椅上，松柏青青，晨风中追忆同学贺嘉的点点滴滴。我们谈的话题从同学情谈到了人生。对人而言，死，本就是生的一部分，生死不过是一个事情的两面而已。生死一念，出生入死，向死而生，最终，归结指向"爱"；爱，是文化生生不息的源泉。流传的乔布斯的遗言说："我生前赢得的所有财富我都无法带走，能带走的只有记忆中沉淀下来的纯真的感动以及和物质无关的爱和情感，它们无法否认也不会自己消失，它们才是人生真正的财富。"其实，人生云水一梦，而我们就是那个寻梦的人，在千年的河上漂流，看过流水落花的风景。时间，这样过去了。七九二就是一个大家庭，贺嘉对我们情同兄长，我和韩松代表陕西七九二的同学赴京送他最后一程，表达我们的哀思。

在宝鸡司法局工作五年之后，韩松考上了西北政法大学的民法研究生，毕业后留校学报编辑部从事《法律科学》的编辑工作，并任教民法教研室。他做学问极认真，长期坚持研究"农民集体所有权和土地问题"。现在任陕西省民法学研究会的会长，是西北政法大学少数的几个二级教授之一。2008 年，在中国第二届法学优秀成果奖评奖中，韩松的一篇论文《集体建设用地市场化配置的法律问题研究》获论文类最高奖，我的《周健军事法文集（1～4）》也获专著类奖。

韩松年轻时晕车，后来出行撞了一次车，竟神奇地再也不晕车了。

我在西安时，有空即拉上韩松一起出游，去过王顺山，上过白鹿原。

长安区的广场旁有一家"梅花弄堂"地道的风味餐厅，吃着羊肉泡馍，听韩松哼着纯正的秦腔，这不是一般（班）人能享受的，因为我们是七九二班的。

作者：周健，1979 级法律系校友，现任武警政治学院教授、博士研究生导师。

我的大学生活（节选）

陈晓光

我觉得我一生最幸福的时光，是在大学，是在大学的学习生活。

大学时光

我是1979年夏季考上大学的，从甘肃酒泉回到了我梦寐以求的西安——我的出生地。一份权威材料显示，1979年全国高考考生468万，国家录取28万，录取率6%。那时作为天之骄子，我在近千名的同届毕业生中拿到了西北政法学院的《录取通知书》，我和我的父母心里别说多高兴啦，我是我们家族中第一个上大学的人。

记得收到录取通知书时，正值盛夏的一个中午，我正在家里做着什么，或许是等待着什么，邻居穆惠文大姐兴冲冲地来敲我家院门："晓光，晓光，你的大学《录取通知书》来了！"我心头大喜，推开竹门帘就跑了出去，看见我的班主任孔老师推着自行车急匆匆地走过来。可能是走得急了，也可能是为自己的弟子感到骄傲，她气有点喘，脸是红红的。穆姐手快，先从老师手里接过录取通知书看起来："太好了，太好了，晓光快看呐。"她高兴得像自己考上了大学。孔老师兴奋地说："你是第一志愿被录取的。"

8月末，我和一个部队院住的高中同班的同学王蜀磊，一起踏上了赴西安求学的路程。走的那天，邻居的阿姨和部队的首长都来送我们。穆团长还特意交代一个同路的探亲战士，让他在路上照顾我们。

车到西安的时候是凌晨三四点钟，天还没有亮呢。

西安站是西北最大的火车站，下车的人非常多，我和王蜀磊随人流挤出了检票口。迎面看见站前广场上，一个挨一个，是西安各大学设立的接站点，他们都打着醒目的大横幅。

我俩分手后，各自找到自己学校的接待处。在车站广场的左角上，我找到"西北政法学院接待处"的大横幅，那下面已有十几个同学在等了。

离开西安整整十年，我好奇地打量着四周。昏黄的灯光下，都是等待的年轻人，他们或比我大，或是我的同龄。有的稚气未退，但可以看出他们的眼里都充满自信。

那时的大学生，都是百里挑一，有的是全县才考上几个，可以说是天之骄子，一个个自信满满。

旁边西安外国语学院的接站学生，他们坐在桌子后面，用半导体收音机收听着外国的英语广播，嘴里小声地跟着读。我羡慕地看着，感觉他们真棒。

天亮了，来西安报到的学生，一批接一批地下车，车站广场上的年轻人逐渐多起来。他们互相打听、询问，就像多年前认识的朋友。

我们学院地处西安南郊。载着人和行李的大卡车，把我们拉出南门。车过小寨，奔八里村，两旁闪过的都是农民的菜地。

车终于驶进了学院的大门。学院门口挂着大大的校牌，上面书写的是我国著名大书法家舒同题的"舒体"字，字体圆润饱满、厚重遒劲，非常漂亮。

学院在长安路的西边，大门紧挨大街，周围是农民的菜地。马路对面的不远处，依次排列着西安石油学院、西安外国语学院和陕西师范大学。西安的大学多建在南郊，王蜀磊去的陕西师范大学，就离我们不远。

我们学院的校园不太大，但非常规整。如果在我们学院东西走向的中轴线上进行对折，你会发现学院中轴线两边的建筑物，样式、数量和摆布都是对称的。就连花坛中这边有什么树，到那边准能找到同样一棵。甚至连这边花开的是红色，那边绝对不开白的。校园里花草树木茂密，绿化规整。主体建筑精巧雅致，红瓦、人字顶，标准的20世纪50年代样式。

西北政法学院应该算是一座老学校，1958年建院，其前身是中央政法干校西北分校，历史甚至可以向前推溯到延安时期的陕北公学，是我们国家大学法律专业最早的"五院四系"之一。

我们是这个学院恢复高考后招收的第一批本科生。当时只设有两个系。法律系五个班，共250多人；理论系两个班，一个哲学班，一个政治经济学班，两班共100人。

我被分配到法律系四班。刚入校时，我们和五班的三个同学一起住进老西楼的二楼。住的房间不大，七个人一屋，分上下铺，两张桌子往中间并排一摆，屋里真没地方了。一起住了不满一个学年，我们法律系的宿舍都调到了南楼，八个人一屋，这回一屋里住的全是本班同学。

我们宿舍里有来自新疆、宁夏、甘肃、陕北的，大家来自五湖四海。我们彼此相敬如宾，年龄大的住下铺，年龄小的住上铺。我当年18岁，年龄小住上铺，爬上爬下的不成问题。屋里只要有一人睡觉，大家走路都轻手轻脚的。吃饭、上课都一起走，看电影、去图书馆阅览室，我们都互相提醒，帮助占位置，彼此处得像兄弟一样。

礼堂授课

　　那时各班还保持着相对固定的班级教室，开展活动，主要在自己教室里进行。我们班的教室在校礼堂的北侧，是排平房，屋的上边是苇席吊棚，显得陈旧。一年级时，开始上课多在本班教室进行，以后大课逐渐增多，大礼堂就去得多了。

　　礼堂里是老式的木条长椅，新刷的绿油漆，从长椅上你能看出以前留下的旧标签"中央政法干校"。在大礼堂上课是比较"遭罪"的。夏天西安很热，好几百人挤在一个大屋里，热得透不过气来。礼堂的大门得四开，头顶的大风扇怎么使劲转也没多大用，扇出的风都是热风。西安地处黄河以南，室内没有取暖设备。冬天在礼堂里上课，手冻得攥不住笔，脚还得在下面不停地活动。身体较弱的女同学经常被冻感冒。

　　学院对我们这批学生的教学计划是：必修课开 25 门，选修课定了 6 门。从学科内容的配置上看，专业内容偏向于政治方向，法律课程偏向于刑事法律。

　　20 世纪 80 年代初，我们国家还处在计划经济时代，市场经济还没有开始搞，民事法律制度很不健全，这方面的课程内容设置相对较浅，基本的法律思想和法学基础理论还是学习苏联的那套。我们用的仍是"文革"前的教材，新东西都是老师自己编写的油印材料。统编的法律教材，那时教育部根本没有。

　　那时学校里艰苦朴素的风气还很浓，青年人最漂亮的装束是留一学生头，上身穿洗得发白的旧军装，单肩挎一个沉甸甸的大书包，左胸佩戴大学校徽，走到哪儿都是翻书看的样子。这样的青年人，走到哪儿人家都竖大拇指。都会在心里说，瞧人家这孩子，将来准出息。那时出校门我们都爱戴校徽，走在大街上，胸脯挺得高高的，充满自豪。

　　当时，粉碎"四人帮"时间不长，国家百废待兴，人们有一种重新解放的感觉。国家召开科学大会，预示着科技春天的来临。在青年学生中掀起一股为振兴中华、实现"四个现代化"而学习的热潮。校园里的学习气氛非常浓，各班经常召开学习讨论会，同学们各抒己见，有时争辩得脸红脖子粗，谁都不会轻易服输。言语中不时会迸发出对知识的渴望和远大的抱负。校园里一片读书声，早上晨读的，遍布各个角落。除了正常的课程以外，许多同学都跟着中央人民广播电台学英语、日语。我们主要学许国璋英语和陈琳英语，后来跟着学英国广播公司的"follow me"。

我们排队打饭的时间也不浪费，不是拿本书看，就是背外语的单词短句。我们都裁纸条，订成小册，上面写满单词。小册揣在身上，以便随时拿出来看看。为了检验自己的英语听力水平，我们还像模像样地跑到西安外国语学院，去看原版的外国电影。

为了开阔学生的视野，了解国外法律制度的发展情况，学校还邀请日本律师代表团、澳大利亚家庭法代表团到学院开讲座。那时国家的改革开放刚刚起步，对外国东西我们听得异常新奇。我们的切身感受是，在大学里你能多角度地、比较真实地了解现代多元世界的情况。

学院里当时还没有独立的图书馆楼，校图书馆不大，设在西配楼。吃完晚饭，大家都抢着去占位置。到十点熄灯前，那里经常是一个空位置都没有，去得稍微晚点的同学，根本就找不到位置。阅览室的地方也很小，能坐的最多不超过100人。我们学院图书的馆藏量还不算少，有30多万册，据老师说，这在西安当时的大学里就不算少了。

我们大多数同学都爱上刑事法律方面的课程，有案例，听得进，大家都喜欢福尔摩斯那缜密的刑事推理。国家重视刑事法律，大家也保持着传统的"重刑轻民"的思想。当时我国的民事法律制度还很不健全，有的也是刚刚起步。因此，民事法律方面可讲的内容不多，讲得也比较抽象，需要死记硬背的东西较多。婚姻法可以讲得细一点，但它的内容又太少。上大学时，我的各科考试成绩还就属婚姻法高，考了98分。

我们在大礼堂里上法医学课，老师是从新疆新调来的，他在讲台上讲得兴奋，特

阅览室

有的方言，一会儿讲得让人毛骨悚然，一会儿又讲得让人忍俊不禁，弄得他自己都不得不时时停下来强调纪律。法医学课的老师姓什么，我最终也没记住，但一提到"生活反应"，恐怕同学们都能想起那位老师。

最有趣得还是刑事侦查学课，这门课理论讲得少，实际操作得多。老师带我们到室外，教我们怎样用石膏提取嫌疑人的脚印，怎样用碘熏法从报纸上提取指纹，还教我们怎样绘制现场勘测图，如何对现场的全景、细部进行刑事照相。上实际操作课，老师给每组发照相机、胶卷，还教你怎样配药水洗相片。能"玩"到照相机那时是很稀罕的事。我们在宿舍里布置假现场，让一个同学躺在床上装死，我们对着他拍照，老师给我们讲解，如何拍得角度正确。我们当年用的是国产海鸥 4F 双镜头 120 型照相机，是从上往下取景的，现在这种机型早就成老古董了。我在大学时照的许多照片，都是借上《刑事侦查学》实习课时照的。冲洗照片、放大照片，一干就是一宿，一切都感到新奇，所以我们一点都不觉得累。

后来我们学院还调来一个老师，说是研究生毕业，他讲《中国法律思想史》。他对这方面研究很透，能把枯燥的东西讲得很活，大家都爱去听他的课。别看这是门选修课，每次他讲课，教室里都是坐得满满的，他年轻，思想敏锐、见解独到，在老师中比较突出。他用精练的语言、生动的事例，把中国历史上采取依法治国还是以德治国思想的来龙去脉，讲得要点简洁、条理清晰，让人记忆深刻。

校园文化

我们在学校的文化生活比较丰富多彩。学院里有学生文工团，他们来自各班的文艺骨干，定期排演一些节目给同学演出。学院大礼堂里经常能传出排练的乐曲声。

校文工团的装备还是不错的，乐器不说，在那困难的年月里，校文工团的人，一人一身蓝色的毛哔叽服装，着实让人羡慕。我的毕业照片，就是借我宿舍胡远征的文工团团服照的。他拉小提琴，有时也在宿舍里练习。

我们年级有份自己办的小报，叫《大学生活》。小报由我和我们班的赵旭东具体操办，他负责征集和编辑稿件，我负责版面设计和刻蜡版。我们自己油印，分发各班。都是学生们自己写的文章，反映自己的心声和感受，很贴近生活。只可惜我一份也没留。

学院给每个班级都有一块黑板，要求办黑板报，反映各班的学习生活。学校对黑板报定期组织评比，我们班的黑板报是很下功夫的，写画设计我一直是主力。

记得在三年级的时候，学院组织了一次学生书法、摄影、绘画展。展出的规模不小，在十号楼搞的,是上大学四年唯一的一次。

我记得我是在匆忙之中画了一幅国画小品,画的菊花,题目叫《吹落黄花满地金》。当时自己觉得还可以,等拿去展出时一看,你得说大学里真是卧虎藏龙,能人有的是。我的那幅小画,放在一个犄角旮旯里,一点都不起眼。你再看有的同学画的、写的,真叫一个"大气",真见功底。

黑板报

学院几乎每周都组织看电影。夏天在露天地里看,冬天在大礼堂里看。对少数好片子也收钱,票价便宜,一毛五分钱一张票。

在我们学院的南面不远,陕西师范大学的斜对面,有个地方叫"吴家坟",那里建立了一个露天电影院。这电影院实际就是给附近几个大学的学生建的,专门挣学生的钱。说是电影院,实际是个露天电影场。就是用砖墙一围,前面立一面白墙,后面架上一个放映机,中间场地上摆上一排排的水泥板儿,当板凳。别看条件差,这里可热闹,可吸引周围的学生了,那吸引力就像现在的"网吧"。经常有学生前去打听,看放什么电影,抄预告表,回来好告诉大家。

那里经常放映一些过去看过的老电影,票价非常便宜,好像是五分钱一张票。冬天,我们坐在冰凉的水泥板上也照看不误。电影一散场,一路上熙熙攘攘全是回学校的学生,就像开学生专场。

有一次中国电影代表团,到西北大学慰问,我们宿舍的几个人听到消息后,一人揣个笔记本,备着签名用,早早溜进西北大学,想去目睹电影人的风采。

电影人一行只有十几人,实际上就是到学校来和同学们搞个见面会,没有什么演出。他们高高坐在大操场的主席台上,简单介绍着自己的演出和成长经历,下面的同学看得异常兴奋,听得津津有味。时间不太长就散了,我们就是远远地见了见人,啥收获没有。这事回去和其他同学说了,他们还挺羡慕,埋怨我们没带他一块儿去。我们那时确实见识得太少,见个有点名气的演员都觉得是件很稀罕的事。

20世纪70年代末,港台歌曲开始悄悄进入我国的内地。

1979年夏，我们国家举办了一次"新声新秀音乐会"，我们在老师的办公室里看电视演播。这次音乐会对中国乐坛影响很大，特别是对青年人的影响。在那次音乐会上，出现了苏晓明、张暴默、远征、郑绪兰、关贵敏等一大批优秀青年歌手，他们是中国的第一批流行歌手，从此中国开始有了自己的"流行音乐"。

没有多久，台湾校园歌曲又像巨大的旋风吹到了内地，吹进了我们的校园，《乡间小路》《我的中国心》《赤脚走在田埂上》《外婆的澎湖湾》等，天天在校园里放。台湾校园歌曲清新自然、贴近生活，曲调轻柔、抒情婉转，非常受当时青年人的喜欢，我们把好听的词曲都记在日记本上。张明敏、刘文正、叶佳修等人，一下子都成为在大陆青年中知名的人物。

早上，天刚蒙蒙亮，我们换上运动服起来晨练，校园的大广播里播放着轻松的台湾校园歌曲，特别符合我们轻松愉快的心境。踏着歌曲轻松的节拍，我们在校园的操场上长跑，步伐和心情一样轻快。

兰州实习

我们的毕业实习是在兰州进行的。

1983年年初，天上还飘着雪花的时候，我们打好背包，集体乘火车到了兰州。那时候的大学毕业实习，都由学校统一组织，以班为单位集体进行。

到兰州后，带队的老师把我们分散到各实习点儿。我和班里的六七个人分配到兰州市城关区人民检察院实习，人就是住在市检察院。那时候的兰州市检察院条件很艰苦，坐落在一个小巷的院子里，进门是一圈的泥顶平房。院中间有两个砖砌的小花池，院角儿那儿有个打开水的茶炉房，散煤堆放在房山头，比较简陋。

市检察院的领导给我们倒出院中的一间上房，找来木板，为我们打成排铺。检察院没有食堂，就给我们联系到对面的市公安局去吃。兰州人爱吃牛肉面，市公安局食堂一大早就吃这东西。卖牛肉面分大小碗，大碗三毛四，小碗二毛七，这价对我们来说也不便宜。天天吃，还要排大队，后来我们就到街上自讨方便了。

我们实习的城关区检察院，也是在一个老宅院里，院门口像个庙门。办公的房间很少，屋内很拥挤，桌子旁边烧着火炉，院角堆着取暖用的散煤。

检察院的同志待我们这些实习学生很好，悉心指导我们办案。我们跟着指导"老师"主要做书记员的工作，提讯人犯、调查取证、开庭记录、整理卷宗。我们在法庭上边做记录边认真观察"老师"的诉讼观点，特别是注意学习他们开庭前提审被告人的审讯技巧，那可是典型的心理战，是斗智斗勇的艺术。20世纪80年代初，我们国家的辩护制度才刚刚建立，出庭的辩护律师很少，公诉人在法庭上完全占主动，辩护人的辩护观点对判决的结果往往影响不大。

实习中我们干得都非常认真，看我们工作辛苦，到周末了，检察院的同志组织我们到兰州市有名的五泉山公园去玩，在一起聚餐。还领我们到街里一家有名的饭店去吃"天津包子"。我们和检察院的同志们相处得很好。

大学四年的生活虽然短暂，却是我人生最美好、最快乐、最阳光的一段。我爱我的母校，感谢她对我的培养。

对大学生活的记述，可以讲的还有很多，但要停在哪一点呢？我想就以我们在学校的最后一次考试，作为文章的结束点吧。

我们最后一门课的考试是考经济法，上午的后两节课在南配楼考的。考完以后，我的心要飞上了天空，特别轻松。苦学四年，再没有毕业考试的压力了。

下楼走出门外，校园的大广播里，正播放着台湾校园歌曲《洁白的雪花飞满天》，那歌词里的意境与我的心境太相符了。男声轻快地唱着："洁白的雪花飞满天，白雪覆盖着我的校园，漫步走在这小路上，留下脚印一串串……朋友啊，你告诉我，道路该怎样走？洁白无垠的大地上，留下脚印，留下脚印一串串……"

是啊，转眼大学毕业了，今后生活的路该怎样走，我们还未来得及细想，还有点茫然。但我们年轻，我们是有知识的一代，只要我们有信心、有勇气、肯于付出，未来就一片光明。

停住笔，凝视窗外，我心潮跌宕，思绪的列车仍轰轰向前。一段美好的时光，萦绕身边，它就像那窗外的阳光一样，深深地温润着我的心田。

欢声戛然逝如风，思绪万千却从容。

仍是一人背包去，他日随缘回关中。

西安、关中、八百里秦川，我总想要回去看看。

作者：陈晓光，男，1961年7月出生，1979级法律系4班学生，1983年毕业，分配至全国铁路运输人民检察院哈尔滨分院工作，1985年11月调至沈阳铁路运输中级人民法院工作至今。

20 年后的重逢

李 娟

重 逢

还记得 20 年前的别离
难得今天又相聚
望着每个人脸上流露出的真诚欢笑
回想着分别时说过的话语
多少别后的思念与祝福
多少的疑虑和问候
化作这杯中的美酒
尽管我们分手时长
往来书信寄情谊
尽管我们天各一方
总是同路相依
同学友谊难忘记
相聚多甜蜜
别问我从哪里来
我已把梦留给了昨日的山岚
过去的岁月一言难尽
我能告诉你的不只是春天
啊，20 年
难忘的母校，亲爱的同学
那淡淡的秋的清愁
那辽远的海的相思
那辽远的海的相思
那淡淡的秋的清愁

美丽的景致
动人心弦的歌声
更勾起我们思念的情怀
曾记否
那浓浓如酒的朗月下
春风吹柳的黄昏里
凄凄萧瑟的秋雨中
一枚枚凝聚着深情的邮票
一封封散发温馨的信笺
一张张表达真挚问候的新年贺卡
构成了思念这笔巨大的精神财富
新年总是伴随着思念
踏着轻盈的步伐飞快地向我们走来
钟声敲过了 20 年
过去的岁月总也难以忘怀
不能忘怀是因我们付出了爱
铃兰花开的时候
我们欢笑着跑去
白毛风吹来的日子里
我们紧咬牙关挺过来
不论今天我们在哪里相聚
在哪里分手
忆往昔
忍不住滚滚热泪濡湿襟怀

母 校

有幽雅的校园
就会有美丽的小路
有美丽的小路
就会有求索的脚步
忘却的事情很多很多
却忘不了这条小路
记住的事情很多很多
小路却在记忆的最深处
沿着校园熟悉的小路
清晨来到树下读书
初升的太阳照着我们
也照着身旁这条小路
清晨的露珠夜晚的流萤
往事闪烁在流动的记忆中
春天的青草、秋天的红枫
记忆凝固在晶莹的泪花中
啊，母校
游子对您那份情怀
不因换季而不想
不因路远而不念
不因忙碌而疏远
更不因时间的流逝而淡忘
您永远在我的心灵深处

热爱自然造就了伟大的科学家
热爱人类造就了伟大的文学家
热爱祖国造就了伟大的政治家
热爱生活造就了伟大的艺术家
而我们热爱母校
因为您造就了我们
改变了我们的整个人生
真想为您做点什么
因为我总觉得所欠太多
真想回报您以温暖
我却不是太阳
真想回报您以雨水
我又不是云朵
真想了却的心愿却不能了却啊
这不仅是遗憾
也是折磨

纯 洁

洁白的雪花覆盖着我的校园
漫步小路留下我们清晰的脚印
那纯洁的情怀、纯洁的境界
如春之碧波、夏之硕荷
秋之蓝天、冬之白雪
在我们

只有赤诚相见的纯洁友情
没有伪善和妒忌
只有追求进取的强烈愿望
没有消极悲观的唉声叹气
青春是生命中最美的年华
不一定非要成功只要我们追求
不一定非要成熟只要我们学习
不一定非要沉稳只要我们总结
我们以真诚和热情架起同学友谊的桥梁
我们以敏锐和正直营造祖国希望之所在
正是灿烂的岁月
正是芬芳的年华
奔放的豪情、刻苦的学习
强健的体魄、清脆的歌喉
课堂讨论的雄辩
课余生活的友情
……
爱情似微风
吹醒我心灵
羞怯还带着惊喜
默默递给我一朵小野花
带给我喜悦的春
你伴着我带着老吉他
吟唱在山巅水涯
深情注视我笑在艳阳下
漫溢我欢畅的夏
你难忘记流浪的岁月
挥挥手只留下背影
弹着老吉他我依然吟唱
潇洒我清愁的秋
你已远去无处觅游踪

寄语浮云传珍重
多情应似我此情与谁共
凋零我孤寂的冬
有那么一个日子
你我都记得很清
在站台上我为你送行
列车挟走了你也挟走了我的表情
把一路的祝福留给了你
回去的路上我满脚都是泥泞
谁说毕业遥遥无期
转眼我们已是各奔东西

成　熟

是男儿总要走向远方
为了让生命更加辉煌
走上崎岖不平的山路
年轻的眼眸里装着梦
更装着思想
走出书斋走向生活
检验我们的智慧
丰富我们的梦想
什么都可能遇到
什么样的境遇都可能将你打垮
这就是生活
将我们不切实际的幻想打得粉碎
当我们不再那么富于幻想
当我们失去了很多可爱的纯洁
我们却得到了宝贵的成熟
我们能说谁活得一无是处
谁又能说自己活得了无遗憾

不要辜负岁月

应该成熟的时候就成熟

不仅有成熟的身体

而且有成熟的思想

意志和风度

人生是跋涉也是旅行

是等待也是相逢

是探险也是寻宝

是眼泪也是歌声

你要活得随意些

那你就只能活得平凡些

你要活得辉煌些

那你就只能活得痛苦些

你要活得长久些

那你就只能活得简单些

我们微笑着走向生活

无论生活以什么样的方式回敬我们

报我以平坦

我是欢乐奔流的小河

报我以崎岖

我是庄严思索的大山

报我以幸福

我是凌空飞翔的大雁

报我以不幸

我是经得起千击万磨的桅杆

生活里不能没有笑声

没有笑声的世界该是多么寂寞

什么也改变不了我对生活的热爱

我微笑着走向火热的生活

20 年

我们感叹时间的流逝

春光的不在

可倘若永远生活在春天里

没有机会品味夏日的茂盛

秋色的灿烂冬日的绮丽

也是一种遗憾

岁月尽可以像落叶一样飘逝

但这笔无价的财富永存

在你迢迢的人生旅途上

永远相伴

给你取之不竭的力量和绵绵不断的温暖

开朗和阴郁都写在前额

昨天和明天都没有放弃执着

狂风的日子里我是卷起的浪

晴朗的日子里我是闪亮的波

不改的是奔流的本色

成功和失败都将刻进生活

春履和秋痕都不失为景色

绿色的季节里我是浪漫的花

金色的季节里我是迎风的果

不变的是生命的蓬勃

无论时光如何绵延

让真诚永远

无论世事如何变迁

让善良永远

无论眼前还是天边

让美好永远

无论熟悉还是陌生

让真情永远

作者：李娟，1979 级法律系 2 班校友，现为新疆警察学院院长。

1979：秋天的故事

李 端

30年过去了，西北政法1979级的300多位校友，早已星散到全国以及世界各地，有的已经成为各级别的领导，有的成为专家学者，有的成为富豪名人，有的甚至因为天妒英才而悄然作古。30年的光阴给予每个人的感触是不同的，我作为著名而富有特殊含义的"七九级"的一员，谈一点自己的感受，借以纪念母校恢复招生30周年。

可以这样说，1979级，对西北政法学院的校友来说，既是一个继往开来的里程碑，更是几个时代、几代师生的地标词。

其实，从1979级同学的角度来看，所有的开始、所有的记忆，都来自那个难忘的秋季。借用著名的歌曲《春天的故事》来说，那就是一个悠扬深情的"秋天的故事"。巧合的是，这两个故事的起点，都发生在1979年，春天的故事中的主人翁，是一位姓邓的伟人；而秋天的故事里的主人翁，却是350名来自5个省区、不知道多少行业的芸芸众生、莘莘学子。

之所以使用"芸芸众生"这样的字眼，是因为在这个秋天之前，这350名新生，至少有2/3的人，就是地道的农民或者各种身份的工人、战士。如果没有那个秋天，他们中的大部分，则可能结婚生子，终老家乡。问题很简单，由于"文革"，全国已经十多年没有正规的大学招生了，所有的中学生毕业后，都只有上山下乡到做工农兵这唯一的前途，十几年积累下来的青年当是天文数字。因此，当时的新生，最大与最小的，有十三四岁年龄之差。而那些年龄小的同学，也正是因为这一个秋天，避免了哥哥姐姐们曾经的命运。

那个"秋天的故事"开头，是一个秋雨连绵的入学报到情景。西安火车站的广场，"西北政法学院新生接待站"前，则是第一个湿漉漉的镜头。一拨一拨前来报到的新生，几乎全是穿着蓝黄两种颜色、同一个式样的"军干服"，也几乎没有一个所谓的家长陪送，背着主要是被褥的沉重行李，怀里揣着入学通知书、户口迁移证以及粮油转移证，小心翼翼地爬上了接新生的卡车。因为其中有许多人，都是第一次到西安、第一次进城市，甚至第一次坐火车。

记得当时的学校大门，还挂了"西安师范专科学校"的另一块牌子，师专的师生还在若无其事地教学，有的军人家属也住在学校，校内的操场还在铺设跑道。可见当时的政法学院，紧张复校，仓促招生，甚至大部分教材，都是边教边印，许多老师也是边调

边教。但是，尽管条件艰苦，准备紧张，全校师生的喜悦心情与和谐气氛却非常浓烈。由于那一届学生年龄偏大，师生之间，包括学生和工友与院系领导的关系也非常平等密切。学校主楼后面的不定期露天电影，学校宣传部的大广播，后勤处的大澡堂，包括各班级文体表演，学校文工团的《花儿和少年》等保留节目，特别是图书馆里抢占位置的场景，都是大家永远难忘的美好回忆。

其实，在这种形象记忆的背后，是1979级那一代师生，在那一个年月，那一种环境，带给我们更多的理性印记。我们的学校，1979年恢复招生，在当时显然不是最早的，但是，大家的自豪感却从来不输他校。为什么？因为我们是司法部直属的四所政法学院之一，而且是学校1965年招生之后、1972年被迫解散以后的新一届大学生。特别是，当时的政法专业，哲学是新时期思想解放的先导，法律是新时代依法治国的宠儿，经济学是新阶段全民关切的重镇，可以说全是那个年代社会科学最前沿的领域。当时的中国，"四人帮"粉碎后百废俱兴，国家处在新的变革时期，新现象、新思想不断涌现，所以对那一代有着"天下情结"的1979级来说，珍惜时光，勤奋学习，报效祖国，舍我其谁，成为普遍的精神和风气。每天晚上的教室和阅览室，强迫关灯是常态；深夜的走廊上，就着路灯看书的人见怪不怪。课堂上和宿舍里，关于各种新老问题的讨论都能引起大家持久辩论的兴趣。而每个月19元钱的生活补助，绝大多数同学都能省下学习费用，甚至有人还寄回家乡一些。确实，那个时代的1979级，确实是形成了一种"不在庙堂之高而激扬天下，感恩时代垂青而自加压力"的无言共识。

作为"秋天的故事"主角,说实在的,当时1979级,还没有完全认识到《春天的故事》里的主角邓小平的历史性伟大,因为,十一届三中全会召开还不到一年,彻底否定十年浩劫的提法,是到学校以后才有的新概念。所以,整个1979级的4年经历,其实也就是逐步摆脱旧思维,接受和认知新观念的4年。但是,就是从那一个秋天开始,不管年龄大小,不论起点高低,4个秋天过去,我们已经体验了共和国将近40个春秋的历程,越来越感受改革开放的时代意义。"秋天的故事",其实正是《春天的故事》在西北政法大学合乎逻辑播出的连续剧的下集。

今天,又是30个秋天已经过去,当年的青春学子已经进入人生的金秋,正在书写自己人生的"秋天的故事"。回首当年,我们感慨曾经的1979级,感怀曾经的西北政法学院,感念那么多可亲可敬的老师同学,感谢和感激所有到来的秋天。因为所有的秋天都是我们永远的春天。作家路遥说过,他的早晨从中午开始,而1979级的我们,所有的春天都从秋天开始。记得当年的体育课仇延年和穆玉杰等老师,提出要我们用坚强的体魄"为党健康工作50年",这在实行退休制度的今天,也许不再可能,但在我们生命里的春秋,继续讲述的"秋天的故事",将肯定超过50年,60年,与共和国一起,走向新中国成立100年。

那个时候,我们的母校,将比现在不知道还要好上多少,但1979级这个概念,"秋天的故事"主人公的角色不会变,我们还是那个时候的学生,老师还是永远的老师,母校还是永远的母校。"1979级"仍然是一个继往开来的分水岭,更是几个时代、几代师生的地标词。

我代表1979级,祝愿我们心中永远的西北政法万岁。真诚地祝福我们熟悉或者不熟悉的一代一代老师和校友,万万岁。

作者:李端,1979级校友,现任深圳市绿色产业促进会会长。此文写于2009年西北政法恢复招生30年之际。

母校风范
——忆西北政法大学三件事

郑玉光

我是1960年入学、1964年哲学系的毕业生。离校至今50年了,真是"弹指一挥间"啊!

今天,回首往事,我仍十分感慨,母校四年的教育,可谓"刻骨铭心",壮我魂魄、利我学识、坚我志向、强我拼搏,使我的人生对社会、对未来都留有自己的脚印。

若要系统陈述母校的风范,那将是一部优秀的教育史和杰出的人物志,非我所能。在此,只回忆和简叙三件事。

闫主任登台,讴歌毛泽东思想,
壮烈了学生的政治信仰

我在校时,哲学系的主任,是一位受人尊敬的闫氏老"革命"。他没有授课任务,却给我们留下了"常忆常新"的教导。

50多年过去了,他当年登上老校区大礼堂左边的人字形屋顶教室讲台,为我们宣讲毛泽东主席坚持马克思列宁主义与中国实际相结合而创造性地提出"枪杆子里面出政权"的著名论断和新民主主义革命与建设理论,并从抽象思维的高度,总结出《实践论》《矛盾论》和《正确处理人民内部矛盾》的伟大哲学名著。他当时声情并茂、慷慨激昂、目光灿烂、声色洪亮的一口河南腔,至今都在我的耳际回荡。

闫主任的讲课,我们非常爱听,听了非常振奋。究其原因,是八个字:中国气魄,延安学风。他讲课,从来不拿讲稿,一登台,就有一股磅礴的理论气势和自信自觉的高昂精神。从中国革命突破艰难的成功斗争感悟,讲到理论的概括和推陈出新,使学生深刻领会到:实践是理论之根,理论是实践之魂!一个有志于民族和国家的青年,只有将实践与理论的关系,自觉地统一起来,才能走出自己的一条光明路来。

闫主任的讲课,用现在的时兴话来说,就是坚持马克思主义中国化。正是他的中国化的哲学讲课,使学生坚定并壮烈了自己的政治信仰,为日后的人生,确定了正确航向!

中间为王陆原老师

王主任坐镇，动员学生参加"中苏两党大论战"，磨炼出学生的实践品格

1963年3月，我们党公布了《关于国际共产主义运动总路线的建议》之后，中苏两党的分歧和论战就展现在全世界人民的面前。

我记得，时任哲学系教研室主任的王陆原教授，高度重视，亲自为学生做"总路线学习"的辅导报告，并动员学生积极参加"大论战"。

这次持久的学习、深入的讨论、激烈的争辩，我记得最大的特点是：老师坐镇，只观察，不发言；学生各抒己见，言论自由。同学们，争起来面红耳赤，争论毕亲为兄弟。

当时，我任团支部书记和系学生会主席，是这次学生大学习、大讨论的组织者之一，有机会参加院系领导的有关会议，听取领导和老师的有关论述。我敬佩王陆原主任的指导思想，他强调：我们政法学院的学生，特别是哲学系的学生，应当将这次国际共产主义运动总路线的学习和讨论，作为一场政治实践来积极参与。

现在回忆起来，王主任的这一指导思想和要求，意义重大而深远。

整个学习过程，继承和发扬了中国传统的实践教育和延安精神。领导"引而不发"，学生"学而跃如"，形成了生动活泼、相互促进、共同提高的生动局面。

正是这样的政治实践教育，将马克思主义的丰富内涵具体地实践化，从而磨炼出一代学生的优秀政治品格。

卢秘书关爱学生，一份水饺餐券，激励起学生的高尚生活情怀

我在校时正是我国的"困难时期"。1962年全国人民饿肚子，学生自然吃不饱。我记得，当时浮肿病在校几乎是普遍的。有的学生休学，有的学生躺在床上，学校的教学秩序也由此弱化，但大家的信念却很坚定，正气仍蓬勃发出。

有件事至今历历在目。当时母校经费困难，买不起图书。我们学生会就与校图书馆商议，将破损而不能外借的书籍，由我们来修补完整，再归架外借。

当时，虽然全身浮肿，出虚汗，缺少气力，但确信困难是暂时的，喝点盐水，打起精神，利用课余时间，将几千本优秀图书，修补归架外借，感动得图书馆主任都掉了泪。

根源何在？一件小事即可解开。我们系的卢秘书，是位女同志，50多岁了，全身也浮肿，但她将组织上分配给她的一张指定在校外可购买的水饺券，都让给体弱的学生。学生不忍心，交给学生会，就这么让来让去，最后由党支部讨论决定。

现在回忆起来，事情虽小，但就这么一份水饺餐券，却传递了母校和领导对学生的关爱，由此激励了一代学子高尚的生活情操和情怀！

我们惠得了母校培育的政治信仰、实践品格和生活情怀，如获三件精神之宝，这就奠定了自己日后事业的正确方向和成功之道。

作者：郑玉光，1960级哲学系校友，山西省社科联科研成果评奖办公室原副主任。

回忆我的大学生活

王向东

斗转星移,岁月如梭。离开母校将近半个世纪了。但时空阻隔不断我对母校的情思,岁月磨灭不了我对大学生活的美好记忆!

我是1960年考入母校的农村学生,经历了西安政法学院和西北政法学院两个发展阶段。按照学制,我们这一级新生应当是1964年毕业,因困难时期放了一年长假,故推迟到1965年才毕业。后根据有关规定,仍按1964年毕业对待。

我入学时的专业为中共党史。党的八届十中全会后,阶级斗争课成了政法学院的主课,原属政治理论范围的党史系、哲学系、政治经济学系成建制地转为政法系。

记得在新生入学的开学典礼上,校党委王云书记说过,我校是党校性质的学校,要把培养党的优良传统和作风放在重要位置。据此对我印象较深的,一是在学习上继承和发扬"抗大"精神,培养好的学风。那时我国只有《宪法》和《婚姻法》等几个重要立法,刑法、民法、经济法等还没有制定,政治理论课主要学习马列、

毛泽东思想原著，没有现成的教科书可资教和学，只是编印一些讲义和制定一些参考书。尽管如此，同学们热情很高，学得非常刻苦认真。公共课在大礼堂上大课，几个系的学生在一起，大家认真听，仔细记；课后互相对笔记，补充、纠错；晚自修时间，图书馆、阅览室、教室、宿舍灯火通明，座无虚席；课后以班组为单位组织讨论。同学们围绕主题，认真写好发言提纲，热烈发言，各抒己见，甚至激烈争论，用有理有据的翔实资料说明自己的观点，达到共同提高之目的。大家非常珍惜学习时间，礼拜天很少上街，抓紧时间研读。

二是培养理论联系实际的务实作风。在当时的历史条件下，对学政法的学子来说，联系的实际是参加政治运动，搞阶级斗争。尤以参加的两次社教（亦称清政治、清经济、清思想、清组织的"四清"）运动，离开学校，深入农村，历时长、记忆深。我第一次参加社教是1964年春，为时两个月左右，是在西安市雁塔区永宁公社，带队老师是柴琦。第二次是1964年10月至1965年5月，参加了以王云书记为分团长的汉中西乡县社教。在那条件非常艰苦、交通十分闭塞的穷乡僻壤——西乡县高川区两河口公社三合大队，带队老师张效友、赵炎和我们一起，度过了难以忘记的七个月。说条件艰苦，主要表现在吃、住、行三方面。吃：进队不久，有的老乡就没有粮食吃了。我们走的是穷人路线，除村干部、中农成分的人家不去，剩余供吃派饭的困难贫下中农户比较少。我们就跟供饭人家同甘共苦，吃的是拌了糠菜加碎米的混合饭。一天两顿，三角钱，一斤粮票，还要和老乡一起劳动。晚上开会开到很晚，经常是饿着肚子睡觉。没有地方可买食品。按照纪律，也不允许买。从中央出台《23条》后，要求相对宽松一些，加之供饭户的扩大，这种情况始有改观。住：贫下中农家房舍简陋、低矮潮湿。为了同住，我们就帮房东打扫卫生、改善环境，只要安一张竹床，能睡就行。行：这里山大谷深、山路崎岖。内查外调，翻山越岭，徒步跋涉。老乡祖祖辈辈靠肩挑背扛走羊肠小道。至于开展工作中的困难就更多了。好在有带队老师的帮助，很快也就"入门"了。就这样，我们凭着一腔政治热情，在改造客观世界的同时，认真改造主观世界，坚持和贫下中农"四同"，谁也不言苦、不怕难。张老师和赵老师以身作则，对我们传帮带，指导我们做群众工作，搞调查研究，教我们运用马列主义、毛泽东思想的立场、观点和方法分析和处理问题，工作上、思想上严格要求，政治上、生活上爱护关心，同甘共苦。既是良师，又是益友，难以忘怀。

三是勤工俭学，劳动爱校。刚入学时，图书大楼还未竣工。我们就积极参加建设校园义务劳动。用双手磨地板，用铁锨挖土平整校园地基环境，帮助图书馆整理图书、资料，到长安县运回过冬蔬菜和铺床的蒿草，到淳化县动基地劳动生产，到乾县等农村参加麦收等，增强了劳动观念，加深了与劳动人民的情感，培养了艰苦朴素的作风，增进了对母校的热爱。

当时，特别是20世纪60年代初，物质生活比较贫乏，同学们生活都很朴素，有钱不乱花。我一学期的零用钱只有50元左右。难得进城办事，一般都坚持步行。但学校的文体活动丰富多彩。周末在南楼饭厅举办舞会，吸引了外院、师大等校的同学前来共舞。经常举办体育比赛，同学们自觉参加各项体育锻炼。校团委书记徐元贤亲自抓院文艺团活动。我是戏剧队成员，曾和同伴一起为全院师生献演过现代戏。

如今，时代不同了，但母校培养我们艰苦朴素、理论联系实际、克难求进、刻苦认真、严谨好学、脚踏实地，认认真真做事，清清白白做人的优良传统和作风并未过时，值得我们永远发扬光大。

作者：王向东，原名王西文。曾先后供职于江苏省常州市人民法院和公安局。

毕业，去新疆兵团工作

郭　锋

2006年3月，新疆生产建设兵团公检法司监、组织人事等部门一行来西北政法招考，预招录名额75个，包括法学、新闻、公安等专业，看见公告着实让人惊喜。在当年的就业形势下，一个单位能在一所院校一次招录如此多的人，对学校、对毕业生都是件极好的事情。后来，总共有210多人报名参加考试。通过笔试、面试、体检、政审等环节，我顺利考入新疆兵团检察系统。

参加完考试，工作基本算定下来了。在随后的时间里就等毕业了。6月，同学们陆续办理离校前的相关手续。7月初，随着毕业离校时间的临近，大家的心中增添了越来越多的不舍和牵挂，以往的一切一切都因为毕业而顿时变得弥足珍贵。

我是7月4日离开学校的。刚出宿舍楼不远，碰见从校外回来的陈、王、巨，我们尽量用简短的语言告别，因为大家都知道任何一句煽情的话都可能触碰到离别伤痛。话过两句，陈便趴在我的肩膀上哭泣起来，她的情绪迅速感染了其他人，王的眼泪也下来了，巨的眼睛也红了。尽管我极力地控制着自己的情绪，但是没能控制住，我的眼泪也不由自主地流了下来。那一刻，我们无法不伤感，因为大家都明白，此一别，也许就是一世。

从毕业回家到离家工作的半个月中，我的心里一直空落落的，心中始终对大学生活怀有强烈的不舍和留恋，挥之不去，甚至有时不知道该干些什么，以后该干些什么，有种茫然不知所措的感觉。在那段时间里，我每天使自己忙碌起来，帮家里干些活，找人"谝闲传"，尽量不去回想大学里的人、事、物。毕竟，人生就像是一趟列车，要经历很多的站点，不可能在一个站点上停留一辈子，不管你的心境如何，意愿如何，该前行时则会如约启程。我知道，大学生活一旦结束就无法重来，你可以怀念，可以惆怅，但你也得回归现实，因为后面有一段全新的旅程等着你往下走。

7月22日，西安的同学给我饯行。到现在印象最深的就是四年中不曾喝酒的王喝了很多，早早地趴在椅子靠背上睡着了，没想到此一别竟成了永别。23日下午，舍友应、荆送我到火车站，临上车时应把他的伞送我。这把伞我使用了多年，尽管有些破旧，但始终舍不得丢弃，一直放在办公室。再见了，同学们，今后的人生路上彼此多珍重，且行且珍惜！

在火车站汇合后同行的有10个人，都是奔赴新疆工作的校友。我们坐的是1043次列车，从西安到乌鲁木齐需要40多个小时。这是我们第一次出远门，第一次坐如此长时间的车，为了打发时间我们不停地打牌、聊天、睡觉。车到陇西后，透过车窗看见放羊人穿着大棉袄，当时无法理解，后来才知道在大西北即使看着太阳大大的、红红的，气温也不会很高。总的来说路上的一切都是新奇的。

25日早上到乌鲁木齐后我们到兵团报到。兵团检察院的工作人员带领我们办理了手续，我被分配到额敏垦区检察院工作。中午，工作人员安排我们坐夜班车赶往额敏，我说我们把行李托运到兵团检察院了，得拿上行李才能走，但工作人员说没见到行李。下午，工作人员到邮局去问，邮局的人说行李不在邮局。正当我们为找不到行李发愁时，工作人员说："你们挺笨的，有几个人早早地把行李托运过来，我们用车拉回来放在库房里。"听完她的话我们也没多想，就说那先把箱子放下再去邮局问问，工作人员说把箱子放到库房去吧。放好箱子刚要往出走时我顺眼一看，库房里的行李不正是我们的吗，我们赶紧给工作人员打电话说行李找到了，原来她所说托运的行李就是我们的——真是骑驴找驴，笑话一个。

下午，工作人员安排车把我们送到车站，买了夜班车票。晚上七点多车开出了车站，没走多远又停在路边一家饭店门口迟迟不走，一直到九点多车才缓慢前行。虽说已九点多了，但太阳还高高地挂在天上。沿路看着外边的景色，发现陕西补胎的店铺特别多，后来才知道陕西人补胎的技术比较好，在新疆是出了名的。天黑以后我躺在卧铺上迷迷糊糊的睡觉，说是睡觉其实也睡不踏实，一路上就听见两个民族妇女不停地说着话，可

惜一句也听不懂。

26日早上七点多，车到额敏车站，司机问我们是在额敏车站下还是在九师车站下，我们初来乍到，人生地不熟，怕走远了就直接在额敏车站下了。实际上我们应该在九师车站下，因为我们即将工作的单位在九师，属于兵团的地界，与额敏县画线而治。一下车一股寒气袭身而来，我们赶紧从行李里拿出外套穿在身上，在这个季节陕西正是一年当中最热的时候，而在额敏这个地方却冷得需要穿外套，不禁让人想起小学课本里"大兴安岭雪花飘舞，海南岛上鲜花已经盛开，我们的祖国多么广大"的语句。随后我们赶紧给检察院打电话接我们，就这样我开始了在新疆兵团额敏垦区检察院的工作经历。此后，每年都会有大量的西北政法毕业生考到兵团，进入政法队伍，这些人正逐渐成为兵团政法事业发展的主力军。

时至今日，十年已逝。这十年，是我们一生中最重要的阶段，也是经历大事最多的阶段。如今我们每个人都已成为家庭顶梁、单位骨干，肩上担负起了越来越重的责任，每天都需要去认真工作，努力奋斗，为家人创造更好的条件，为社会贡献自己的力量。走过的这十年，是兵团给我们政法学子们提供了一个发挥专业知识、展现法学才能的平台，在此衷心谢过。同时，我们政法学子们也将一如既往地认真工作，推动兵团政法事业不断向前发展。

作者：郭锋，原法学三系校友。现任职于新疆生产建设兵团额敏垦区检察院。

通往高原的心路

陈铎元

初夏时节，位于拉萨河谷地的曲水县莺飞草长，通往老政府方向宽阔的大路上垂柳依依，柳絮如飞雪飘舞，原野上麦苗已经泛出了茫茫青绿。

雨后的傍晚，村落炊烟袅袅升起，鸡鸣狗吠依稀可闻。站在山原之巅极目远眺，苍茫的远山被残阳染得如血似火，滔滔大河横亘在无际的原野，缕缕炊烟织成的村畴暮霭恍若漂浮不定的茫茫大海，天地间壮阔辽远，深邃无垠。

天色渐晚，漫步在雅江路上，在温暖的路灯下回味着适才凭高御风的畅快，不自觉地我已一步步走进这幅宁静安乐的田园山水画。凝神望着远方，思绪如雅鲁藏布江水奔放——从黑土地、雁塔长安，再到这茫茫的雪域高原，理想、奉献与汗水写就了一条多年来上下求索和不平凡的心路。

边疆情结

2011年7月，我从母校西北政法大学毕业，放弃了内地的工作机会，选择来到西藏成为一名西部计划志愿者，工作于西藏自治区党委宣传部。作出这样的选择，源自我从小心底就存在的一种边塞情结。

我生于边塞，长于边塞。黑土地的家乡黑龙江省鹤岗市，位于祖国的东北边陲。随着知识的增长和学习的深入，我知道自己已不啻一个时代的热血男儿。翻开中国近代百年史，字里行间渗透着对祖国山川河流的眷恋之情，积淀着对祖国边疆的忧患意识。每一个国人无不为国家丧失主权、丢失大片领土，为民族失去安全屏障而痛心疾首。我常常隔着黑龙江滔滔江水远望外兴安岭以南那150平方千米的土地，穿行三江平原经受着一代代军垦战士热血熔铸的"北大荒精神"的洗礼，东渡抚远，在漫天晨光中走进乌苏里的朝霞。我一度认为，一个时代是否在华夏文明史坐标上有足够的高度很大程度上取决于它的边疆意识。秦皇入南海，汉武通西域，唐宗扫漠北，康熙收台湾……这些自觉进取的边疆战略和丰硕成果足以在史册上为后世子孙留下精彩的一笔。

每每读书至酣，我都为英雄们心系家国，先忧后乐，扎根边疆，建设边疆的行为感佩不已。男儿书剑立身，不可只为一己浮名私利，要到祖国最需要的地方去开疆拓土，

曲 水

建功立业。"一剑横行万里余",岂有他哉?

然而,在岁月的流逝中,我面前似乎渐渐呈现出另外一个世界——从中学开始,每次与同学聊起相关的话题总会引来不解的眼神,甚至异样的目光。直到大学,我提出毕业后要来西藏工作还被很多人误解为在内地就业大潮中混不下去,激起的仍然是一片反对与阻拦的浪花。我在困惑中苦苦探寻了很久,终于明白学校里的谬言偏见只是社会上那种怪象的投影,是我们这个社会的平庸之辈与随波逐流的氛围形成的角落中的雾霾。

改革开放以来,古老的华夏大地发生了翻天覆地的变化,取得了前所未有的发展成就。然而令人痛心的是,在一些人眼里,似乎市场经济可以荡涤一切,什么国家意识、责任感、使命感、良心、道德,这一切都可以不要。他们甚至可以在花天酒地之后戏谑守卫国土的战士,也可以嘲弄勇于为国家安全而抛离家乡的人们,献身边疆被其看作不合时宜,甚至被戏称为麻木。这足以说明新中国成立初期那种强烈的边疆意识和爱国意识,在一些人头脑中已经荡然无存。政策的倒置和社会价值的不平衡,抽掉了边疆的精髓,以往社会精英散布于边疆地区,现在变成了可怕的"孔雀东南飞",这种综合病症,已经严重困扰着边疆的发展与稳定。

每每想到这些,我都忧心如焚,也更加坚定了自己一直以来的理想和决心。心念已定,再无更改。

高原壮志

在学校时我就是一名思想进步的青年。大学三年级时我加入了中国共产党。而中国共产党从成立那天开始,就把国家的富强、人民的福祉作为自己责无旁贷的责任与使命,就要求自己的党员勇挑重担,勇于为党的事业、为祖国和人民的利益付出自己的一切,乃至生命。战争年代,哪里最艰苦、最危险,哪里就有共产党员的身影。作为新时代的一名青年党员,我应该到边疆去,到祖国最艰苦的地方去,为那里的人民做些事情。

毕业时,一位朋友以高原缺氧气候恶劣、民族地区边情复杂为由劝我慎重,我为他写下这样一番话:"士君子切磋砥砺,虽颠沛流离,常思头顶千秋日月;大丈夫吞吐纵横,即难酬蹈海,不负脚下万里河山。"言罢,我承担起陕西省支援西藏志愿者队队长的职务,带领19名同学踏上西行赴藏的列车,开始了自己全新的人生。

自治区党委宣传部的两年志愿者生活是我青春岁月最为飞扬的乐章,也让我深深爱上了西藏,爱上了脚下的这片雪域高原。在工作和学习中我越发感觉到自己学养和能力上的欠缺,对于很多政策难以做到深入理解,就此萌发了到北京名校读书的愿望,自然而然地走上了考研的道路。而后我才深有感触,真正的学习并不一定要在学校进行,蜗居于象牙塔的书斋学者中国并不缺少。扎根基层,踏踏实实地做事,认认真真地在工作中学习研究才更重要、更可行,可惜当时的我并不明白这个道理。

志愿者两年期满后,我回到了家乡黑龙江。两次考研的铩羽而归对我而言不亚于当头棒喝,残酷的现实让我重新审视自己的内心和曾经的抉择。我越发思念西藏、思念高原,再次提起自己的行囊。当火车再一次翻越唐古拉山,当汽车再一次经过布达拉宫时,我的双眼湿润了。随后,我去了西藏职业技术学院,为十八军的老政委、"老西藏精神"的开创者谭冠三将军献上了哈达。那一刻,我告诉自己,像老一代十八军战士一样,把根扎在这里,做一名真正的西藏干部。就这样,通过公务员考试,我于2014年11月加入

西藏基层密码队伍，担起了拉萨市曲水县委机要局的工作。

一路走来，几多唏嘘，几多感慨，转眼间我在曲水已经度过了半年时光。如今，激越的急流渐归平缓，青春的热血也静静地流淌在每一天、每一刻的工作中。一开始西藏对我而言只是一个研究对象或者男儿雄心的战场，而今天，我敢说这里就是我的家，我对高原越来越产生一种文化上的认同和依恋，我对曲水也越来越有归属感，在"老西藏精神"的洗礼和感召下，热爱曲水、建设曲水、奉献曲水的愿望和决心也越来越坚定，越来越强烈。

洗礼感召

在这片高天厚土之上，每一个到西藏工作的同志几乎无一例外地会受到这一片土地的影响和塑造。我们的人格、品行、政绩也时刻会感受到一双双已经长眠于青山雪域之下的英雄眼睛的审视，我们的生活和工作作风，无形之中也会受到老西藏前辈精神的感染和熏陶。

从20世纪50年代初开始，以二野十八军为主力的进藏大军和全国几十个民族先后进藏的干部、职工，怀着解放西藏、建设西藏、保卫国防、守卫边疆的崇高使命，在党中央和毛主席的领导下，与广大藏族同胞紧密团结，共同奋斗。百万农奴从封建农奴制度的桎梏下解放出来，广袤的青藏高原完成了短短几十年，跨越上千年的历史变革。内地许多进藏工作的同志，一干就是几十年，他们留下了自己的青春、自己的热血、自己的骨肉，甚至将自己最后一缕忠骨也埋进了高原厚土。仅为修筑川藏公路就有3000名战士献出了宝贵的生命，平均每千米就有一个以上的英烈长眠在那里。

艰苦的环境锻炼人，复杂的境地培育人。特别是在这个"中国梦"的号角已经吹响的新年代，中国的改革已经到了刻不容缓、避无可避的紧要关头，西藏地处反分裂斗争的第一线，形势严峻，工作难度和要求前所未有地提高。加上当今社会形势日趋复杂，社会的转型和价值观的剧变造成今天年轻人对东部沿海乃至大洋彼岸趋之若鹜。商品经济大潮更是对西藏干部和想来西藏工作的年轻人提出了更为严峻的考验。可以说，西藏边疆对优秀青年人才的需要丝毫不亚于50年前，我们所面临的考验比起先辈们更是有过之而无不及。祖国需要，边疆需要，青年人特别是青年党员应该毫不犹豫地站出来，来得了、扎得住、干得好，立足本职岗位，完成党和人民赋予的光荣使命。

作为一名机要干部，我深知密码工作的性质要求每一名机要人员的素质和能力必须全面。早在自治区基层密码干部培训班培训时，老师就告诉我们作为一名机要干部必须具备对党绝对忠诚的政治品质、熟练精湛的业务能力、严谨细致的工作作风和健康阳光的良好心态。半年多以来，我时时对照自己，不断自省自励。对我而言，最需要加强的是业务能力的学习。密码工作是一项政治性很强的技术工作，工作性质和内容决定了我们时时都要接触各种各样的仪器设备。一直以来，仪器操作都是我的弱项，在很长一段时间都有些不适应。在领导和同事们的帮助下，我有了很大的进步，但和技术能手相比还有不小的差距。接下来的时间里，我还要继续加强相关业务知识的学习，努力像老一辈西藏密码人一样，成为一名优秀全面的机要干部。

修远求索

早在小学五年级，我就写道，下辈子愿做个蒙古人，骏马弯刀，奔驰在一望无际的草原上。十几年过去了，阴差阳错来到了西藏。蒙藏两个民族从宗教信仰到生活习惯，很多地方都是相通的。在我看来，藏地最大的魅力就是在地球的第三级以一种超迈古今的旷达和悲悯来俯瞰整个大地，又是在世界上最圣洁、离太阳最近的地方以一种朝圣的坚定和执着追寻生命的天堂。在这里我们可以找到内心深处失落已久的东西，可以告诉自己怎样才是真正有意义的生活。

我们守着世界上最蓝的天、最圣的湖、最纯净的雪山和最原生态的草场，还有最虔诚的人们一步一拜地追寻着自己的信仰。每每看到这些，我都会低头反思自己的生命。我们需要再少些攀比、少些贪欲，需要更坚定、更纯粹地坚持我们的初衷，坚持共产党人"为人民服务"的情怀和信仰，更好地履行作为一名西藏干部的职责。

对于西藏干部特别是汉族干部而言，融入当地文化有着更为重要的意义。第一代入藏的解放军战士几乎人手一册藏语教材，一边行军，一边学习。上一代汉族干部中仍有不少人讲得出一口流利的藏语。由于种种原因，我们这一代青年这方面已经落后了很多，不只是语言，对于藏民族的历史、宗教、民俗等各方面相关知识的了解都是远远不够的。在西藏工作，只有把这些必修课一点一点地补上，才能更好地接过老西藏人的接力棒，才能更好地完成工作任务，才能无愧于我们这一代青年肩上沉甸甸的责任与使命。

来到曲水只有短短半年，对这片土地的了解与工作中的体会还远远不够，我很难像许多老同志一样在笔下流淌出工作中亲身经历的催人奋进的人和事。但只要在曲水工作一天，我就会把她当成自己的家来看待，虚心地向老同志学习，认认真真、踏踏实实地把工作做好。加深对曲水的了解和融入，以一个曲水人的心态想问题、办事情。

真的生命当如江河，始于清澈，终于浩瀚。我愿意把自己青春的激情、热血、信仰和人生奋斗的源头，如江河一般长留于脚下这片高原圣土，不论将来走到哪里，老西藏人的风骨都是我生命中不变的底色，成为西藏一名合格叫得响的干部是我过去、现在和将来永远的追求和荣耀。

写到这里，我不由想起了自治区原党委书记陈奎元同志1992年由内蒙古调入西藏工作时写下的一首诗。现抄录在后，以此作为本文的结语吧：

周公送我走天涯，遥指西天落晚霞。

白发临风望丛岭，赤心追日越金沙。

艰难敢赴身无悔，横断山外国为家。

半世足痕留塞北，明朝踏雪看桃花！

作者：陈铎元，2007级思想政治教育专业学生，来自黑龙江省鹤岗市，2011年毕业援藏，任陕西赴西藏青年志愿者工作队队长，现任西藏自治区曲水县县委机要局干部。

20年，
一个政法人的跋涉和抵达

陈 炜

我出生在西安市长安区一个偏远的小村庄。1994年参加高考，第一批录取院线这一栏我填报了自己当时唯一梦想的学校——西北政法学院。因为小时候看电视剧"法网柔情"，我梦想自己将来也能成为一名大律师。

法庭辩论，塑造了我做律师的气场

1999年12月，我如愿通过了律师资格考试，随后，就迫不及待地到一所很负盛名的律师事务所实习。当时的实习律师是没有工资的，我帮指导老师跑路送材料，调查取证，写出庭方案、代理意见、辩护词。但到了月底，别人都领工资，我一分钱都没有，我吃饭和坐车的钱，都得由老公赞助。每每到月底，我都沮丧万分并深深地感受到，没有钱，就像身体里没有血液一样。好在那些岁月里，老公从来没有说过一句"你为什么不挣钱"这样的话，我的精神才没有垮。然而我可以忽略待遇，但我强烈渴望成长，如果内心得不到成长，我一定会选择离开。按照事务所规定，半年实习期满之后，实习律师就可以得到一定的待遇了。但当我实习满半年时，还是毫不犹豫地选择了离开，这时候我已经开始变得成熟，我不再在意事务所的名气了，只看是否能在这里有所收获。

我选择的第二个律师事务所很小，只有主任一个大律师，带了我们三个小律师在工作。在那里，我每天埋到申诉案件里，通常要仔细研读的卷宗足有好几本，因为申诉案件都是已经经过了好几个审理程序之后的。指导老师相当严格，甚至是苛刻的，一个标点符号使用不合适、一句话语不通顺、版面未排舒适都会招来老师的刻薄责骂。我在那里经历了一个小律师的成长，目睹了一个大律师是如何谈下业务，如何为了收到更多的律师费与客户周旋，我经历了认真研读案件资料，思考、分析、重新确定诉讼策略，汇报、被批评、修改、上法庭辩论这样的过程。

为了锻炼自己在公众面前讲话的胆量，我一个人办理了十多起刑事辩护法律援助案件。与死刑犯的近距离交谈，使我更加清醒和深刻地认识了人性的复杂和多面性。一次次的法庭辩论，也逐渐塑造了我做律师的气场。

至今我还清楚地记得，2001年在政法干校大礼堂，我为一名非法持有毒品的被告人辩护。法庭下有上千名政法干校的师生在观摩，当法官提到"被告人请为自己辩护"时，被告人紧张而木讷地说"我、我请我的律师为我辩护"，这时全场响起掌声和喧哗声。我却备受鼓舞，刚才还因为对证据提出异议惹恼了检察官而内心不安，这时候我却底气十足、声音洪亮地发表了自己的辩护意见。我提出的一个小的事实方面的问题，直接关系到量刑的幅度，原本合议庭已内定当庭宣判7年有期徒刑，在我的辩护之后，他们紧急合议，改为四年有期徒刑，当庭宣判。

庭后，法官说，今天的律师真棒，为我们的观摩法庭添彩！经过多次刑事辩护的历练，我开始变得沉稳而敏锐。在代理一些经济纠纷案件时，我既能把握好分寸，也能与对方斡旋，我的当事人特别欣慰地说："我终于找到了电视上的感觉，有事找我律师谈！"这些小小的成就感，这些以个人的工作改变和影响他人的故事，逐渐使我体会到职业的价值，而且也让我摒弃了学生时代莫名的忧郁伤感和虚空的幻想，我甚至不再读以前最喜欢读的散文和诗歌。在这个小律师所工作了两年之后，我决定重新选择一个正规大所执业。

我在金镝律师事务所的十年

那天上午我走进金镝律师事务所咨询，当时该所的李主任接待了我，下午我便把手续转入了，第二天我就接到一个小案子并开始办理委托代理手续。在之后长达十年的职业生涯中，李主任一直是我最尊敬的师长和最亲密的朋友。我们无话不谈，我遇到困难了，她如沐春风般地帮我分析问题，我有任何小小的成功喜悦，也习惯于和她一起分享。

初做律师的几年里，我的当事人基本上都成了我的持续性客户。我在这个优秀的律师事务所里遇到了师长、同事、朋友、兄弟、姐妹，体会到大律师的风范和律师事业的波澜壮阔。我在这里幸福地工作了十年，获得过"先进个人""优秀辩手""全国未成年人保护特殊贡献律师"等奖项，我朗诵过毛泽东诗词、担任过律师论坛主讲、上过电视、报纸、杂志，先后带过本科生、研究生助理，从西安走到了北京、厦门、天津、香港，先后参加过国内国际不同层次和规模的研讨会。2009年我不仅闯五关获得了去美国留学的机会，还斩六将获得了全额奖学金支持。在我出国前的送别会上，我最尊敬的师长——

德高望重的王主任（当时担任西安市律师协会会长）给我很高的评价，李主任深情献唱一首"还没有结束，又有新开头……"还有众多的兄弟姐妹们都给予我无限的关爱和帮助。第一年放暑假回来，我欲看望王主任，但人未见到，噩耗传来，王主任的突然病逝留给了我无尽的哀思。

留学的苦日子与甜回忆

留学的日子是又一次考验。我被美国布兰迪斯大学破格录取，全仰仗于他们对我专业实力的信心，和我曾经在行业里表现出的潜力。2009年7月，波音747把我带到了美丽、静谧的波士顿，这里是"五月花号"登陆的地方，是"波士顿倾茶事件"发生的地方，也是世界顶级名校哈佛大学和麻省理工学院的所在地。我所就读的布兰迪斯大学，在美国排名第32名，与哈佛大学、麻省理工学院、波士顿大学、塔夫斯大学共称为波士顿五大名校。我所就读的社会政策与管理学院，则是在美国相同专业中排名第一的。

因为我英语差，初到时基本上听不懂别人在说什么。出门问路，我也只会问但听不懂对方的回答。按照要求，我得在上课前完成大量的英语阅读任务，我一边读一边查字典，还是只能理解三成，心里实在很焦急。上课时，有些老师发音不清楚，讲什么我也听不太明白。每次小组讨论时，每个同学都带着不同国家的口音，听得我头剧痛。那些日子我完全处于"懵"的状态，仿佛是一个人掉进了迷茫混沌中，然后自己在拼命地寻找出路，才逐渐被启蒙。

那是一个痛苦挣扎的过程，每一点进步背后的艰辛都刻骨铭心！但是我又没有时间去体会和细想，更不可能有时间自怜。每一天就像打仗一样紧张而兴奋，我要安排好分分秒秒，力图不错过重要的信息和机会，但因为语言障碍，实际上错过了很多很多。得到的东西虽然很有限，但我也开心。阅读任务我通常都不能完成，有时候读了也读不懂。因为文化的差异，即便读懂了还不理解。我每节课为了不走神，都坐在第一排，就在教授的眼皮底下，我努力地想听懂，但还是至多能听懂60%。每一节课的作业都是期末成绩的一部分，所以作业的压力极大，而我写英文文章一句一句极为艰难，一个paper（小论文）美国学生用一两个小时，我得用一周时间才能成篇，更谈不上质量。一个学期下来，我视力也下降了，彻底不能离开眼镜了。

那里的生活、学习环境极美，每天从公寓走到学校去，蓝天、白云、绿草、鲜花，一路欣赏美景，也就忘却了阅读、写作的艰辛。

在国外求学的日子，虽然顺利拿到了一科又一科的学分，但说实在的，收获不在学业，

分数与我，淡若轻风。倒是彰显中国文化的经历，成就了美好的留学生活。学校每一年要按照区域，分别举办不同的文化风俗晚会（culture night），如非洲文化晚会、东亚文化晚会、南美洲文化晚会、南亚文化晚会，在这些晚会上，同学们要穿自己民族的服装，表演节目，还要做自己民族的美食放在一起以供其他同学们品尝。每一个文化风俗晚会，都像是最隆重的节日。我们中国人必然要穿上旗袍，包上饺子，唱我们国家的歌曲，跳我们的舞蹈。除了晚会之外，平常做家乡饭，邀请同学们来品尝美食也是最好的排解压力和交朋友的方法。从一开始只会煮方便面，到做饺子、拉扯面、烙葱油饼、卤猪蹄凤爪、做红烧肉、煲银耳汤、蒸茼蒿麦饭、烧黑米红枣粥……这些纯中国味、乡土气息的食物，在异国他乡香气四溢，吸引来了我的各国朋友，我也用这种方式表达我感恩的心。那些在中国没有穿过的中式旗袍，在那里我会怀着宗教般虔诚的心情穿上，走过那葱莹翠绿的草坪，看那一团一团的白云游荡在那澄澈蔚蓝的天空中，我心情亦如这环境般美丽而浪漫。

在那里，铺天盖地的英语使人疲惫，永远也写不完的paper（小论文）令人焦灼。汉语的魅力，在我教儿子学习国内小学三年级语文课本的时候，才会那样强烈地感受到优美！那种心情甚至超过站在美国国家艺术博物馆的巨幅名画前，因为前者才真正理解深刻！我还记得我对儿子说"咱俩在家里讲英语吧"，我儿子说："妈妈，如果我和你也讲英语，那我觉得我在美国一个亲人也没有。"儿子就用这样简单而朴素的道理点出了语言与亲情，语言与爱，语言与归属感！

在国外留学的经历，使我真正理解了民族自豪感和爱国心。中国人在国外要想被尊重，并不是你多么西方化或者多么国际范，而恰恰是因为你身上浓缩了中国文化，你身上的中国元素越多越会被尊重，如果你把中国文化的东西都丢弃了，那么你在国际友人面前，也就没有魅力了。

二次创业，代表中国律师走出去

2011年年底，我毕业回国，又面临着二次创业的挑战。如果继续做律师，我的客户在哪里？我的优势在哪里？经过一年多的观察和思考，我发现，西安能用双语工作的律师非常少。我回国后，因为没有了学业的压力，反而可以自由地学习英语，英语水平比在国外时还大大地提高了。

我决定向涉外律师领域进军。于是我开始放弃传统业务，特意把时间和精力用到对涉外业务的关注和研究上。幸运的是，2013年年初，司法部、全国律师协会也开始关注中国涉外律师的培养，由中国政府出资，决定培养中国第一批涉外律师领军人才，服务于中国企业"走出去"的伟大战略。经过笔试，我顺利地入选了，去北京参加了第一期培训。又经过面试，我从100多名律师中脱颖而出，成为中国司法部公派赴欧洲考察学习的37名涉外律师领军人才之一。

这一重要的契机，使我认识了全国各地的涉外律师，学习到海外并购业务的基本知识，建立了国内国外两个合作网络，在欧洲走访了8个国家，对西方文化、历史、经济情况有了更加立体的了解。2013年，陕西省律师协会换届时，演讲竞岗，我以最高分数当选涉外专业委员会副主任。2014年，中国国际经济贸易仲裁委员会选聘仲裁员，我荣幸地成为贸仲成立50多年来，陕西省专职律师中第一个入选贸仲仲裁员候选人的律师。西安的国际法律服务业务尚处于起步阶段，开拓新的业务领域无疑是充满了挑战的。我的朋友们已经潇洒地驰骋于律场，我却又一次站在了起跑线上。路漫漫，我已不再年轻，但我还有追梦的激情！

回顾我的20年，如品味醇香的美酒，对酒当歌，人生几何……

作者：陈炜，法律系1994级1班校友。

西北政法大学
NORTHWEST UNIVERSITY OF POLITICAL SCIENCE AND LAW

P062	老南楼打鼠记	周少华
P066	我在西北政法园的日与夜	袁连飞
P075	我的大学	邹 辉
P081	我们的 1996 版"兵马俑"开幕式	莫瑞安
P085	我的政法我的系	李 利
P089	大学的别名叫"篮球"	谢勇强
P090	他们·往事	陈 迪
P100	1996 年的第一场雪	杨青青
P102	那些年,我们经历的面试	孙 科
P105	那一年,西北政法一举超越两个"超级大国"	姚敏利
P109	法学二系 1995 级律师班毕业 15 年聚会记	行燕舞
P113	拼凑大一	何柏松
P116	回忆政法的那八年	冯立培
P120	那些年,我们一起占座	邱昭继
P123	那一天,那些年	聂宝铖

我在政法园的日与夜

西北政法大学

老南楼打鼠记

周少华

大学毕业留校，在西北政法的老南楼，我度过了两个本科的时光。

那年，学校拆掉了破旧的学生食堂，食堂里的老鼠无处藏身，就都迁居到了旁边的老南楼。我们无意收养这些小东西，可老鼠却不管那么多，未经同意就在我们的房间里安家落户。我就想，难道连老鼠们也知道，"卑鄙是卑鄙者的通行证"？难道连老鼠们也知道，学校民间流传着"政法学院没有法"的格言，所以才那般理直气壮、心安理得，公然侵犯我们的私宅？

自从老鼠大举入侵，我们这些老南楼里的原住民们就开始了一场旷日持久的自卫反击战，以保卫我们夜晚的安宁。茶余饭后，住在那栋楼里的同事们常常会交流一下反鼠斗争的经验，同时相互诉说被老鼠折磨的痛苦，由此才知道，身心疲惫的不止我一个人，家家都在为老鼠彻夜难眠，老鼠的罪行罄竹难书！

我住在三楼，老鼠是从外墙爬上来，咬破尼龙纱窗进到我的房间的。从此，老鼠们便轻车熟路地从这里进进出出，就像进出自己家一样，不拿自己当"外鼠"。有一次，我们一屋子朋友正在高谈阔论，一只硕大的老鼠无视我们的存在、罔闻我们的喧哗，坦然地从那个洞口钻进来，令众人惊愕不已。我不知道究竟有几只老鼠闯进了我的房间，反正每天夜里，它们都会在黑暗的角落里肆无忌惮地闹腾，搅扰了无数的好梦。那时，房间只有半边是属于我的，我的室友何先生虽然已经搬出去住了，但还有五个书架的书和一些杂物堆放在房间的另一边，那里便成了老鼠的乐园。每日里，只听见时而窸窸窣窣，时而噼叽咚隆，鼠辈们肆无忌惮，全然不顾忌我这个主人的感受，终于令我忍无可忍，决心与老鼠一决高下。

起初，我还比较缺乏与老鼠作斗争的经验，每有响动，都要从床上爬起来，试图对那些讨厌的家伙实施抓捕。怎奈敌人太狡猾，只闻其声，难觅其踪，每次都是徒劳；即使偶尔发现了老鼠的踪影，没等我采取行动，它们便飞快地躲藏到黑暗的角落里去了，哪里能抓得着！后来，我改用了比较聪明、省力的办法，睡觉前在床头预备几样东西，

老南楼 1　　　　　　　　　　　　　　　　　　　　　　　　　老南楼 2

当老鼠们在那边折腾得实在不像话时，就随手拿起一样东西扔过去，听到响声，它们便暂且安静下来。老鼠们要是识相，能够恪守国际关系之"五项基本原则"，或许我们可以就此相安无事，我完全可以忍住恶心，不开杀戒。但是，我抛物威慑的效果总是很短暂，每次，没等我进入梦乡，老鼠又开始狂欢起来，像是故意挑衅。所以，我后来采取的"严打"行动和残酷刑罚也就势在必行。

好多次，我躺在床上，看见老鼠四肢张开扒在纱窗上，被窗外微弱的亮光剪影得轮廓分明，活像一只巨大的蝙蝠。当我试图对它发动突然袭击时，老鼠总是能够及时警觉，飞身一跃而下，开灯再寻，早已没了踪影。我的房间里有一根晾衣绳，一头拴在南边的窗框上，一头拴在北边的门框上，有一次，我目睹了一场高空走绳索的表演：老鼠从窗户爬上去，然后踩着筷子粗细的绳子飞快地走到了门那边，又沿着门框的边沿爬了下来，简直是如履平地。还有一次，我正睡得迷迷糊糊，感觉到老鼠冰凉的脚爪从我的脸上快速爬了过去，当我惊坐而起，半天搞不清那究竟是真实的遭遇还是自己的一场迷梦。

老鼠不仅偷走了我的梦，它们还经常在夜深人静或者我不在家的时候，偷吃我预备用来做饭的西红柿、黄瓜。有一次，我放在书架上的一个馒头连同装馒头的塑料袋一起不翼而飞，令我心中悬疑了好长时间，过了很多天，终于在老鼠的领地发现馒头的残骸，才揭开了这桩神秘的失踪事件。老鼠的种种作为，既令人厌恶，又令人惊叹。

但，无论如何，这些侵略者必须滚蛋。在被老鼠骚扰了一段时间之后，我终于下定决心采取切实有效的行动清理门户、整治鼠患。

首先，我否决了使用老鼠药的办法，一是怕中毒后的老鼠死在哪个角落里难以找到，污染室内环境；二是觉得用化学武器对付敌人不够光明磊落，有失人类风度。要尊重对手，就要和对手面对面地交锋，即使失败也不算丢面子。经过向同楼的反鼠战友们取经，我买来两个强力粘鼠板，一个放在纱窗被老鼠咬出的那个洞口旁边，那是老鼠进出房间的必经之路；另一个放在靠近桌子腿的地上，我买来的西红柿、黄瓜通常就放在那个桌子上。

这样，老鼠胆敢作奸犯科，一定在劫难逃。

布下陷阱后，很快便有了战果，放在窗口的那个粘鼠板在当天晚上就捕获了一只不小的老鼠。落难的老鼠惊恐地吱吱尖叫，我带着胜利者的喜悦用竹竿将它敲了个半死，然后从粘鼠板上将它取下，埋葬在楼下的花坛里，希望它可以"化作尘泥更护花"，以赎其罪。之后的一段时间里，又有几只老鼠被我逮捕法办，无情埋葬。但令人吃惊的是，在我的房间里，老鼠的活动依然十分猖獗，在我的"严打"高压态势下，老鼠们前仆后继，踏着它们先烈的足迹源源不断地犯我领土，似乎永远也捕杀不完。面对打击，它们非但拒不退出，甚至还在我写有"非法侵入住宅罪"的刑法书上留下浓重的鼠尿骚味儿，公然藐视我神圣不可侵犯之主权。更令我忧虑的是，后来的老鼠们变得更加狡猾了，面对其前辈英勇牺牲过的粘鼠板，不再轻易上当，学会了逃避打击。有一次，我发现一只老鼠正在偷吃我桌上的西红柿，就用力跺脚，试图让它从桌上跳下来时，在惊慌失措中误落到桌子下面的粘鼠板上。谁知老鼠忙中不出错，落下时脚爪在墙角的踢脚线边沿上用力一蹬，便很容易地越过了粘鼠板，毫毛未损。那一刻，我感觉自己就像动画片《猫和老鼠》中的那只笨猫，根本不是老鼠的对手。

其实，我早该知道，人类从来就拿老鼠没办法，所以我们的先民们只有以歌哀求："硕鼠硕鼠，无食我黍！……硕鼠硕鼠，无食我麦！……硕鼠硕鼠，无食我苗！……"此外，更复何为？

两个月过去了，在对老鼠的战斗中，我一直没能取得胜利。有一天，一个意外的情况发生了——当我从外面回来的时候，在我房间的地上发现了一只老鼠的幼崽，浑身通红，还没有睁开眼睛呢。我这才意识到，原来老鼠们在我的房间里那般折腾是在制造后代，它们不仅想在我的房间里定居，而且还想世世代代定居下去。那架势，显然是要跟我玩鼠海战、游击战和持久战，想把我从精神上拖垮，好默认它们占领周公馆的合法性。

面对老鼠们的企图，我又岂肯轻易服输！抱着"人定胜鼠"的信念，我决定调整战略，将纱窗上的尼龙窗纱换成结实一些的钢丝窗纱，先搞好外防内堵工作，再来关门打鼠。等到窗纱换毕，几番奋战下来，房间里的老鼠果然渐渐被我捉拿殆尽，夜晚的安宁终于又回到了人民的手中。

然而，这一次我又低估了老鼠的能力。没过几天，我的房间里又有了老鼠活动的声音，仔细检查才发现，钢丝窗纱竟然被老鼠咬了个鸡蛋大小的洞，我的房间再次沦陷在老鼠的灰色统治之下。虽然心中有些沮丧，但是面对老鼠，我不能不抗战到底。我将纱窗下半部分用好几层钢丝窗纱进行了加固，然后又重新实施了一次围剿行动，才终于在对鼠斗争中取得最后的胜利。那一刻，真是身心俱疲。

通过和老鼠的较量，我不得不对老鼠有些刮目相看了，难怪著名的沃尔特·迪士尼先生会通过 Mickey 为全体鼠类张目。

记得上初中的时候，看过一位美国作家的一篇科幻小说。在这篇小说中，人类被他们自己制造的机器人彻底消灭了，地球上只剩下了废墟、灰烬和遍地奔跑的老鼠，老鼠成了所有生物中最后的胜利者。

或许，老鼠真的可以成为最后的胜利者？想想艰苦卓绝的打鼠斗争，我有些信了。

2009 年 11 月 28 日

作者：周少华，1992 年毕业于西北政法学院行政法系，留校工作至 2010 年。2008 年 6 月毕业于北京师范大学刑事法律科学研究院，获法学博士学位。现为东南大学法学院教授、博士研究生导师。

我在西北政法园的日与夜

袁连飞

> 和朋友通电话，她说叫我有时间跟她聊一聊我的大学生活，我满口答应。事后想想，在政法园度过的四年还真有很多难以抹去的碎片，有很多值得铭记一生的画面，有很多永远激励我前行的故事，不如先动笔写一写，到时说起来心里也有个谱。
>
> ——题记

录取通知书

2001年7月，依旧是一个炎热的夏天，高考过后，我的高中同学们在家长、亲戚或者师兄师姐的悉心指导下，捧着高考志愿书，审慎地选择、勾画着自己的未来。

长安区马王镇大原村，老家的玉米到了该施肥的季节，绿油油、一望无际的田地，随风舞动的玉米苗发出节节拔长的声音，空气中弥漫着熟悉的化肥味。我独自坐在后院，反反复复阅读了三遍报考指南后，一口气填完了第一志愿、第二志愿、第三志愿，感觉自己挺适合做老师，于是选择了陕西师范大学；觉得旅游也不错，所以也选了西安外国语学院。

母亲见我收拾好纸和笔，赶紧递过来刚从地窖取出的西瓜，说："没事，考个啥样就是啥！就是当农民也能过一辈子，千万别给心里压负担。"这句话母亲从我小学一年级一直说到现在，以前听完都没有什么反应，可是那天，在我可能最后一次有机会听到这句话的时候，我瞬间觉得这句话是如此的温暖而有力量。望着湛蓝的天空，吃着冰爽的西瓜，我开始第一次认真地遐想自己的人生……

交志愿书的那一天，才发现提前录取栏还没填，抱着不留遗憾的心态，我在国防大学、公安大学、第二炮兵学院等一系列遥不可及的志愿中，匆忙地写下西北政法学院公安系侦查专业。

生命中的事，很多时候容易猜对开始，却猜不到结局，有时叫人措手不及，有时也会令人惊喜万分。按照惯例，大学录取通知书要到8月才会陆续派发，于是我开始纵情

享受"后高考"岁月。一天中午，对门阿姨拿着一份EMS来敲门，说邮递员送错了。这是家里第一次收到邮件，全家人围坐一起惊奇地打开，才知道我被提前录取了！

　　惊喜过后，便是焦虑。因为这张纸只代表我分数过线，具备了参加体能测试和面试的资格。从小体育就弱的我，只好早早结束人生最悠闲的一个暑假，穿上"飞跃"跑鞋，开始练习100米、3000米、立定跳远……

　　复试那一天，爸爸陪着我坐了一个多小时的公交车。第一次走进政法园，我们不约而同地朝着庄重的大门凝视了几秒钟，然后跟随指示牌走到签到处。也许是注意力都集中在考试上，记忆中，关于那天校园景色的印迹所剩无几，只记得，那天阳光明媚，法桐枝繁叶茂，操场四周围了很多车、很多人，他们衣着鲜艳、谈笑风生，一群年轻矫健的身影在煤渣铺就的跑道上，为了青春、为了理想，全力奔跑……

　　体能测试很顺利地结束，接下来的面试，评委们居然只问了问我的高中，聊了聊我的家乡。就是在这样和谐轻松的氛围中，我正式取得了在政法园发芽、成长的资格。

初进政法园

　　公安系实行半军事化管理，除了每天早晚出操跑步和标准化内务，我们还需要提前入校，经历比其他系更长、更严格的军训，并且要经常穿着迷彩服在校园里格外显眼地行走。

　　军训的日子是酸苦的，但也有笑声和欢乐，一起吃苦的经历让来自四面八方的同学很快变得亲密无间。忘不了几百号人集结的队伍中，我做错动作被罚，咬着牙在新认识的同学面前做完了100个俯卧撑；忘不了排头那位英姿飒爽的女同学以及女生们被剪去飘逸长发时流下的委屈泪花——似乎那一刻剪去的不仅是美丽，更是她们坚持了很多年的个性和自由；忘不了大家在刚下过雨的操场练习倒功，任年轻的身体在泥水中拼摔，似乎只有这样才能彰显青春的激扬……

舍友们在床头刻下的倒计时标记或许早已被油漆填平，女同学对教官的爱慕或许早已被岁月冲刷，然而那段磨砺意志的时光已经深深镌印在大家的生命中。

单一、枯燥的军训生活持续了40天。训练的间隙，舍友们会给女朋友打电话，有的会让传呼台传递各种思念和祝福的信息给远方的亲朋好友。因为家里没装电话，朋友中有电话和BP机的也很少，所以每每这时，我会抱着一本新华字典，没有任何目的地、纯粹地、忘我地翻看。

开学后，校园里瞬间热闹起来，一个五彩缤纷的世界向我扑面而来，令我目不暇接。跟我那些春天一起敲锣鼓、夏天一起蹚河水、秋天一起踩瓜田、冬天一起烧火炉的质朴同学相比，他们显得那样的洋气、那样的神秘，一种莫名的距离感油然而生；与此同时，仰慕和渴求感开始在我的身体蔓延。

成为学通人

社团招新是开学后最热闹的一件事情，图书馆与操场之间的那条水泥路，摆满了社团宣传板，高年级的同学们积极地发传单做介绍。我穿着迷彩服，双手拎着四个水壶，步履匆匆地走过。但在川流如梭的人群中，我的眼睛被定格在了一张普通的课桌前，这

里没有过度招揽的举止，只有真诚期待的目光；没有异常热情的言语，只有亲切随和的交流；没有华丽夸张的海报，只有简洁明了的展板。

尤其让我驻足的是"播音员"三个字，因为初中时有过两年作为校园广播员的经历。虽然心里明白，那只是在全讲方言的学校里，而且自己没有接受过任何播音训练，可我还是不由自主地放慢脚步，怀抱仅有的一丝自信，怯怯地走到学通社招新处，然后鼓足勇气开口："学长，你好！请问……报名……需要什么条件？"

回到宿舍，心中像埋下了一颗即将发芽的种子，对"学通社"念念不忘。我不知道这个社团意味着什么，但是心里会默默地憧憬，如果我的声音能够在这所校园里回荡，那么我和它的距离便会近一些、更近一些。

美丽的梦很快被现实无情地打碎。要知道，上大学之前自己几乎没有真正讲过一句普通话，那时的播音只能算是读文章、念稿子，与那些来自城市的同学比，简直是天壤悬隔。

矛盾、纠结的心情终于在报名的最后一天终结——舍友想报名，邀人陪同，我终于决定给自己一次机会。

初试那一天，学通小屋的门外有一百多号人，里三层外三层地拥挤在一起。轮到我了，推开门的一瞬，第一次看见学通小屋以及一张张笑容可掬的脸。我做了简单的自我介绍，按要求读了一则新闻，还有一篇刘斌师兄发表在《学生通讯》的散文。

等到舍友考完出来，他非常激动地问我："他们对你说什么了？"

"什么都没说，就说可以了，叫下一个。"

"哦。他们说我的声音挺好听的，如果读慢一点会更好。"

看着他自信满满的笑容，我知道，我的梦想破灭了。之后的几天，我都没有再去想这件事。可是，三天后，当我再次拎着四个水壶，步履匆匆地经过图书馆，我居然在广播站复试名单中看到了我的名字！

那一刻，真是有种天上掉馅儿饼的感觉，好久都没缓过神来。怎么会没有我舍友的名字？他们是不是搞错了？无数个问号和惊叹号在我的脑海闪烁。我飞快地回到宿舍，坐在叠成豆腐块的被子旁边，静静地抱起那本新华字典，开始备战复试。

一旦有了希望人就容易紧张，和初试相比，我的复试表现非常不好，读篇新闻稿居然出现好几处卡壳！后来知道，在我将要被樊老师淘汰的时候，几位学长学姐考虑到我初试的表现，硬是说服樊老师让我留下来试用。进入试用期的八个人需要跟着上一级播音员做三个月节目，最后根据大家的综合表现录用四人。

接下来的每一天，对我来说都是新鲜的，我第一次见到调音台，第一次看到别人用英语做节目，第一次看到那么多文采飞扬、口若悬河的人。他们谈古论今的每一句话，他们留在播音日志里的每一个词,写在《学生通讯》的每一篇文章都值得我揣摩很久、品味很久。我最幸福的事就是在他们说话的时候,默默地聆听;在他们播音的时候,静静地站在校园的长廊,听他们或成熟或温柔的声音。而我只是在出完早操的时候、提前下课的时候,来到学通小屋或者广播站,扫扫地、擦擦桌子、打打水,我觉得这是除了日常播音之外我唯一能为这个集体做的贡献,也是我唯一感觉自己在这个集体中有价值的时刻。

三个月后,我一生中最忐忑不安的时刻终于到了。试用期最后一次例会结束,我们依依不舍地上交了学通的钥匙,然后回宿舍等待裁决。裁决的结果不涉及金钱、不关乎学业,但是对每一个亲历学通的人来说,它比任何财富都有价值,它比任何荣耀都珍贵。

晚上 10:45,郭凯师兄穿着睡衣来到我们宿舍,在只剩下淡淡星光的走廊,他微笑着把钥匙交还给我的那一刻,我激动得一句话都没说出来。真的没有想到自己能留下来,试用的八个人中,我的条件跟任何一个人比都逊色太多——他们有已经通过北广播音专业面试的,有高中就开始做校园电视节目的,有能力强到可以做系学生会主席的——而我,凭什么?

难道是那一次发现播放早操的卡带出问题奋力跑到广播站救了场?难道是那之后每天都要检查确认一次卡带的习惯被人发现了?难道是每一次例会都早早到场?或者是我用一个月时间翻阅了十几本前辈留下的播音日志,吸收到了他们的精华?我不知道。或者说任何原因在此刻都不重要,重要的是我留下来了,我成了一名真正的"学通人"。

接过钥匙,我和郭凯师兄紧紧拥抱。

成为正式播音员后,我陆续做了新闻节目、散文节目,并和小美合作了一档原创节目《我爱 MUSIC》。为了挖掘爱音乐的人以及有音乐故事的人,向来内向的我,会冲着校园里背吉他的人主动搭话,会跑到地下室找玩乐队的人,邀请他们来节目做客。那段时间,在昏黄的录音灯下,他们跟我分享了平日很少与人倾诉的、温情的、感伤的、遗憾的过往。谢谢你们对我的信任,那些录音卡带我至今留存。

之后的两年时间里,我认识了很多无比优秀的学通人,他们在我孤寂时给我温暖,在我困惑时给我力量,在我怯懦时给我自信。关于学通人的故事,从不敢轻易提笔,生怕不能准确表达,暂且留存心底吧。我只能说,那些人、那些事、那间小屋,是上天给我这辈子最大的恩赐,无论何时,只要想起,都值得幸福一生。

延续主持梦

我从小爱看电视,是真正看着赵忠祥和倪萍主持的节目长大的。看得多了,就会不自觉的模仿，后来机缘巧合主持了中学的文艺晚会。

到了大学，这个爱好就被自己慢慢隐藏了，直到那一天，我报名参加了公安系元旦晚会主持人的选拔。竞选程序很简单，大家在参演的节目中任抽一个，然后自编串词上台主持，而我抽到的刚好是我舍友的节目——吉他弹唱《白桦林》。

三天前，舍友接到系学生会的通知，每个参演节目需要提供一份节目串词。爱唱歌不爱写东西的他在宿舍一脸愁闷，我见状，悄悄编好了串词交给他，没想到世间的事会这般因果相连。于是，竞选现场我第一个上台，顺利通过。

后来，我还主持了系里的散打擂台赛和实习交流会。那天，同样来自农村的周雪在女子散打半决赛中被对方击中，鼻子流了很多血，中场休息调整的间隙，我拿着麦克风采访她，还记得最后一个问题是"对自己有没有信心"。从来都只讲陕西话的她，把头伸向我手中的麦克风，用标准的普通话大声地说："有信心！"她坚毅的目光里饱含着能量，那声回答响彻全场。

学校晚会的主持人一般都出自校学生会，所以我从来没想到自己能有机会，但有时幸运之星会眷顾默默付出的人。有一次，学校举办朗诵比赛，我代表公安系参赛，预赛结束后，隔壁的隔壁宿舍电话响了，居然是学校团委打来找我的，说让我过去一趟。我在学校的主持之路，在没有任何心理准备的情况下开始了，不仅参与主持了学校艺术节和歌唱比赛，还加入了2001级毕业晚会的主持团队，与老师和同学们在《祝福》的歌声里、在《雨人》的舞蹈中、在《致青春》的诗词中，一起回顾了在政法园不可复制的青葱岁月。

一个腼腆的男生，就这样站在了那个大舞台，面对那么多观众，这样的经历我不曾想过，但它却不期而至。生命中，有些事可能不需要你去多想，只要你不停下追逐的脚步，只要你坚持内心的挚爱，不需要刻意强求、不需要失望彷徨，因为，所有一切，命运自有安排。

参加运动会

我是个没有运动细胞的人，中学时每到运动会报名，我总是躲到教室的拐角，等所有项目都报完名了才敢回归人群。但我进入了公安系，很多事情想躲也躲不掉。班里的体育委员和我一个宿舍，运动会的项目没有报满，他总觉得没有完成任务，于是不停地劝说我们报名，但却无果，没想到他来了个狠招——先斩后奏！

"我给你报了3000米竞走，报名表都交到学校了，改不了了。"

"啊！竞走？我都不知道什么是竞走！"

"没事，你去参加就行了，名次无所谓，重在参与。"

天哪！遇到这样的舍友，我该怎么办！从那晚开始，我每天下了晚自习就去操场，先是寻找练竞走的人，观察他们怎么走，然后跟在他们后面学，再利用他们休息的间隙去请教。一个星期下来，我掌握了竞走的基本动作要领。为了比赛那天别太丢人，我到图书馆查阅了有关竞走的书，看了一些竞走比赛的技巧，比如拐弯时身体的重心、加速时的注意事项等。

经过一个月坚持不懈的训练，在那条曾经决定我命运的跑道上，在不绝于耳的呐喊、加油声中，我拿到了校运会亚军。因为全程无任何犯规动作，我被选中备战陕西省大学生运动会。

比赛那天，学校发了统一的运动服，但是没有运动鞋。于是，我成为赛场上唯一一位穿着普通飞跃运动鞋比赛的人。陪着我比赛的凌春建隔了很多年还提起那一幕，纳闷我怎么就没有一双专业跑鞋。其实那是因为当时没想到可能拿名次，也没想到别人都那么专业。

比赛前一晚谢娟、欧云建通过988音乐台为我送上祝福，可惜我没能亲耳听到。但是比赛结束，我们四人在"飞飞烤肉店"里吃炒饭、酣畅聊天的画面真真切切地发生在我的眼前。虽然那次只取得了第四名，但是我依然很高兴，因为我克服了自己的弱项，从一个逃避运动会的人成了一个参加大运会的人。

大学期间，我一直坚持晚上跑步，慢慢地喜欢上那种感觉。黑夜里，昏暗的灯光下，

运动会

大家或谈情说爱，或散步漫谈，或嬉笑打闹，或疯狂英语，或弹奏吉他；而我，穿过人群，伴着星空，朝着前方光亮的地方一圈、一圈没有目的地、纯粹地、忘我地奔跑，任汗水湿透迷彩。

勤工俭学

因为做学习委员，会经常到系办公室办事，教务处王一心老师得知我家经济困难后，便帮我找了一份勤工俭学的兼职，给学校报刊栏换报纸，在会议室调音。

从来没觉得这两件事给我增加了什么负累，相反，在完成工作任务的同时，我发现它带给我的不仅仅是经济上的回报。那些每天换下来的报纸，我可以拿回广播站作为节目资料来源，其中《人民公安报》《检察日报》等报纸可以丰富我的专业知识。每次在会议室调音，我可以全程旁观各系大型活动的组织、实施，学习他们举办活动的经验。在这间会议室，我亲历了第一届主持人大赛、第一届千古美文大赛、第一届探案之星以及无数场法庭论辩赛。

为了多挣钱，每个周末我会去离学校将近两个小时车程的三桥农场当家教，那里桃花盛开、牛羊成群。暑假，我带着顽皮的弟弟辰辰来到政法园，这是他第一次到大学。我们躺在空荡荡的宿舍，吊扇吱吱呀呀地转动，我随手翻开床头的《读者》，念了一个关于捐献骨髓的故事。读毕，房间里的空气格外凝重，辰辰直直地看着我，"小袁哥，去哪里可以捐献骨髓？我们也去吧！"从那一刻开始，我知道这个别人眼中的不羁少年会是我一辈子的好弟弟。

毕业十年

太多的记忆在时间的流逝中越发清晰，太多的美好在现世的映衬下越发鲜活。还记得大一刚入校，我们班去图书馆搞共建打扫卫生，聪明的同学们躲在角落看书或者聊天，我却一直站在氧气稀缺、霉味扑鼻的书架旁清除灰尘；大二那年，广电中心邀请各高校播音员轮流做节目，并要求大家互相打分，受领任务后，我借了台收音机，一期不落地收听了两个月，那段时间只要到了晚上 6：30，哪怕是在聚餐也要准时戴起耳机听节目，但是自己打出来的分数最后竟然无人问津；大三那年，作为课代表，我做了一件勇敢的事情，向教务处举报我们的英语老师不作为，每次上课只让大家念单词、念课文，后来事情败露，英语老师只是被警告，我的英语成绩却变成全班最低分；大四那年，在全家人发愁我如何找工作的时候,在我投出第一份简历后的一周,我兴冲冲地告诉家人:"爸妈,我找到工作了,我被武警指挥学校录用了!"

毕业十年,回首曾经走过的大学生活,不管是傻傻的样子还是苦苦的坚持,不管是成功后的喜悦还是挫败时的不甘,都是我人生宝贵的财富。感谢爸妈将我带到这个平凡的家庭,感谢力争把我留在学通的学长学姐,感谢擅做主张给我填报3000米竞走的舍友,感谢陪伴我走过政法园的每一位老师、校友,感谢那本新华字典、那双飞跃运动鞋,感谢你们见证我的青春、见证我的成长。

我会永远怀念这样的场景:春天,教学楼前的法桐竞相吐新绿;夏夜,草坪上传来的爽朗的笑声和动听的吉他声;秋季,校门口迎来了一批年轻的、充满朝气的校友;冬日,雪花洋洋洒洒,一场欢愉的雪仗在操场刚刚上演。

作者:袁连飞,2001级法律系校友,现就职于广州边防指挥学院。

我的大学

邹　辉

一、世界杯

1994年我第二次高考。

那年夏天是记忆中第二次看世界杯，第一次是1990年，我初中毕业的时候。由于两次重大考试都发生在世界杯年，自此我脑子里归结自己的人生，都不自觉地以四年为一季而划以段落。

1994年7月9日，高考最后一门结束了。当天深夜看球到半宿，我记得是比利时PK荷兰。那一年，我还没有玩实况足球游戏，也弄不太清楚到底什么是越位，只是知道意大利的巴乔很火。

高考后肆意看球的夜晚，是人生苦难终结日的一场仪式。

二、乌托邦

两个多月后，我进入了西北政法学院，专业是经济法。那时候的文科生选专业，法律是热门，经济贸易也是热门。所谓经济法专业，从我一个法盲的视角来看，似乎能够将万千宠爱一网全收。后来发现，专业这东西，对于政法学院来说其实并没有多少意义。

报到才两天，一个福建同学大骂，以为宣传图片中的高楼是政法学院，谁知道来到这里才发现，那个高楼在院墙之外，是陕西省广电局的。这种失落感，逐渐胜过新奇感，充斥在每个拥挤嘈杂的宿舍里。骂伙食差饭费高、骂新生早操欺负人、骂学费贵、骂洗澡堂子简陋人多、骂打热水时间安排不合理，初来乍到的生怯，很快转化成发泄恐惧与欲望的端倪。

当单独个体尚无法适应环境的时候，恐惧感、认同感等各种需求，会很快将国民血液里沉淀多年的游民江湖气质倒逼显现，集体排他性的生存方式立即成为法则，这在当时的象牙塔里也不例外（象牙塔是八九十年代对大学的称谓，以此强调大学生的稀缺性价值，现在已经没有人再用象牙塔形容大学了），尤其是游民气质与大一男生们骨子里向往的义气相互勾结。

于是，宿舍迅速成了大一新生的利益集团最小单位。我们的一号四合院成了一座梁山，每个宿舍都像是二龙山派、江州城派之类的派别。弟兄们论年龄排座次，称兄道弟，凑出钱来喝酒聚餐，甚至集体采购共用牙膏、洗衣粉、卫生纸之类的东西。面对轰轰烈烈的江湖仪式和共产运动，个别人即便有所微词也保持沉默，大家迅速建立了秩序。

随着大学里各种社会关系的多样性逐渐显现，随着新生们的适应能力迅速提高，邻舍关系、乡党关系、社团关系应运而生。随之，多样性的个人需求在宿舍单位秩序中逐渐无法实现，而在各种更为广阔的社交中能够得以满足。勉强建立的宿舍乌托邦秩序瓦解了，尤其是弟兄们开始对女生发生兴趣时，潜意识里更希望摆脱共有关系，建立个人隐私。终归人与人之间保持适度距离是理性的选择，于是随着布帘子在一个个架子床上拉起，乌托邦秩序崩塌得悄然无声，始乱终弃。

三、荷尔蒙

我最怕麻烦，也不想花钱。关键是始终没有女朋友，也缺乏筑巢引凤的园区经济思维，所以一直没有用布帘子隔出自己的空间。

我也没有加入任何社团。看着不怀好意的师兄们喷着吐沫星子游说天真无邪的女生时，我总觉得冥冥中有个上帝在告诫我，如果想得到异性的救赎最好去走窄门。

女生，从模糊的集体名词逐渐变成一个个清晰可辨的活生生的姑娘。

《钢铁是怎样炼成的》主人翁保尔·柯察金说："当你回首往事，不因虚度年华而悔恨，不因碌碌无为而羞耻。"但我听到这句话的时候，总觉得是动员我去拦惊马或者堵枪眼什么的，我对此豪言壮语警惕而不轻信，直至现在。这句话还不如"有了快感你就喊"这种通俗易懂且荷尔蒙十足的煽动性口号更直接。

那个时代，我们缺钱、缺见识，永远不缺的是时间和荷尔蒙，时间总需要在荷尔蒙的指引下被各种情绪填充。兄弟姐妹们的爱情就是纯粹的荷尔蒙作用，就是仅仅依靠荷尔蒙的指引去行动。

记得有一个兄弟曾经跳上讲台，当着几十个人向一个女生用大分贝表白。那时候我突然发现，要想不因虚度年华而悔恨，不因碌碌无为而羞耻，靠的不是多年来的组织教育，而是自己的荷尔蒙。多年后，无论他们的故事如何继续，这兄弟回首往事时，都应该佩服自己果断抄起麦克风时的勇气，应该感谢当年单纯的荷尔蒙。这种事儿，男人总要干一票。管它毕业以后如何如何，有了快感你就喊！

几年前的春节，带着一个同宿舍的兄弟开车去外地。这个兄弟单身，当聊起死磕长达十几年的女神时，兄弟是一肚子埋怨，觉得最亏的是手还没拉过，人都快40了，自己还单着。我安慰他说这才算是继承了柏拉图的衣钵，下地狱是很光荣的，英雄都是死得很惨的，华莱士长啸一声 freedom 后，要是被苏格兰游击队员救走了就不够牛逼了。然后，这个兄弟开始大骂希腊老先生站着说话不腰疼，也大骂我站着说话不腰疼。这时电话响了，这位兄弟开始语无伦次、呼吸急促、面色泛红。挂了电话后，这个兄弟照例环顾左右而言他，说话声音有些颤——电话是女神来的。唉，还是那个熊样儿，那个可爱的让人佩服的熊样儿。又过了两年，这个兄弟结婚了，谈及女神嘴硬着持续喊冤……但他释怀了。

有了快感你就喊，可以是抄起麦克风的瞬间爆发，也可以是十几年来心向往之的不懈。十几年后相忘于江湖的时候，从容回忆，面带微笑，对得起从不或缺的荷尔蒙，对得起自己的发心。那些年我们耍过的流氓，那些年耍过我们的流氓，那些年我们想耍而不敢耍的流氓，和我们一样，都一路走好。

姜文被采访《阳光灿烂的日子》时说过一句话："逝去的，都是美好的。"

四、活　着

我并不熟悉孙建华，也不熟悉老段。

孙建华来自山东，隔壁宿舍的。话不多，人厚道，腰上好像有一道长长的伤疤。他手中的淡黄色搪瓷饭盆，总是让我们和食堂餐桌中央倒剩饭的缸子搞混，这是最深刻的印象。

老段是同宿舍二哥的补习班同学，在西北大学，有时候来政法学院找二哥蹭饭。每次他来，都和我、二哥一起回忆一个阴差阳错大家都认识的美貌女生。

大二那年，二哥攒够了钱买了一条牛仔裤。上身几天后，老段来了，与二哥挤在一张床上闲聊至深夜。第二天老段走了，穿着二哥新买的牛仔裤。又过了几天听二哥说他自杀了。我心有所悸，和二哥一起怀念那条牛仔裤。后来，二哥时不时提起，老段"走"前约他聊聊，二哥说等几天，结果忙着考试没去。

过了很多年，我和西北大学同届毕业的老婆谈及老段，老婆说没有印象了。二哥仍然有时会提起老段，提起他约他聊聊，但不知要聊什么。

又过了几年，听说孙建华死了，癌症，同学中走的第一个。

过去，死亡在地平线的那一边，我们看不到，但地球是圆的，看不到是我们视野原因，不代表死亡不存在；现今人近40，我们已经开始讨论血脂、血压、血糖、脂肪肝了。

活着，从来就不是一个人的事情。无论近年来多少带点中年焦虑的我，还是焦头烂额或者时运通达的你，无论狼狈还是走运，都背负着很多活着的责任，也都必然走向死亡。

活着，就是人与命运之间漫长的纠葛恩怨、狭路相逢和形影不离。是人和命运数已经年的相互埋怨、相互仇恨、相互依赖、相互感谢。

老段、孙建华，你和我，我们终会归于尘土。趁死亡之前，让我们好好活着，向死而生。

五、又是一个世界杯

1998年是毕业季，又一届世界杯也将在法国举行。

那一年，我知道依靠克隆可以无性繁殖一只叫多利的羊，而无须前文我所力荐的荷尔蒙。

那一年，电视上一个叫马云的家伙，在央视东方时空栏目叫卖他的互联网思维，那个时候的马云没能登上东方之子，仅仅是在一档叫作"讲述老百姓自己的故事"的节目中，江湖术士似地给全国人民显示世界的多元性，由于他长相奇怪，我记住他了，但不理解他所说的互联网思维。

那一年，父母工作的大型国有企业日渐败落，开始时常发不下来工资。上海深圳的股市火了起来，而厂子里和家属区到处是埋怨，刘欢天天在电视上唱"从头再来"，尽管宪法上依然将工人阶级定义为领导阶级。

那一年，我没有通过英语四级考试，也没有通过律师资格考试。但政法学院决定弄一个叫作"院四级"的东西，给我们几百号带有民粹主义倾向而不学英语的学生一个拿学位证的机会，也给自己一个漂亮的台阶。

我和两个兄弟一起在高新区应聘，中午没地方待，在街心花园草地上坐着吃盒饭，量少吃不饱。大家一起冲着现在看来并不怎么高大上的写字楼高呼：剥削我吧！周围的人看我们一眼，没人理会。这个地方距离我现在的办公室很近。

瑞奇·马丁总是在电视机上高频率的扭动屁股，不停地唱着"Go！Go！Go！"，但我不知道下一站该去哪里。由于被他鼓噪得有点烦，很怀念巴乔的眼泪以及1990年的"意大利之夏"，就像现在也怀念1998年的欧文和齐达内一样。

十几年过去了，我发现已知世界并不怎么靠谱，想指望的不一定能指望，但没指望的可能还是个机会。我们经历的惶恐和不安、浮躁和冲动都会被时间冲淡而成为回忆。我们臆想的永恒和不变、依靠和托付又都有可能成为幻灭。无常，就是人生的平常。

我觉得时间一定安装有快进键。悠悠的学生时代，每四年的世界杯间隔那么漫长和遥远。而从毕业到现在，每四年的相隔又是那么迅速和跳跃，好像还没有来得及回味，一个四年的段落就过去了。

我觉得时间一定也安装了删除键和记忆键。过往纠葛大都记忆模糊，但有些情境和人却历历如是，甚至细节都历历在目。

2014年，巴西世界杯到了。一切已知都如常进行，似乎什么都没有变化，很多未知又悄然来临，似乎一切都正在改变。

作者：邹辉，1994级经济法系4班校友。

我们的
1996版"兵马俑"开幕式

莫瑞安

每天必看微信公众号"青春都在西北政法",渐渐感觉前期多回忆,五彩缤纷、温馨欢快、现场感强;近期多感怀,五味杂陈、意味深长、历史感重。但不管轻快与深沉,一样的怀旧、一样的共鸣,都是美文。

话说6月13日世界杯开幕、7月28日第十二届全国大学生运动会(上海)开幕、8月16日南京青奥会开幕,这分明是逼人写的节奏呀!这种场面俺们也经历过,1996年暑假,俺们就参加过全国大运会(第五届)开幕式的团体操表演。只是苦于不能回忆起更多的细节和故事,也没有什么对别人有益的感悟,不知如何写起,但再不写的话,这冲动劲儿过了也就放下了,姑且赶紧写起来,写到哪算哪。(有点抢救性挖掘的味道,够不上美文,只好看在校友的份上请大家将就了。)

1996年8月28日~9月3日的第五届全国大学生运动会是西北地区首次举行,也是陕西省自新中国成立以来第一次承办全国大型综合性运动会(这是网上搜来的),开幕式表演任务落到了各高校,于是兵马俑的角色历史地落在了俺们身上,挺光荣吧(严格来说,这不是兵马俑的形象,但俺们就喜欢这样叫,爱咋咋的。不过话说回来,表演的动作很有兵马俑古朴笨拙的意思,只是搜不到视频,俺们没有证据)。放暑假前好像系里、班里也作过动员,利用一个暑假排练会很辛苦,尤其是不能回家了,这得要掂量掂量、下下决心。最终定下来参加的同学都赶紧给家里写信,解释清楚。

刚领到服装时既新鲜又好奇,帽和靴一般自然不会穿错,衣服就是有点五花八门了,这衣服哪是前哪是后啊?这盔甲哪是正哪是反啊?这似像似不像腰带的是横捆啊还是斜背啊?大家一通嘻嘻哈哈、手忙脚乱,经专业老师指导才有点像模像样了。收拾停当,顿感自己英姿飒爽、帅气逼人,尤其是大家站整齐了更觉威武,简直都有资格直接与临潼那坑里的握手了,但俺们比他们光鲜靓丽。私下里想着:这要不是假期当中该多好,最好正赶上下课,让来来往往的同学看看俺们有多精神!甚至能想象他们走过很远了还会回头的神情,心里更美了。

但新鲜劲过了,才算领教:这身行头从头到脚裹得严严实实,这可是暑假呀!这可是西安呀!这可是要到操场上一遍一遍练的呀!这可是要练几乎整个假期的呀!一回到宿舍,赶紧换下来,人是可以去水房冲凉,可这衣服没法洗的,今天穿了出通汗,凉了、干了,明天还得穿上照练,并且可能堆宿舍里第二天错拿了别人的也不一定,这滋味,谁穿谁知道。

还记得俺们兵马俑与其他学校或八路装束或现代服饰的演员是到公路学院操场上顶着太阳合练的,导演在看台上手拿喇叭喊着节奏远远地指挥:"拉哒哒哒""拉哒哒哒",那嗓门中气十足。印象中有一次组织者运了一车的西瓜到操场边,休息时大家一下围拢过去,没有备刀,就着石凳的角磕开,大家吃得不亦乐乎、不亦忙乎,西瓜皮一地,一片狼藉。

开幕式就在离咱们不远的财院举行。开幕那天,大家早早地备足了胶卷,从财院校门开始,到正式上场前的场外等候,再到开幕式结束观众散去演员们可以在操场上自由活动,只要是非兵马俑舞种的,不管认识不认识(实际上根本不认识),赶紧拉过来或凑过去合个影,人只是道具,胖瘦美丑完全忽略不计,衣服才是主角。大家一直被这种兴奋劲儿催着,抓壮丁一样地跑过来、跑过去,照片拍了不少,冲洗出来才发现好多都是模糊的,"萝卜多了不洗泥"啊，顾不上讲究拍摄技术了。

青奥会开幕时为了陪女儿等金秀贤出场，基本是从前面一直看过来的。团体表演中听解说员说，这些都是在校大学生，参加开幕式的表演，培养了大家的团队精神，也是对精神意志的磨砺，云云。这肯定对，但因为有了同样的参加开幕式表演经历，俺关注点有了变化：从欣赏整体表演就自然想到了个体的表现，从欣赏台前精彩就自然想到了幕后的付出，当观众从看台上、电视机前看到整齐划一的表演，感叹所揭示的主题如何高大上，俺想到的是每一个演员该练得多辛苦。这就是一种过来人的心态吧！

观众看到的是一台完整的表演，起承转合、从远古到未来、从人到自然甚至到宇宙，演员却没有一个是从头演到尾的，没到你上场时就得在场外候着，这时场内的精彩与己无关，想看也看不到，只能凭声音想象；等到了自己上场的时候，才跟大家鱼贯而入、蜂拥而上，迅速跑到自己的预定位置，随着音乐节拍与大家一起跳动起来。这时场内的精彩是自己参与营造的，但自己也不可能看到全貌，"只缘身在此山中"，这时自己想的是"跟上节奏、跟上其他人的步伐"，同时用余光扫着四周的同伴。看台上的观众不会留意第几排第几个怎样怎样，他们看到的是整体表演的气势恢宏。

比如看世界杯开幕式，有一幕是肩上长着几棵树的演员在走来走去，是表现人与自然主题的，够宏大。但俺想到的是，怎么穿上去的？肯定是泡沫塑料做的，不会重，但应该也会捂出一身汗吧！

比如看春晚，主角唱得挺欢，也最受瞩目，可那么多的伴舞演员呢？谁会记得住他们？俺就想他们的家人或事后他们本人在看视频时，一定也会留意去找：第几个节目的后面左数第几个不就是谁谁嘛。哪怕只是露了一小脸，哪怕只是一个远远的背影，也兴奋不已，尽管有点自我陶醉，但同样也有成就感不是？

比如电视剧尤其是古装剧，一看到繁华市井，就知道大家都是群众演员，想到他们在镜头前晃过的时候导演肯定嘱咐过：千万不要盯着镜头看。

比如开个会，新闻里播出时，几个镜头扫过，可以看到主席台上讲着重要的话，会场很整齐，秩序很井然，但俺想到的是此前做方案、发通知、收与会及请假人员名单；会场布置，与会人员谁先谁后、谁左谁右，音响试音，会标内容是否准确、悬挂位置是否正确，茶及水杯是否备好；有会议材料的话甚至开会的前一天晚上还在熬夜赶印，还必须赶在开会前整齐地摆到每个位子上，还担着心怕会议开始后才发现材料里有错别字，哪怕只有一个，等等。开个会可能只是一两个小时或半天一天，但一系列准备工作多了去了。所谓开会，不过是前期一系列准备工作的集中展示而已。

扯得远了，老话，一言以蔽之：台上一分钟，台下十年功。谁都不可能轻易捡馅饼，光鲜一面的背后，谁知道人家付出了多大的辛苦甚至是代价？

想起一个段子，老大问："1加1等于几？"答："2。"老大抬手一枪"叭——""你知道得太多了。"不就参加个大运会开幕式嘛，就像是洞察了多少幕后花边似的，至于吗？面对任何的精彩纷呈、别人的辉煌成就，不要吝啬掌声和赞美就是了，并且一定要由衷的，不能是敷衍的、逢场作戏的。

作者：莫瑞安，1994级法学系1班校友，现在浙江某市党政机关工作。

我的政法我的系

李 利

十年，匆匆而逝的十年，恍若一瞬的十年！

十年如一梦，梦醒之后，还好我们依然在一起！

一、不一样的"法八系"

刚入校园的时候，其他系都有简称，从一系到四系，然后就是法新、法外，唯独我们没有这样的序号简称，也没有跟法沾边的简称。后来发现这是根据各系的学号排的，我们系的学号是八，所以我们开玩笑说自己是"八系"，然而却得不到认可，只有我们说是公安系的时候，大家才会恍然大悟。

对于一个政法院校的公安系来说，我们的很多事情显得特立独行。比如大学四年，我们出了整整两年的早晚操，还有一年的晚操，后来还是因为分开住才停下的——是的，分开住，你们没有看错。从大学入校开始，我们一直是男女生同楼居住。我们是建系之后的第二批，当时的大二师兄师姐们住一楼，我们住二楼，各层中间是水房，辅导员们分别住在水房的对面，作为分界线隔开了男女生宿舍。我们这一级13间宿舍，129人，挤满了五号楼的二楼。早上的起床哨、集合哨，晚上的集合哨、熄灯哨，"嘟嘟嘟"的哨音在楼道回响。这样的生活延续到了大二，我们搬去十号楼，虽然还是同楼居住，但已经不同层，然而哨声还是会将我们都从宿舍里喊出来，整理内务、换衣服、急忙赶往操场跑步。那一队队迷彩的身影，在政法老校区的煤渣跑道上延伸成一道风景，在外系不解的目光中，定格成我们

最开心的画面。大三的时候，我们男女生住在不同的楼，因为集合不方便，早操取消了，晚操还在持续。大一、大二的时候，我们无论开会还是集体活动，只要站在楼道喊一声，基本上都会有应答；到了大三、大四，听不到不时响起的哨音，多少还是有些不习惯。

早晚操虽然取消了，但是内务检查却伴随了我们大学整整四年的时光。军训时定下的规矩，我们一直保持到毕业，最初的排斥，后来慢慢都演化成了习惯：习惯了白床单、蓝被罩、叠成豆腐块的被子，收拾得整整齐齐的床铺，摆放整齐的桌椅、洗漱架；习惯了每天早晚两次换上迷彩服和球鞋下楼跑步，习惯了早晚点名，习惯了无论何时的团结和互助。在其他院系班级概念逐渐模糊甚至淡漠的时候，我们却依然紧密团结，亲如一家，无论是学习、生活，还是——打架。

那个时候，公安系虽然人不多，但是威名在外，原因就在于我们团结一致，亲如兄弟姐妹。公安系只要有一个人受了外系的欺负，就等于全系受了欺负，男生们无与伦比的团结，只要一听说我们的人被打了，全系男生都要出动，在我印象中甚至还跟着师兄们出去打了一架。你能想象出来当时三个年级一百多名男生一起出现在对方面前的情景吗？球赛的时候，也是如此。对于裁判的不公，对方队员的明显犯规，只要是违规并且不讲理的一方，公安系的人都不会轻易放过。在别人指责我们打架的时候，我却觉得这是一种向心力和凝聚力的表现——青春期的荷尔蒙不能只体现在对女友的关心呵护上，还应该有对集体的认可和对荣誉感的追求。我们从不主动惹事，也不会无缘无故就去跟别人打架；但是如果有人惹了我们，那我们只能说声"抱歉"。

大学时期，我们因为专业需要，开设了柔道课和散打课。两门课都是必修课，一学期课时的柔道，一学期课时的散打，都是学校顶尖的老师教授。每当上这两门课的时候，男生都异常兴奋。江华老师带我们柔道课，按照我们当时的段位，只能是初级的入门阶段，而学校给我们购买的柔道服配的是黑腰带，大家在一瞬间全都成为柔道高手。散打课是张峰老师教授，从拳法，到腿法，再到身法，一一传授，严格要求，丝毫不懈怠。这两门课需要攻防演示，很多人既想被选中，又怕被选中，因为跟高手过招，我们这些

菜鸟完全不在老师们话下，一个眨眼，连怎么倒地的都不知道。课时结束的时候，我们举办过专门的散打擂台赛，一为检验所学，二为实战增加演练机会。虽然我们的水平一般，但我们的比赛规格很高，因为老师们都是国家级的裁判。

二、时光掠影——不"旧"的旧时光

很多人说"记忆如潮水袭来"，我更觉得记忆像阳光，无论你的思绪裂开了多小的缝隙，它都能穿过来，于瞬忽之间照亮你的旧时光，让你在光影穿梭间迷失了空间和时间。

刚毕业的那几年，经常会觉得大街上某个背影像某个同学，再看周围同事，这个跟某个同学性格像，那个跟某个同学声音像，到后来我才知道——这种感觉就是想念！

是的，想念！想念跟记忆有关，记忆跟很多东西有关，比如声音、气味、某一个场景。2001年的盛夏，莫文蔚《盛夏的果实》在晓妍的复读机里陪伴了我们一个军训的闲暇时光，直到现在每次听到那首歌，我都能回想起那个二楼最东头的宿舍，5张架子床，闷热的夏天和不能午休的军训。周杰伦的《安静》和《世界末日》刚刚流行，就成为211宿舍女生迎新晚会上的表演曲目。205宿舍10个男生的《浪漫樱花》舞蹈让我们惊叹不已，因为连平日里寡言少语很少参加文娱活动的王俊都开始跳舞了，可见集体的力量之大。留着长发、略带忧郁的张旺吉他弹唱的《白桦林》让很多人陶醉。215宿舍女生的三句半让大家在开心之余喜欢上了她们四个。许巍的《蓝莲花》《时光漫步》在男生中无比盛行，男生弹吉他也是从那个时候开始的。

大学期间的第一个中秋节，孙栋老师把没有回去的学生邀请去他的宿舍，给我们每人冲了一包黑咖啡，拿出烤鸭跟大家一起过节。那个时候的他，也是刚毕业的学生，也是跟我们差不多的年纪，却因为职责所限，每天都要装老成，也真是辛苦他了。

大一初冬，我们进行了拉练，从老校区跑步去杨虎城纪念馆。忘了有多远，忘了跑了多长时间，只记得每个人都在比赛，都在给其他人加油打气，最后全年级129人全部跑步抵达。已经忘了看到的景致，忘记了纪念馆里都有什么，但是忘不了当时的开心，忘不了合影时大家的笑脸。这样的记忆，相信你们每一个人都有，也希望你们在看到照片的时候，都能够想起。

不知道有没有人发现，我们的合影，很多女生都是短头发？那是因为我们入校军训的时候，第一件事情就是剪头发，很多人留了多年的长发，都送给了政法开水房旁边那间小小的理发店。我当时是短发，不知道剪头发时的情景，只知道剪完头发回来，很多人哭了，有些同学甚至因为这件事情跟家里打电话要转系。因为留头发确实很不容易，而且她们当中很多人当时已经是长发齐腰，剪短了多么舍不得。记得有位同学因为舍不得剪太短，跟老师在那里商量着能不能稍微留长一点，老师坚决不同意，还训斥了她几句，她一气之下直接剪成了寸头。剪完回来，我们去安慰她，她却说没事儿，剪短了也挺好。后来连军训教官都对她刮目相看——青春，就是这么恣意和张扬。

还记得"非典"时期的学校操场，三五成群地坐在一起，男生们弹吉他唱歌，女生就在旁边听歌聊天。记得每天去领板蓝根冲剂，给每个宿舍发84消毒液，那个时候班级的概念更加清晰，同学之间的情谊也更加深厚。

记得有同学因为疑似发烧被隔离，好几个人带着水果和零食去看她，进不去的时候就趴在窗户边跟她说话。等到她的隔离时间快到的时候，我们集体放假了，留她一个人在医务室上面的办公室里黯然神伤。

那个时候，全国人民都处于恐慌当中，生怕会被传染，我们却没有这样的担心，反倒因为经常的接触，催生了好几对情侣，看着他们恩爱至今，也算是一件喜事。

三、不会终场的青春

回头看去，2001年仿佛就在昨天，不想时光已经转至2015年，整整14个年头，寒来暑往、春去秋来，我们都从当时的青葱少年，变成今天家庭的支柱、单位的中坚，很多人已为人父母，开始扮演着不同的社会角色。唯一不变的就是当年的同学、曾经的室友、当时的队友，一直不变的兄弟姐妹！无论身处何方，都会有人想起；无论喜怒哀乐，都会有人倾听。你所历经的风雨，他们懂；你所遭受的冷暖，他们知；你所期待的理解，他们有！14年不变的同学情谊，都化作相逢一笑的酒里，化在你们吞吐的烟圈中，飘荡升腾。

《致青春》里曾说："故事即将落幕，青春也会终场。"对我们而言，青春就是一起哭、一起笑、一起打闹、一起互相扶持。青春是一场比赛，我们都是参赛队员，对手是时间，友谊就是裁判。无论时光过去多少年，只要我们能相聚在一起，故事就不会落幕，我们的青春也永远不会终场！

这，就是我的政法，我的公安系！

作者：李利，2001级公安系侦查2班校友，现任职咸阳市武功县公安局刑警大队信息中队中队长。

大学的别名叫"篮球"

谢勇强

当我看到鸿伟传来的三张照片时,大学四年的生活立刻扑面而来。

这三张照片都是与篮球有关的。我已经记不得是在哪一天的下午了,看照片,应该是四班和五班的一次比赛后。在大学四年,我们两班不知进行了多少次这样的较量,以至于我能清晰记得每个人的技术特点。大学时代是"篮球+学习"的,如果要对比的话,篮球还要稍稍优先一点点。那种在场上配合后的进球与对抗后盖帽的喜悦,这种快乐一直持续到毕业后很多年,然后,我开始进入受伤的循环中。

第一年,在防守时,我被一位同事进攻时用头顶中嘴里的虎牙,缝了12针。

第二年,我在突破中扭伤了小腰。

第三年,打羽毛球时拉伤了梨状肌。

去年,好容易有点想法,又被另一位同事防守到大拇指脱臼。

只有告别了。

如今我偶尔和女儿打打篮球,虽然她还不能把球投入篮筐。

今晚我慢跑了4000米,当年我曾固执地认为篮球比足球乐趣更多,如今,我觉得慢跑是和自己对话的最好方式,无论是篮球还是足球,我都已是个看客。

没有想到,有一天,我们的照片也会泛黄,这大概是底片时代的特色吧,提醒着你时间的流逝。

作者:谢勇强,西北政法1994级校友,现在《华商报》工作。

他们·往事

陈 迪

有人问，最近喜欢回忆的人越来越多，是因为春天还是因为清明？

我想，我喜欢回忆，与春天无关，与清明无关，仅仅是因为老了。

好了，又发一篇我喜欢的冗长的文章。

对自己感觉越来越好了。

我喜欢的文风是，不装不端不假不矫情。用最直白的语言来表达，哪怕粗鄙。

呼朋唤友的，来看我粗鄙的文字吧……

——

上网，照例地刷微博，然后，心血来潮，搜索了一下我的小学。发现居然有我小学那个班的微博账户，只有一条微博，无粉丝，无关注。我是疯子，我在等你们。

会是谁呢？

细细分析了一下他的语言，一个人突然就从我脑海里跳了出来。一个非常聪明，非常顽皮，永远穿得脏兮兮的男孩子。

他上课从来不背书包，课桌抽屉里永远乱七八糟。砖头、树枝、弹弓、小刀、废纸、虫子，除了课本作业本没有，什么都有可能有。有一次外出春游，他甚至抓了一条通身翠绿的小蛇回来养了几天。

学校要选拔同学参加县里边的数学竞赛，在选拔考试上，他考了第一名。但是数学老师说，怕他成绩不稳定，没有让他去，让那个敦厚稳重的第二名去参赛。

五年级的一天，他突然问我：你有仇人吗？

我摇头。

他神秘地说：我告诉你，你如果有仇人，就要在你16岁之前把他杀了，16岁之前杀人不会被枪毙，满16岁就会被枪毙了。

虽然后来我知道他的说法错漏颇多，但一个五年级的小孩子居然就有此法律意识，还是让我很惊讶的。

他永远都是吊儿郎当的样子，上课的时候永远坐不稳，晃来晃去，嬉皮笑脸的。似乎所有的老师都讨厌他，除了体育老师。因为他的足球非常棒。而实际上，他的每一门功课都是班上的第一名。但由于他态度的原因，他并没有得到一般好学生应有的待遇。

上了初中，我和他同校不同班。

他的顽劣已经不局限在校园了。

逃课、抽烟、打架、赌博，样样有他的份。

后来我上了高中，他似乎就没有继续读书了。

只是每每想到他，我都会有很多感慨。

小学时候，我和他同样顽劣，同样不受老师待见，同样成绩还不错，所以我们俩的座位都是固定在倒数第一第二排，我和他交流也多一点。成年后，想起小学时和他的交往，发现他虽然顽劣，其实不失为一个好孩子。他热心，乐于助人，好打抱不平，他种种出格的行为，其实很多时候不过是想引起老师的注意。老师果然注意他了，不过是厌恶的注意。

印象最深的是那次数学竞赛的选拔，其实他很在乎的，但当有同学替他抱不平时，他玩世不恭地笑着说：我根本不想去参加什么数学竞赛，这次考试我全是瞎蒙的。

我坐在他后面，我看到，那天上课，他破天荒没有晃晃悠悠，没有嘻嘻哈哈，而是趴在课桌上睡觉。

我看见，他的脚下，有一滴一滴的眼泪掉下来。

其实这本该是一个前途无量的聪明孩子，我不知道是什么让他连高中都没有读。

我也不知道他现在过得好不好，只是这样一个孩子，我相信，回想起童年，一定有很多伤痛。

我不知道，是哪里出了问题。

二

读大学时给高中相处的不错的同学写信，字字推敲句句斟酌，写出来的信如散文般。且有话从不明着说，总要带些许的朦胧，结尾处必然要以古诗词，或是流行歌曲收尾。比如说，"欲搁笔时，天色竟然变暗了，我的脑海里突然闪过一首诗……"

信寄出去，有如石沉大海。心情由期待变焦急变愤怒，于是再写一封信追过去问，这信倒也简单，写：我的信收到了吗？为什么不回信？

很快，收到了回信。信中说，我那些如散文般朦胧晦涩的信早收到了，一来是看得不甚明白，二来看明白了也不晓得该如何回复。写封大白话信吧，觉得和我的风格不相配；和我一样酸腐吧，又没这水平，所以就干脆不回信了。

这事情给我的打击极大，但也让我痛下决心改掉了朦胧酸腐的毛病。

直到后来，有人用极为朦胧暧昧的语言向我表白时，我直截了当地告诉他：大哥，别和我玩这个，这是我玩剩下的了，有话你就直说。你的意思是说，你喜欢我？可能是这样的表达又过于豪放，对方一直以为我是个清新文艺小青年，不料却是个粗俗之人，遂断了对我的念想。若不是如此，我儿子现在读初中了也不一定。

还有一朋友，也是极为朦胧的做派。还不时赞我年轻，自称"老朽"。我也没有多想，信了他的话。虽然他的朦胧酸腐令我十分生气，但也还是忍了，身为云南人，一辈子吃酸喝辣的，这点小酸腐还是受得起的。

但某天追忆往事，突然想起，我酸腐的时候，正是最年轻的时候，现在老了老了才变得直白的。可见该人虽然自称老朽，其实仍是一枚闪闪发亮的清新文艺小青年——虽然年龄已经不太青年了。该自称老朽的倒是我这个中年老女人。用比较贴切的形容词来说，就是半老徐娘。

又受了一次打击。

三

上微博，关注了母校，关注了我曾经待过的学生通讯社。

有一组老照片，学校的行政楼，学校的大门，连接行政楼和校医院的天桥。

我那一去不复返的青春，我在行政楼学通社办公室听过的恐怖故事，还有民族食堂的烩茄子，铺天盖地的往事袭来，我知道我完了。

大学校园是不缺乏鬼故事的，而我偏偏是个胆小又好奇的人，悲剧就不可避免。

某天晚自习后，学通社的一帮子朋友照例要到办公室聚聚。那天主编给我们讲校园聊斋。主编是个温柔的江苏女子，我从来不知道她居然会讲鬼故事，而且讲得那么好。

最后一个故事是关于没有下巴的鬼的故事，讲完已经接近12点，宿舍已经熄灯了。我望着乌漆麻黑的窗外，欲哭无泪。一位小师弟看出了我的狼狈，自告奋勇送我回宿舍，我感激不尽。

一路上都很好，等走近宿舍楼，只有值班室的灯光映射出来，我隐隐能看清他的脸的时候，他突然狞笑着问我：师姐，你看我是不是没有下巴？我吓得嗷一声怪叫，连滚带爬窜进宿舍楼，脚瘫手软地爬进宿舍，只剩半条命了。

接下来几天，每当见到那个要命的小师弟，我都恨得牙痒痒的，而其他人早已经从他添油加醋的描述中知道了我那晚的狼狈，集体嘲笑了我很久很久。

夏天，总是很热，热而无聊。

某天是我和播音组的一名播音员值班，在办公室又热又无聊，他不知道从哪里弄来一副象棋，约我下象棋。象棋我是会的，但仅仅只是会。他说他也很不精通。但是在办公室下象棋很危险，来来往往的人多，容易被围观。以我的水平，被围观一定会被嘲笑。在外面阴凉地更危险，围观者更多，且都是陌生人，会更丢人。

几番考察，我们发现连接行政楼和校医院的天桥很少人来往，且很凉快。于是我俩收拾收拾，到天桥上摆上棋子就开始对弈。

不巧此时过来一老头儿，见有人下象棋，就不走了，站在边上看。看得我大气不敢出，脊背直冒冷汗。过了好久好久，老头儿疑惑地问：小子，你们下的是什么谱？

我俩羞愧不已。我说：我们其实不会，胡乱下。

老头释然：哦，我说呢，我半天没看懂。

然后悠悠离开。

我俩也没脸待了，赶紧收拾好象棋，匿之。

民族食堂的烩茄子很好吃，不只我这么认为，很多人都这么认为。所以一放学，民族食堂烩茄子那个窗口就是水泄不通。我每次都去得早，但因为不善于往前挤，所以也不是每次都有得吃，就算有得吃的那几次，轮到我，也是盘子底儿了，大厨要不就是给我打得特别少，要不就是一大勺，但直到吃完了也吃不着茄子，光吃面块了。

后来经过我仔细观察，发现了一个往前挤的小窍门，我只要找一个特别魁梧的背影，紧跟着这个背影，只要他打完菜一闪开就会留出很大的空间，我就可以很轻松地挤到前面，如愿以偿吃到热腾腾香喷喷的烩茄子了。

最轻松的一次吃到烩茄子是因为"民族纷争"。

某天，大家正挤得热火朝天，突然一声怒吼：这是民族食堂，不是汉族食堂。你们那么多吃饭的地方，还来这里挤什么！随后就有两个人打翻在地，所有人四散开，围观。我见势赶紧扑到窗口，激动地和大厨说：一份茄子。

从小我娘就教育我，人多的地方少去，在这一次吃茄子事件中，我深刻地体会到这句话的正确。

四

很久很久以前，那时候我刚刚毕业工作，热衷于和昔日同窗联络。在这个城市如一棵被连根拔起的树，找不到自己的位置，只有和昔日的同窗诉诉衷肠。似乎，和我感觉一样的朋友也很多，于是，那段时间除了电话费高一点儿，似乎也不太寂寞。

某天，一男生给我打电话，声音阴郁。

他说：你猜我在哪里？

我当然不知道。

他说，我在现场，看尸体。

这个男孩是同学中除我之外唯一从事公安工作的。

他阴郁的声音让我一下子很害怕。

晚上，他又给我打电话，说因为是第一次看现场，所以徒生感慨，非常难过。现在好多了。

因为他在听蔡琴的歌。

他说：蔡琴的歌声当真十分熨帖呢，安慰了我不少。

我狂笑，说：早就听说蔡琴是中年男人的挚爱，我还不相信，想不到果然是真的。

现在，十多年光阴过去，那些相互温暖的日子早已经一去不复返，我的昔日同窗们，各自有了安慰。只是今天在听黄小琥的歌的时候，突然又想起了那个男生。也许，黄小琥更能安慰也说不好呢。

突然想打个电话问问他，如今如何？

几番犹豫，还是没有打这个电话。电话号码是一直存着的，但已经很多年没有拨打过了，早就更换了也说不好。

电话号码还是存着吧，打得通打不通都由他去。

存的，不是电话，是回忆。

五

看一篇关于过马路的文章，突然想到了一个很久以前的朋友。

一个和我同年同月比我早四天出生的朋友，断了联系快 10 年了吧。人生真是可怕，活到一定年龄，回忆起往事动不动就是以 10 年来计算。那时候我刚刚工作，年轻、冲动、无聊、满腹牢骚，且嫁不出去。前几天看到一句话，刚刚好切合我十年前的心态。有人追时，拒人于千里之外，当别人放弃时，又追悔莫及，自己活生生把自己打造成了剩女一枚。不过当时并没有"剩女"一词。

就在那时我和他认识了。

我们是朋友，更像哥们。

我嫁不出去原因是有人追时要不是拒人于千里，要不就是迅速和他们相处成了哥们。和我一样的年龄，我咬死我是属龙的，他咬死他是属兔的。我说属龙，不过是想感觉上小一点点，女人嘛，小一天都觉得年轻很多的。

我们无所不谈，我也毫不掩饰自己的懒惰、贪吃、牢骚满腹，从来没有想过要给他留个好印象。

某天他说：你看，我们关系这么好，且都大龄未婚，怎么我就没有一点点想找你做女朋友的意思呢？我送他一个白眼，说：林涛你放心，我也瞅不上你。

他叫林涛。

林涛个头不高，皮肤有点黑，小眼睛，脸上疙疙瘩瘩的，很标准的云南一般男人长相。走起路来，晃晃荡荡的。

他去相亲了，回来要和我说说心得体会，一次一次的，总也不成功。不是他看不上别人，就是别人看不上他。

我和他并不在一个城市，更多的交流是通过电话和QQ。

时隔10年后，我突然想再找到他，却发现，电话我早已经忘记了，和他联系的7位数的QQ被盗了，而他的QQ我自然是记不得，甚至连他的网名是什么我都没有印象了。

印象中，只要他的头像一亮，我想到的就是他的名字而非网名，所以似乎根本就没有记住过。

我去昆明跟班培训，性格一向很好的我，居然和同屋的相处得很恶劣。

那是一个不管不顾的老女人，明明是两个人的标间，她住得就像是她的闺房。

约男同事来聊天，能聊到深夜一两点不走。看电视，从不管我是不是在看，想换台就换了。有时候她回来得很晚，我已经睡觉了，她视我为空气，打开所有的灯，大着嗓门打电话，出入洗手间把门摔得山响。最可怕的是她用手机聊QQ，按键音、提示音、提示灯皆不关，在我半梦半醒中，感觉她似乎能聊到天亮。手机发出的各种声音几乎让我崩溃。

天亮，我垂头丧气去办公室，她精神却异常充沛。对于这一点，我倒是很佩服的。

我一肚子的苦水就等着下班和他倾诉了。

他带我去翠湖边的青鸟听外国人唱歌，我们的话题已经非常的家长里短了。他和我抱怨昆明的房价，抱怨和父母住在一起诸多不便，抱怨等昆明新城建成，他上班将会非常遥远。

我和林涛下班后混迹于昆明大街小巷，我喜欢幽静的茶室，也喜欢震耳欲聋的昆都。在很多适合谈恋爱的场合，我俩家长里短，毫无浪漫可言。我们不止一次的相互鄙视相互同情，又明确表示，绝不相互凑合。

我甚至会和他一起去见打算和他约会的女孩。

可想而知，当那个女孩看到她所期待的男生赴约，身边居然还有一个微胖假小子，会是什么样的结果。

他在网上认识了一个女孩，也是昆明的，单身，很聊得来，好像还有发展的可能。于是他开始向女孩暗示，那女孩心领神会，对他也是颇有好感。事情迅速朝着美好的方向发展，我也憧憬着，某天我又可以充当一个烁烁发光的电灯泡陪他去见网上情人。我此想法一提出，立刻遭到他的激烈反对，他说，以前几次约你一起去，是不想有戏又不好回绝，这次你能滚多远就滚多远。我微弱申请：那等你们关系确定了，让我见见可以不？他一脸奸笑，说：那也不成，等我结婚的时候你再见她吧。

你已经考虑到了那么遥远的将来了？

他们的关系发展得非常快，终于到了交换照片的时候。我期待看到那女孩的照片，我期待看到他得偿所愿的样子。结果他却是一张苦瓜脸。

她不漂亮？

他有气无力摇头。

她没给你照片？

他痛不欲生摇头。

我了然于心的样子，假惺惺同情：她看了你的照片拒绝了你？

他摇头，遂以头跄桌子尔。

我一脚踢过去：快放，怎么了究竟？

他哀号一声揉着小腿骨，说道：她是我上司，已婚。

我阴笑：你小子这次可以死得很难看了。

他说：还好，是她先发过来的照片，我的没有给她。我看了她的照片后，赶紧下线，删除一切痕迹，吓死我了。

哎呀呀，果然是网恋有风险，勾搭须谨慎啊……

他比我大了4天，面相上看，至少大4岁，心理年龄上，至少10岁。所以他对我一向宽容，很多事情都不会和我计较。只是，有时候我实在不像话了，他会耐心地和我讲道理，不过他的道理我都不会听完，都会想方设法弄乱他的思路，让他说不下去。他对我咬牙切齿却又无可奈何。

记忆中，他只对我发过一次脾气。

那是因为我过马路时准备闯红灯。

他一把拉住我，把我拽了回去，然后在马路边对我大吼大叫，弄得很多人回头看，我从来没有见过他这个样子，完全被吓傻了，彻底没有了平日在他面前的骄横跋扈样。

过后他又向我道歉，说他之所以那么生气，是因为最恨不遵守交通规则的人。

他曾经有个姐姐，20岁那年因为交通事故离开了，这件事情给了他很大的打击。

说这段往事的时候，我看到他的眼睛有泪光。

从此，我再也没有闯过红灯。

再后来，我遇到了爱我我也爱的那个人，他也找到他的"丁香"女子——丁香，在云南话里还有一层意思，是娇小可人的意思。

后来的后来，我们就没有了联系。

时隔10年，当我再想起他，才发现，早已经无处可寻。

六

加班，开着音乐，很老的音乐。于是一些很老的事情就纷至沓来，无可阻挡。过于怀旧的人真是要不得。只是心怀感念，感谢亲爱的你们，曾经陪我走过这些美好的岁月。

有个朋友，去了西安，给我发短信。感觉像是客人到了我的家而我正好不在的歉疚。西安，其实在我心中已经成了另一个故乡。他问我，西安，有什么好？

有很多好吃的。

师大路的锅盔，钟楼的奶糕和牛筋面，东八里的各色小吃，长延堡那家老板娘很凶但味道很好的凉皮。

夏夜，羊肉串、涮肚、啤酒、西瓜、一干狐朋狗友，于我来说是20世纪最美好的夏天。

其实我说的这些如今早已经面目全非，连我的母校都已经搬迁。但我仍然会常常想起。我知道是回不去的，无论是我的青春还是我这些回忆。

朋友回我短信：西安很好，我很喜欢。只是遗憾未能和你同窗。若此时，有你，将更好。

没有再回他短信。

若一切假设都能成真，一切其实也都不那么美了。很多很多的美，不在于圆满，而在于永远无法弥补。对于他，我有歉疚，歉疚当初的年少无知，歉疚说了那么多伤害的话做了那么多过分的事情。很多年以后，我才懂，可以拒绝，但不能伤害，可以不爱，但一定要有尊重。

过了好久，好久，我再回他一条：谢谢你，给我机会说对不起。

我是一个很少后悔的人。

很多的事情，我有歉疚，有遗憾，但从不后悔。后悔是最没有用的东西。记得初中时叛逆无比，喜欢在文具盒上贴点类似于座右铭的句子。有一次我写的是：我要坚持走我自己选择的路，绝不回头绝不后悔，哪怕前方就是地狱之门，也要勇敢叩响。初中班主任是被我们一群叛逆期孩子折磨得几近崩溃的年轻人。他看着我文具盒上的字，看了很久很久，冷笑一声，走了。

现在回想起这句幼稚的话，可以稍微修改一下，我无悔于我选择的路，当然我也会适时回头适时调整方向，若前方就是地狱，我一定猛踩刹车。我无意上天堂，但也不至于特立独行到要下地狱。

他们，你们，我们，陪伴我走过那么多的岁月，那么多美好的岁月，所以，亲爱的你们，我爱你们。

亲爱的你们，喜欢我的，讨厌我的，憎恨我的，爱我的，无感与我的，我爱你们。如果没有你们，我的人生将会多么苍白乏味。

我需要朋友来相互温暖，也需要有敌人来证明我的另一种存在。滴水不漏八面玲珑从来不是我的人生追求。我坚持我独特的存在，只因为我只想是我，而不是你们所认识的路人甲，或者，成功人士乙。

圆满和完美从来不是我的理想，我不拒绝挫折，不抱怨苦难，我只是爱，所有。所有的往事，幸福的不幸福的，堪回首的，不堪回首的，在我的体会中，都是美好，所以，我爱你，所有的过往和将来，我爱你，永远。

作者：陈迪，1996级法学专业校友。

1996 年的第一场雪

杨青青

身为南京人，下雪也并不鲜见，因此下雪的日子从未给我留下太多记忆。但，1996年入学西北政法后遇到的第一场雪，却让我记忆犹新，是我记事以来与雪最亲密的一次接触；这样酣畅淋漓的一场雪，过去不曾有，相信将来也不太可能再发生。

下雪的具体日期我已无法清晰记得了，但可以确定，这场雪落在那年大修考试的前两天，男生宿舍一个和我同姓的老大由于兴奋过度，在玩雪时摔了一跤，摔到了后脑勺，把他辛苦背下来的考试内容忘了个精光，不知道他后来有没有再回忆起来，有没有影响那年的大修考试。想到这里，我又笑了，请杨老大原谅我的"不厚道"。

那是1996年1月的一个早上，雪落了一夜，起床后拉开窗帘，校园里白茫茫一片，操场上已经有性急的男生忙着打滚或是掷雪球了。我们宿舍来自福建的同学更是兴奋得大呼小叫，于她们来说，看见真正的雪的激动之情绝不亚于我这样一个吃货在东大街遇到传说中需要亲手瓣碎的老孙家泡馍时那份不可遏抑的心花怒放。于我，虽颇觉意外，但并不惊喜，学习生活按部就班，只是去教室和食堂的路上多了几分小心翼翼，路上时不时听见不善于雪地行走的南方同学发出的惊叫。听说宿舍老大在从食堂回宿舍的路上失足，端坐在雪地里。与他朝夕相处、感情颇深的饭盆不离不弃，端端正正地坐在主人身边，愣是一粒米都没有让它们逃逸，相当给力。当然，平静只是暂时的，当黄昏来临时，一切都不一样了。

校园里人声鼎沸，每个人几乎都拿出了高考后最认真的态度来玩雪，只为将玩法发挥到极致。打雪仗、滚雪球、堆雪人，那只是最基本的玩法；我们搬来宿舍的凳子，凳面朝下，在凳腿上系上毛巾或衣服，轮流坐上去让另一个人飞快地拉着跑，跑到刹不住，两个人就一起滚到雪地里。或者在一小块雪上又蹦又跳直到雪被踩得如同冰块一样坚硬，再向前继续，直到踩出一条如同镜子一样光滑的雪道，于是加速几步跑到雪道上，双脚开立，身子前后摆动保持平衡，如同滑雪，一群人反反复复，乐此不疲。之前提到的

那位老大就是因为不谙此种玩法却又好奇心甚大,所以不小心仰面朝天摔了一大跤。又因为缺乏雪地摔跤的经验,不知要护头,导致后果颇为严重。

听说当躺在雪地上的杨老大终于睁开迷茫的双眼,面对一束束关切的目光,很不解地问道:"我为什么在这里?"有人仿佛行家一般将四个手指伸到他面前问这是几,他犹豫了一会回答是"四",顿时让大家放下心来,他还会数数,问题不大!但当问他几个刚刚才竭尽心力背诵下来的大修问题的答案,他却一个都无法记起,为此不得不让人为他捏把汗。

当时经济法系1995级4班的男生221宿舍和女生309宿舍是联谊宿舍,联谊男生宿舍邀请我们宿舍去打雪仗,出手那叫一个狠,常常是几人前后夹击一人,打得我们眼前雪花四溅愣是不知对手是谁。具体的细节我不太能记得,只有一张照片至今深深印在我脑海里。照片的背景是学校老研究生楼前的那个树丛,主角是我们宿舍大姐,她穿了一件绿色的外套,微微弯着腰,手里握着一个雪球,似乎在寻找什么,背后却雪花四溅,想必是被一个大雪球砸在她背上瞬间散开如花。最为出彩的是大姐的表情,有点"狰狞",大姐对不起,原谅我在此用这个词,因为实在想不出更合适的词来形容你当时那种享受着偷袭的快感、却恼于中了别人埋伏、吃了大亏痛并快乐着的分裂感。要知道,我们大姐平时可是一个内敛文静的女生。感谢祖国,感谢人民,感谢CCTV,感谢已经无法辨别的摄影师,为我们忠实记录下这有趣一幕。不知大姐是否还保存着这张珍贵的照片,翻看这张照片时,你是否还能想到那一瞬间作为"女汉纸"的豪情。

一晃,距离那次雪地上的纵情游戏将近20年,1996年出生的孩子快要上大学了吧?2009年我们毕业十年归校,看见老研究生楼还在,那片小树林也无太大变化,只是它们还记得当年那场惊心动魄的雪仗吗?青春是什么?一百个人会给出一百个不同的答案,唯一相同的是,想起青春每个人心口会有微微的疼意。这青春,当年看似厚厚的一长卷,可供我们恣意挥霍;可是到后来,怎么就像卫生纸,用用就没了呢?

作者:杨青青,1995级经济法系4班。

那些年，
我们经历的面试

孙 科

周末整理东西，翻出一本浅绿色塑料皮笔记本。打开看时，是一本日记；细细读来，多是大学毕业前夕惶惶不可终日的文字留存。

看着眼前这些拘谨、秀气的笔迹，那些年，我们经历的笔试、面试，仿佛潮水般涌来……

大三下学期的时候，还在考研和找工作之间摇摆不定，买了该买的考研教材、辅导资料，也会早起晚睡地奔波于宿舍和教室之间，甚至还和大家一起听过任汝芬老师的政治辅导课；但是也准备了近百份的求职简历，投了数十份，参加的招聘会也有十数场，随着时间流逝，多数已印象模糊……

印象最深的一次面试是在民生百货公司。那年的冬天非常之冷，我们很早过去参加笔试，完了后公司就通知下午面试。早上过去穿得很随便，只能抓紧时间回到学校，换上正装再赶过去。参加面试的人很多，焦虑忐忑中等待，直到晚上七点半以后才轮到我们。进去以后，非常庆幸回去换了回衣服。正装这个东西，不穿吧，可能不会损失什么；穿上了，一定会有股无形的力量给你勇气和自信！这次的面试模式是"五对一"，我自己倒有些莫名的兴奋，不过可能因为时间比较晚了，没有"面试宝典"中讲到的激烈和险象环生，不过民生公司的这次面试，给我们的感觉还是比较规范的。

印象最深的一次笔试则是在中联西北工程设计研究院。时间非常长，不下五个小时吧。笔试的内容也很丰富，有两道题目时不时还会想起来。一道是关于企业文化的，让大家谈一谈对研究院的认识，接触的时间太短，之前也没有做足功课，只记得写了好多点赞式的话语，当时好像还是比较真诚的。另外一道题目是让草拟一份合同，傻眼了，合同法选修过，可是合同文本是什么样子，没有一点轮廓和概念。残酷的教训再一次证明：法律的生命不在于逻辑，而在于经验。法科教育中引入实务课程，重视暑期实习，鼓励学生参加法律援助，甚至代理案件，以便熟悉和掌握一定的实务技能，意义和价值是实实在在的。这么多年过去了，每每想起不能草拟一份合同框架的尴尬和无能，好容易累积起来的专业自信和职业荣誉便轰然倒塌，这种切肤之痛，多么希望亲爱的学弟学妹们不要去尝试！

还有一次笔试也有印象，是在《西安日报》社。上午一场综合素质测试，下午一场新闻学专业测试。深切地感受到了"隔行如隔山"的无力和缥缈。一直以为，如果说大学期间有一个地方一定要去的话，我希望是图书馆，不论你是愿意还是不愿意。可以在法律政经书库精读专业书籍，也可以在文学书库文艺一把，更可以在期刊阅览室读读八卦卖卖萌，走出校园，十八般武艺，你总得有一样能拿得出手。也许，今天所做的一切，以后全无用处；却不至于在将来需要的时候，手忙脚乱，连根救命的稻草也无处可抓。

日子在指缝间流走，考研的日子终于来临。2007年的冬天特别的冷，大家在冰天雪地里赶考的时候，我蜷缩在西安某所高校的宿舍里，清谈论道。总是辜负了一个推心置腹帮助自己的人，愧疚之情，延续至今……

过完年之后，选择清晰了，其实也没得可选了。先后在陕西交通建设集团公司、比亚迪公司去面试，总是乘兴而去，乘兴而归，最终却都是败兴的结果。周围的同学们，或读研，或工作，大家的归宿渐趋明朗。好在天无绝人之路，中国九冶公司下属一个分公司终于向我摇了摇橄榄枝，就这里了！记得那是一个下雨天，公司通知我们去签就业协议，就在跨进公司大门的时候，接到了一个电话："灞桥法院要招聘书记员，你愿意去吗？"听起来还是比较有诱惑力的，于是给九冶公司人事部门扯了个谎，暂且搁置了下来，那时还没有直接拒绝的底气。

2008年5月4日，灞柳依依，一个容易记住的日子，来到了灞桥法院，开始了我聘任制书记员的苦日子。那时候还住在宿舍，南郊大学城到灞桥纺织城，纺织城到南郊大学城，大清早出门，披着星辰回来，反反复复，坚持到毕业。灞桥法院，是我从学校走向社会的第一站，所在的民一庭当年又是主办离婚、人身损害赔偿和劳动争议等类型的案件，繁杂琐碎，压力巨大，真诚地付出了很多辛苦和努力。离开灞桥法院数年了，我时常会想起那段日子，想起我们"民一五虎"，想起那个近乎完美、如今也被案子折磨得经常吐槽的"答书记"……

灞桥虽好，终归不是长久之计。后来，又参加了省招公务员考试、基层政法干警定向招录考试，笔试、面试，历经种种，终于体会到了"面试宝典"之类的精妙，虽未得真传，倒也助我登堂入室，从此开启了另一段酸甜岁月……

从2004年秋算起，与母校结缘整十年了；2008年毕业至今，离开政法园也整六年了。回望十年走过的路，少了些传说曲折，多了些平淡无奇；少了些跌宕起伏，多了些波澜不惊。那些年，我们经历的笔试、面试，如今读来，仿佛凉白开一般，寡淡无味；但对我而言，却是青春岁月里不可复制的回忆和怀念……

作者：孙科，2004级民商法学院。

那一年，西北政法
一举超越两个"超级大国"

姚敏利

众所周知，陕西的科研实力与高校数量在中国一直名列前茅，京沪之外，不是第一就是第二。

高校林立，门派不一，更重要的是学校规模相差较大，国家拨付经费相差更大。30多年前陕西高校就有三个世界之划分。

话说当年，西安交通大学和西北工业大学属于"超级大国"，陕西师范大学、西北大学、西北农业大学（与西北林学院合并后称西北农林科技大学）、西安医科大学（已经合并进西安交大）、第四军医大学等属于第二世界，西北政法学院（现在的西北政法大学）、西安外国语学院（现在的西安外国语大学）等均属于第三世界。

那是1983年5月。

那时候，西北政法学院在校学生不足两千人，是的！你没有看错，我也没有写错。与此同时，西安交大与西工大的在校学生人数是数倍于西北政法的。而且，西安交大与西工大的学校经费与各种设施也是远胜于西北政法的。所以，人们把西安交大和西工大称为陕西高校的"超级大国"。其他高校已经不能与它们相提并论。

一年一度的陕西省大学生田径运动会是陕西省境内高等学校的一个体育盛会，是各个高校公开较量的战场。在这个战场上，强者意欲展示实力一展雄姿，弱者也要努力证明自己学校虽小，人才不少。更强的意欲傲视群侪，最弱者也不愿意称臣示弱。其实，任何时候，人才首先是由人数基数决定的，所谓十步之内必有芳草，先决条件是十步。人才其次是由经费和条件决定的，没有一定的物质条件难以培养出出类拔萃的人才。

既小又穷的"第三世界"学校与"超级大国"的竞争是极不对等的。然而，田径场上谁能甘心俯首称臣？

田径场上，群雄逐鹿，焦点何在？

是闪电般稍纵即逝拼速度的百米，还是靠意志比耐力的 5000 米和 10000 米？或者是既拼速度又拼耐力的 400 米？也许是看谁跳得更高？也许是看谁投掷得更远？也许是看谁的十项全能成绩最好？

不！都不是！田径场上群雄逐鹿，焦点是彰显学校实力的团体项目——接力赛。是四乘一（4×100 米）？不！只拼速度，有点简单。要拼就拼速耐合一的四乘四（4×400 米）。这才是群雄逐鹿的焦点。

大战前夕，各个高校组成了自己最强的四乘四阵容，想知道四乘四接力赛有多么激烈，我先给大家讲一讲 400 米个人决赛的激烈情况，给各位一个深刻印象。

400 米决赛时，8 个决赛运动员中，我运气最不好，抽到了第 8 道，最差的一道，最外边的一道，因为第 8 道圈最大，为了弥补，所以，起跑位置最靠前。起跑位置最靠前最靠观众，运动员既是别人赶超的众矢之的，又是最受外界影响的心神不宁者。

决赛时，忽然下起了雨，里三圈外三圈的观众不但没有撤离，反而如同将要沸腾的开水锅喧哗起来，正在我想制止或者提醒旁边观众的时候，猛然发现后边的运动员如同决堤的洪水正在冲过我，天哪！

枪响了？我怎么一点儿都没有听见呢？是原地不动逼迫大家重新起跑，还是奋起直追？这不属于有人抢跑，我一人不跑万一达不到重新起跑的目的呢？我们是第三世界，人微言轻，万一人家不采纳我的意见呢？那就可能失去决赛的机会！跑吧！

八骏如飙，你追我赶，只听马蹄嘚嘚。很快！大家几乎一拥而冲过终

作者当年的日记

点！在其他 7 位运动员都比我早起跑几秒的情况下，我跑着最大的圈与其他 7 位运动员拼搏，成绩公布栏上我和另外两位成绩相同，就是说，我们三人的秒数完全相同，连秒后边的小数字也完全相同。裁判判定我是第三名，那两位分别是第四名和第五名。应该是根据预赛成绩决定的。

从 400 米决赛足以看出竞争的激烈吧？

400 米决赛的前八名无疑都是自己学校四乘四接力赛的主力。在团体项目上为自己学校拼搏效力，自然会更加精神抖擞。不仅是学校非常重视，每逢四乘四比赛，即使是分组预赛，各个学校也会开着大轿车前往。有些学生也会赶到比赛现场呐喊助威。

好了！我要吊一吊各位看官的胃口，以点到为止的简洁笔法报道四乘四接力赛——

预赛中，一组又一组的比赛，一组又一组的公布预赛成绩。

总成绩公布后，有人哭，有人笑，有人斗志昂扬。哭者，西工大也，第三名；笑者，西安交大也，第一名；斗志昂扬者，西北政法也，第二名！

我们当时就说："我们干倒了西工大！"

决赛的时候到了！

8 个代表队，32 名运动员，每人都竭尽全力跑好自己的 400 米，还要不差分毫的把接力棒交给队友，谁起跑？谁冲刺？谁跑二三棒？那不是争强斗胜能决定的，也不是凭哥们义气来决定的！是靠实力靠科学等综合因素决定的。

四乘四接力赛决赛时，每一棒的 8 个人就是 8 匹骏马，4 个棒就是 32 匹骏马在奔驰！

言归正传。田径场上，人山人海的观众，都注视着四乘四决赛的终点，又是八骏争胜几乎是齐刷刷地冲过终点！

又是有人哭，有人笑，有人踌躇满志。哭者，西安交大也，第三名；笑者，西工大也，第一名；踌躇满志者，西北政法也，稳居第二名。

我们当时说："我们在预赛中干倒了西工大，在决赛中干倒了交大，下次，我们一定要在预赛和决赛中把两个'超级大国'全部干倒！"

这一年，西北政法在"超级大国"不可一世、列强云集的陕西省大学生田径运动会上总分名列第六。我的记忆不会错，因为代表西北政法站在领奖台上的人是我。

32年，弹指一挥间。

每当我想起当年的情景，都会心潮澎湃、激动不已。我为西北政法取得骄人的成绩而自豪。相信读者诸君理解我的感受，甚至和我的感受是一样的。

西北政法，当年是小小的学院，为什么会取得如此骄人的成绩？

我认为，因为我们西北政法有"老延大"的艰苦奋斗的传统；因为我们西北政法有自强不息、团结拼搏的精神。

有了这种传统和精神，我们还害怕条件艰苦吗？我们还会自惭地处西北、经费拮据吗？我们还会自愧不如人家兵多将广吗？不必！完全不必！

最近，一个"栀子花开，花落谁家"的活动，年轻的学子们轻轻松松就勇拔头筹，这难道不是团结拼搏取得骄人成绩的小小的例证吗？

只要我们永葆艰苦奋斗的优良传统，永葆团结拼搏的精神，我们什么事情不能成功呢？！

作者：姚敏利，1980级法律系法律专业3班校友，现为西北政法大学经济法学院教授。

法学二系 1995 级律师班毕业 15 年聚会记

行燕舞

甫一到昆明，一片欢腾

2014 年伊始，QQ 群和微信群开始商议毕业 15 年聚会事宜。众说纷纭，时间地点一时难以统括，但要聚会的心蓬勃地跳动在统一的频率上。远离西安，会稍觉愧对校园和青春，然西安重聚，似乎又寡味单调。北上广由于拥塞被弃用，昆明则有幸成为 15 年聚会的首选地。且昆明有老黑和阿畜两位同学，互可照应。阿畜执着于每天几十公里的跑步和骑车，傲人的人鱼线于每日枯坐办公室的大家有种莫名的吸引力。而老黑，当年的体育委员，因为面黑心赤，成为被围攻的对象。留守西安操持过毕业 10 年聚会的帅印瑞雪夫妇提出，西安随时恭候大家，并不时核算报名人数是否超过 10 年聚会，频给老黑施压。为 10 年聚会出谋划策的寇寇，亦成为本次聚会前后操持的主将。

QQ 群和微信群，开始前所未有的寻人活动。失落在群外诸位兄弟姐妹一一回归，除唯一超然物外的逆生长教授勃哥外，全班同学齐现微信群。但勃哥一贯从不缺席京城里的大小聚会，且席间或毒舌或妙语，往往一言惊数座。寇寇很后悔上次见面时没扔掉他手机逼他使用微信。始终厮混在我班（刑事司法专业）的宏涛，收到邀请毫不推辞，为当年球场上一起征战的兄弟情谊，共赴聚会。

29人，不一而足，但参与就是希望向心而聚的明证。

5月29日晚，由庆华捉刀的邀请信，发送给全国各地的46位同学：

> 有心相聚，虽万难而不辞，无心再见，则宵小亦难行。我等四十六人汇聚一班的缘分弥足珍贵。法二九五（一），西北政法校史序列中不大却温暖的集体——盛放着我们共同的青春回忆。若非特别之情由，还请亲爱的同学们积极响应！对老黑来说，是费心费力的操持，对我们而言其实很简单——只需要带着一份期待的心情！为了青春的记忆，为了生命的重逢，为了未来的再聚——赶快订票！5月31日至6月2日，昆明，不见不散！
>
> 抱歉我有泪花，因为从你的眼睛里我看到了我们共同的青春的墓园。

5月31日，昆明机场出口，东道主老黑和阿畜正在等候，迎着昆明傲娇的日光，29位同学和家眷先后抵达。除了深圳、广州、北京三地均有数位同学可同行外，29名同学多独行至昆明。最远的小锋，从敦煌到兰州，再到昆明；而沪上的胖子雪英夫妇、无锡的王勇均偕老带小，烦琐转机后抵昆。娣姐由于几分钟的耽误，错过了自己的航班，但未辞辛苦，终于在子夜之前抵昆。

珍馐美味不足道，酒为助兴，亦用于壮胆。一贯中正持守稳妥文雅的石头，借着午餐的一点酒力，佯装给每个女生一个拥抱，却送出一个个大大的令女生尖叫的双脚腾空的熊抱。这是最好的暖场，最好的破冰。数年未见的亲爱的你们，我的拥抱，是无声的

温暖的爱与珍惜。

酒店的房间轮番成为聊天的主场。多年未见的室友,仍要同居一室,深夜卧谈。毕业前你可误会过我?还有这15年的收获,有点心得想与你分享。而酒沉默但有力地传递着心意,你不语,我也会饮了这杯酒,虽各自回味,然心脉共通。醉倒的均是自己要醉,心意执于此。

当年的班委,尤其大鸟和老黑,沦为被取笑的对象。要老实坦白曾倾心与心仪的可人的姑娘,以及有无从密交往的细节,如没有如实的交代,当心被灌至桌底。"310一锅鱼"的故事,活脱脱演绎出无数的版本。但谁不佩服华姐的豁达、大鸟的无辜、勃哥的机敏、丽云和林姑娘的清纯呢?今见面虽子满枝头叶满枝,但人生的风景,错过的都能长留心底。谢谢你曾有一点中意于我,容我自持,虽我知已晚,然世俗前平添了一点信心和勇气。

一轮轮聚餐,一次次把酒,回放的视频和回忆,是曾经美好的青春在时间的隧道里,频频地招摇和炫耀。

脱身于公务缠累和家务琐碎,佯装青春,然内心涌动出多年历练后的智慧和包容,足以拥抱和涵盖一切。即便当年遗留少许不睦,然彼此的轻慢,不过是年少的轻狂,不过如丝如絮似清风拂面。

还有亲爱的孩子们,你们顽皮的笑脸是父母最好的写意,这次的挽手同行,可否为童年的记忆增加美妙的一笔,供未来效仿呢?亲爱的东嫂贤淑有德,在孩子们的父母卡拉OK酒酣忘归时看顾一群宝贝们。东哥忙碌,微信群由东嫂打理并传递信息,昆明一聚,宛如故人。东哥得贤妻实乃三生有福。

王勇送每位女生精美的江南丝绸大方巾,阿姨和王勇媳妇在房间里包装丝巾的身影,深嵌入目睹者心里。唯美的丝巾是冬日的装点和温暖,也让人时时感怀阿姨和王勇媳妇这对好婆媳,王勇也有福啦!

法二1995级当年的足球队"红鳗队",曾经如饿狼一般扫荡南稍门某自助餐厅,令自助餐老板闻之胆寒。当年在球场上的逐鹿厮杀,如风年少,今近不惑,仍在聚会前已经制备了球衣,并决意于6月1日下午在昆明海埂基地球场亮相。女生嘲笑他们不要只是为了拍照而特意摆出POSE,但他们确实是以不惑的身躯结实踢了一场比赛,高原能否提升半衰体能尚不知,但留下珍贵的照片足够几十年玩味。

告别之际,刘检不掩饰优越但又认真诚恳地说,你们女生要感恩,如此年纪,我们仍愿意戏谑你们,你们仔细想想是福气。女生抱之屑笑,我本不稀罕,况且你才不经老,早已昏聩,而我要美丽到80岁。

送深圳小玲、明楠、石头启程,送胖子一行启程,送奶妈夫妇、王波、娣姐、林姑娘、平兄、大嘴、桂敏、咏玲、老马启程,送王勇一家启程并和阿姨拥抱,车子拐出酒店迎宾的门厅，时光的无情瞬间将人击倒。拥抱中眼睛里泪光闪闪。抱歉，透过你的眼睛，我看到了我们共同的青春的墓园。

西安已部分遗忘，昆明也不会被记住更多。可是亲爱的大家，在彼此的内心深处互相怜惜牵挂。不去触摸，不会体会到。

为了再次的重逢

离别前的晚宴中，曾哥突然吐槽说，聚会的形式应承载更多的内容，拘泥于吃喝玩乐，势必影响下次相逢。手有余力，何不助人？母校来自贫寒家学子，或者陕西某处没有图书室的小学，我们可不可以做一点更有价值的事情？七嘴八舌间，建立基金的提议一举得以百应。其实已经有多人践行。此小基金为班级是未雨绸缪，为他人图的是手有余香。

此事慎重，企划交班长大鸟担纲，另有八大金刚相佐。

20年聚会为时还早，但深圳诸位、宁夏寇寇均力争承办，京城也遭到逼宫。如果依我的想法，长城脚下找一个酒店，安静地聊天，畅快地喝酒，登高远望，自是逍遥。谁让我在青春时与你赤诚以对，今日我不会伪装，仍要奉我肺腑，以诚待你！

尾　声

西山登临，滇池眺望，酒肆把酒，歌厅引吭，转眼聚会就结束。

昆明如洗的蓝天，洁白的云朵，老黑阿畜的盛情和操劳，大家的不舍，随着最后一个航班的起飞而落幕。除了刘检和曾哥另有友人接待，寇、鸟、勃、庆华和我行将离开，老黑和阿畜在候机楼出发大厅外落客不停就走了。这样最合宜，不然又难免些许伤感。

我们在机场里大肆购买鲜花，他们要用鲜花取悦夫人的想法果真聪明。不日后寇在微信群里展示她黄色的百合，我的白百合也在我的客厅里常开不败，并头两支最美的已被拍摄为我的微信头像。

深夜里起身喝一杯水，闻到客厅里百合的香气，想到云南，想到昆明，想到亲爱的你我的容颜，忍不住嘴角浮出笑意。人生的幸福多层，这一层增色却不可或缺且无可取代。

作者：行燕舞，1995级法学二系律师班。

拼凑大一

何柏松

记忆里的大一，
你穿怎样的衣裳？
你读哪本书？
你到哪个食堂吃饭？
你又遇到了谁？

蚊 帐

生长在北方，从未用过这玩意儿。心想强健的北方人总不会因几只蚊子而使自己的睡眠囿于窄小的空间。但事实是：北方人与南方人在畏惧蚊子上没有多大差别。于是我也用了蚊帐。这便是上大学的好处，许多经历改变着我们最初的想法，事后的感慨取代了事前的想象。大学是一个广阔的空间，"大一"的我生活在蚊帐里，一层柔软隔在我和广阔之间，透过它，我看到的是茫茫的未来、朦胧的前路。

舍 日

宿舍生活是大学的特色之一。它是我们栖息在大学里的家园。于是"月儿弯弯照九州，几家欢乐几家愁"。八个人生活在同一个屋檐下摩擦着生热。但单调的生活和流逝的时间降低着新鲜的温度，直到温度恒定。平淡应该占据着大部分的时间，但需要激情的点缀。4月8日是个激情的日子。那一天，啤酒、锅巴、花生米造就了一个伟大的节日。给别人快乐的同时，自己也在享受着快乐，真诚地对待这个临时家庭的成员吧，尽管缺乏异性，但毕竟我们需要一个避风的港湾。

中秋节

在家时，中秋节是吃月饼的日子；离家后，中秋节是思念亲人的日子。不管你多么的坚强与自立，"每逢佳节倍思亲"，这句千年前诗人的预言都会在你身上应验。分离使这个团圆的日子更多了几丝情愫，更添了几分美丽。在大学度过了两个中秋节。第一个中秋节，初来乍到，早早上床，久久不能睡去；第二个中秋，同舍友去大撮一顿，酩酊大醉。在醉与醒之间想得最多的是远方的爹娘。牵挂与思念是远离给我们的痛苦，也是经历给我们的成熟。

逛　街

回想大一，闲逛占据了很多时间。长延堡、师大路、小寨、东大街，这是学院附近著名的可逛之处。不知为何自己总不厌其烦地重蹈覆辙，来往于它们之间；也不知道为何在疯狂采购以后，心里会特别愉悦。该死的"好又多"不知浪费了我多少金钱与精力。得出的结论是：心的浮躁会传染给脚，然后是手，再然后是钱包（当然是自己的钱包）。要学会安定，耐得住寂寞，忍得住思念，化得开烦躁，别让心常常闲逛。这，对你很重要。

武侠小说

有很多时间读书，有很多书可以读。这是上大学的又一好处。读书的动机往往不是长知识，而是解闷。于是，武侠小说便绝不可少。在一本本武林童话里最吸引我的是无敌最寂寞的英雄，是儿女情长的江湖爱恋，是伴美倚剑闯天涯的奇遇。说到底是渴望自由，渴望在历练中经历风雨，渴望不要太辛苦而能轰轰烈烈。现实生活错位与冲突需要幻想。美丽的幻想点缀在枯燥中，会多几分生机。其实，我们又何尝不是人在江湖、身不由己的追逐与流浪呢？剑在手，问英雄路在何方？

写　信

孤独与思念都会导致我们渴望交流与向人倾诉。于是，可能你一生中第一封家书便是在大学完成的。还有朋友间的调侃，恋人们爱的传递。写信，对我们很重要。一年过去，自己竟有一大袋信，再打开看一看，它里面有快乐、有忧伤、有关爱、有梦想，每一封都让我感动着。我时常想，20年后我再打开，又会感到什么呢?

参加社团

上了大学，很多人都会参加社团。尤其是热情与激情并存的大一新生更是抵挡不住各个社团宣传的诱惑，纷纷落网。我是曾经的落网者，有几点体会：对待社团——喜欢就留下，不喜欢就走人；留下意味着一种承诺与责任，你得付出；考试时你会发现消息灵通的原因是你在社团里认识了各个系里的人；工作辛苦时尽管抱怨；社团里没有领导，只有同事。洒脱一些会有收获。

备 考

备考的那段日子是大学生活中最痛苦的日子。为了弥补平日的松懈，我们要付出很多艰辛。除了吃饭睡觉以外，都是看书的日子该是多么可怕呀！考试会拖得很长，痛苦也会延续很长。到了你快麻木、挺不住的时候，考试快结束了。我们不会总结和顾虑什么，考完试的当天你可能已经飞一般踏上了回家的路，而且你会轻蔑一笑：大学的考试不过尔尔。这就是苦尽甘来。

结 语

大一是拼凑不完的，选取了几个片段，记叙了几个事物，只是有感而发。每一个人都有自己的大一，留意脚下的足迹吧！

作者：何柏松，1999级校友。

回忆政法那八年

冯立培

前几日，大学室友拉我进了政法同学微信群。进去后才发现，同学们竟然大多数都不认识……兄弟姐妹们，来自五湖四海的我们有缘成为同学，现在却回忆不起彼此的笑容。不由得一阵阵伤感……

2000年，高考失利的我只身一人去了西安，开始了所谓的"大学"生活，后来再读研究生、工作、辞职回家……一晃十五年过去了。回想起在西安的那十年，八年在政法，两年在政法旁边。应该说，那十年里，我始终是以政法为圆心在方圆五公里内活动。人还没有离开西安，先联系老家的校友。一个非省会城市竟然有近百位校友！找到组织的感觉真好！真是"一入正法门，终身政法人"啊……

一、初生牛犊不怕虎

高考失利后一个月，追随着西部大开发的号角，我到了西安，和近两百个来自祖国各地的同学一起，开始了"大学"生活。其实，所谓的"大学"只不过是别人以政法学院某系名义办的辅导班。租几间房子当教室和宿舍，没有老师，没有图书馆，没有运动场……下课后，我们就如同放归荒山的羊群一样：无人看管，任你漫山撒欢儿，四处游荡。

我专科修的是律师专业。对于学法律，我是"先结婚后恋爱"。第一次参加自考，报了法律基础与思想道德修养和马克思主义哲学两门课程。8月底开课，10月底考试，学习时间不足两个月。此前听很多人都说自考特难，过关很不易，西安成千上万的自考大军，能够拿到毕业证的寥寥无几。自考真有那么难吗？

很幸运，给我们讲授法律基础的王老师知识渊博，人品也好。当时他还在读研究生，讲课幽默风趣，常于平实之中闪烁真知灼见，带给我很好的法律启蒙教育。讲思想道德修养的是位副教授，他历经坎坷，以亲身经历警示我不要轻言放弃！至今，我仍清楚地记得他赠给我的话："自己不倒，就没有人能把你打倒，心中的太阳永不落，整个世界就充满了光辉！"

成绩很快就出来了，两门课顺利过关。初战告捷，我对自学考试的信心逐渐增长，似乎看到梦想在前方招手……

二、踌躇满志赴征程

那时,西安有很多打着各大学旗号对外招生的自考班。办班人通常把课程安排在早上,下午和晚上就"放羊"了。我们那批同学大多是名落孙山、心有不甘的高中毕业生(主要是高中毕业生,也有初中毕业生,甚至还有工作多年的年轻人),到西安读书其实也是很多同学的第一次远行。多数人西安举目无亲,四顾茫茫,虽然壮志在胸,却不知路在何方,迷茫和无助迅速在同学之间弥漫泛滥。

一些终于"逃离"父母管教的同学们开始肆意撒欢儿。有的经常泡在网吧,玩得天昏地暗;有的开始"勤工俭学",传单发的不亦乐乎;有的干脆以"方便学习"为名在附近城中村租房,和房东打麻将;还有一些干脆中途退学,从此杳无音信。所以,现在同学群里常有人伤感地问:"我是××,有人认识我吗……"

法律基础课结束时,我和王老师已比较熟了。有一次,他问我:想不想读研究生?这句话如同一枚重磅炸弹,在我心里掀起了滔天巨浪。当时,读研对我来说还是一件虚无缥缈的事情。一则我崇拜的几个高中老师曾数次考研,但屡考未中;二则自考的师兄师姐们能最终拿到本科毕业证的已屈指可数,哪里还有人奢望考研呢?经他提醒,我开始思考:为什么参加自考?毕业之后干什么?

三、快马加鞭未下鞍

通过王老师,我又认识了多位在读研究生。其中,一位年届不惑的师兄令我感佩不已:

身为人父的他曾是一名挖隧道的工人，对在山洞里挖爬一生的不甘心使他决心考研。于是，他白天挖山洞，晚上借助山洞里墙壁上的矿灯复习——因为睡觉的工棚里实在是"太吵，也太臭"。为此，他常常需要跳进隧道没膝的污水中学习。两年后，他顺利地考取了硕士研究生！他的经历给了我莫大鼓舞：我俩的文化基础谁好？谁的学习条件更差？他能考上，为啥我不能！我要读研！

考研的目标确定以后，接下来的几年，我几乎没有在古城的哪个景点留下游玩足迹，身边的喧嚣与浮华也与我无关，因为我知道："既然选择了远方，便只顾风雨兼程；既然选择了远方，你留给世界的便只能是背影……"我开始了真正的"自学考试"：自己租房、做饭、偷听课、自学、考试。每天像高中生一样作息，像候鸟一样奔波于不同的学校、班级听课，朝起晨读，夜上自习。

一年下来，我总共过了八门课程。这样，我就对自考信心倍增，感觉距离攻读研究生目标也越来越近了。

四、不破楼兰终不还

其实，办自考班就是做生意，讲究投入和产出。为扩大招生规模，办班人员使尽浑身解数，许诺招生人员高额提成，特别是鼓励在读自考生放弃上课，赶在高考结束之前到家乡高中做宣传；为降低办班成本，就尽量找课时费要价低的"老师"给学生讲课，丝毫不顾及课程安排的科学性，并尽量把多个班级甚至不同年级的课程挤压在同一课堂讲授；为留住学生，每学年末都尽力把重要课程安排到下一个学年。而所谓的"辅导员"，则通常由高年级自考生担任，因为他们更愿意不出校门挣钱，工资期望值也低，而且没有家庭负担，可以替办班人进行全天候"管理"。因此，在日常管理上，只要学生不出事，一切自便。因为没人管束，不少自考生睡到自然醒、上网到凌晨，考前才临时抱佛脚，挑灯夜战。

自考那几年，偷听课时我经常被所谓的"辅导员"当着全班同学的面从教室哄撵出去；经历过外出打工后的讨薪难；还曾生病住院，被医生通知"随时有休克的可能"。欲奋起却找不到坐标，想奔跑却看不清方向。没有方向，就自己摸着石头过河，走错了再回头，反省一下继续走；跌倒了爬起来，调整一下继续奔跑。但是，无论如何，我从未退缩，因为我始终坚信"自己不倒，就没有人能把你打倒！"

毕业后，我没有从事法律工作。法律条文逐渐淡忘，但是"严谨 求实 文明 公正"的校训始终牢记心底；和老师们联系得少了，但是每次遇到困难时对老师的感激却激荡在心里；很少再回母校，但是政法的欢声笑语却时常吹进我的梦里……

光阴荏苒，岁月如梭，转眼间匆匆数载已悄然滑过。回望政法那八年，"为伊消得人憔悴，衣带渐宽终不悔！"

作者：冯立培，2005级民商法学院研究生，现工作单位为河南省洛阳市编制委员会办公室。

那些年，我们一起占座

邱昭继

那些年，我们上课要占座，上自习、准备考试要占座，听学术报告要占座，情侣相约教室上自习也得有个先去占座以免扑空。占座是我们大学时代的一个主题词。西北政法上课占座的传统应该是我们那一级形成的。因占座产生的各种奇闻逸事是我们同学毕业后还津津乐道的一个话题。我1997年考入西北政法学院法律系的时候，所有的学生都在老校区，教室、图书馆的座位相对紧张，加上政法学子的求学热情高涨，占座便成了家常便饭。

那一年，学校决定在法律系（现刑事法学院、民商法学院前身）1997级实行学分制试点。所有的法学课程都实行选课制，同时给我们配备了很好的师资。葛洪义老师的法理学，胡留元、陈涛、汪世荣、侯欣一老师的中国法制史，冯卓慧老师的外国法制史，贾宇、杜发全、郭洁老师的刑法，肖福禄老师的民法，王周户老师的行政法，杨小君老师的行政诉讼法，杨宗科老师的立法学，强力老师的金融法，高在敏老师的商法，黄河老师的房地产法，郭捷老师的劳动法，马燕老师的环境保护法，张翔老师的公司法，是深受我们同学喜爱的课。回想起来，当年的法学教学团队可谓是梦之队。他们的课堂非常火爆，吸引了许多外系的同学来旁听，想要抢占一个靠前的座位听课不是一件容易的事。前排的座位通常都被女同学占了。由于法律系1997级招收了8个班，共有350多名学生，经常出现两三百人一起选了某位老师的课的情形，比如葛洪义教授的法理学和贾宇教授的刑法总论。上大课的一个好处就是系里的同学彼此比较熟悉，我们同学对1997级法律系的认同感很强，这种情感的归属感就是在上课的过程中逐渐培养出来的。

那些年，要想抢占大牌教师课堂的座位很不容易。贾宇老师开设的刑法总论课更夸张。这门课是早上8点在南楼的1701教室上，一些同学（特别是女同学）为了占前排的座位，头一天晚上就去教室占座，一占就是好几个座，不仅要给自己占座还得给同宿舍的兄弟/姐妹、恋人、朋友占座，也许还有联谊宿舍，占座的工具是一本书或者笔记本。可是这样的占座并不保险，当初就发生过占座的书被人收走的事，有同学下自习后去教室占座，发现前面的座位都被占满了，一气之下把前排的书通通收了，然后放上自己的书，如此数轮。待到要上课前，光把书放在教室还不保险，还得有一个代表在教室里看着，不然放在课桌上的书可能被人收走或是别的同学就坐在你位子上不起来，也不管你占不占座——反正对于占座的合法性也无从论证。收书事件出来后，同学们吃一堑长一智，占座更加谨慎，发展成一个宿舍的同学轮流值班占座制。而据传最巅峰的占座则是：有同学直接把前排座位的桌面扛走，待到上课时拿来安装——时隔多年后我想这些人应该能成为最优秀的法律人——至少是最优秀的律师。占座过程中形成秩序是一个很有趣的现象，这就是哈耶克所说的自生自发的内生秩序。

那些年，要在临考前占一个座位更不容易。每逢快期末考试、四六级考试、研究生考试和司法考试，教室和图书馆的座位就吃紧。同学们上自习分为两种类型，一类人打阵地战，另一类人打游击战。打阵地战的同学固定在一个地方上自习，打游击战的同学常常换地方上自习，哪里有座位就去哪里上自习。临近考试的时候，起床晚了往往找不到上自习的地方。图书馆阅览室不用上课也没有考试，是上自习的最佳场所。图书馆的座位备受考研同学的青睐，我也是在图书馆备战考研。复习考研是很辛苦的事情，很少有同学孤军奋战，多数都是三三两两地在一起复习，一来可以相互交流复习心得，二来可以减轻学习的压力，还有一个作用就是可以相互照看彼此的座位。很多同学在备战考研的过程中结下了深厚的友谊，我们称这类朋友为"研友"，这种情谊只有那些切身经历过的人才能深刻体会。但是图书馆的座位争夺异常激烈。

最初大家用课本、笔记本占座，后来发现书本占座容易被人收走，慢慢大家把水杯、暖品、书包也放到桌子上，以增强占座的效力。座位最紧张的时候甚至出现椅子被人搬走的情况，为了防止占了桌子却占不住椅子的"悲剧"，有同学竟然想出拿锁将椅子和桌腿绑在一起的绝招，估计这样的景象在中国的大学很少发生。图书馆座位最大的变数来自管理员。由于很多同学占了座位又不去上自习，导致阅览室的空座率很高，这招来其他想来图书馆上自习同学的非议，于是管理员定期将阅览室桌上的书全部收走，这时图书馆的座位就要重新"洗牌"了。

那些年，听大牌教授的讲座占个座位也不容易。当年西北政法的学术氛围浓厚，只要学校请来了知名法学家来西北政法讲学，举办方根本不需要组织学生听讲，组织者只要提前一两天把海报张贴出来，到时自然会有不同年级不同系别的同学去听讲座。我记得1999年刑法学泰斗马克昌先生来西北政法大学做了一场学术报告。这次报告是下午3点开始的，当天上午才把海报张贴出来，而且只在1号宿舍楼宣传栏贴了一份海报，结果能够容纳300多名学生的2701教室还是被挤得水泄不通，没有听上讲座的同学抱怨举办方为什么不把海报早点贴出来。1998年11月中国法学会民法学经济法学研究会在西安召开，学校邀请了王家福、杨振山、刘文华、尹田、王卫国、徐国栋等大牌学者举行讲座。按说那么多学者在短短的两三天内举行数场讲座可能会冷场，结果非但没有冷场而且场面相对火爆，去晚了的同学找不到座位只好站着听讲座。

那些年，我们恰同学少年，风华正茂；那些年，我们一起奋斗，一起追梦；那些年，我们一起奔跑，一起占座！

作者：邱昭继，2001年毕业于西北政法大学法律系，现为西北政法大学教师。

那一天，那些年

聂宝铖

那一天，我们的放不下；那些年，我们的舍不得；那一天，那些年终究都会变成记忆的碎片，感动于时光长廊……

康很少活跃在篮球场上，但这一次他铆足了劲头，在场边美女竭力嘶哑的呼喊声中，他一次次与体重几乎是他两倍的壮汉纠缠在一起，跌倒、爬起，跌倒、再爬起……也许，是场边美女激发了他所有的运动潜力；也许，他在臆想《那些年，我们追过的女孩》剧中柯景腾为博女孩欢心血洒拳击场的角色；也许，他是向我们诠释：拼搏，无关身体壮瘦，其实也是一种感动！

康工作近三年，打了一些比赛，但却无一例进球入账，超近视的他，篮球筐犹如针孔般大小，随着一次次的打铁声，作为队长的我在他的每次出手前都心存绝望。但这次我错了，他就在我眼前，舞动着步伐，说不清是慢三还是快四，扭动着让场边美女都汗颜的腰肢，兔步微跳，玉手前推，篮球划出一条美丽的弧线，"球进了……"全场欢呼雀跃，犹如《龙的传人》剧中周星驰在国际台球大赛中打进第一个球时雷鸣般轰动。我忽然怀疑起自己的能力来，但瞬间明白，优秀，会习惯的成为平淡，而惊喜，才是平凡的添加剂。

我走向他，激动地摸着他的头，几滴清泪不自觉地滑落嘴唇，甜如蜂蜜，我嗅着似存犹失熟悉的空气，恍如十年前……

那是一个神采飞扬、意气风发的年代，我拥有着极为出色的过腕弹跳、国家免检产品的后仰跳投以及两侧精准的外线三分，入校一个月，我便将公安学院的体育部长和篮球队长收入囊中，成为公安学院首位校队球员。四年来，我如灵兽般在球场上满场飞奔，享受着场边兄弟们的激情欢呼，在长人如林的校队联赛中，跌倒、爬起、进球，跌倒、爬起、再进球……然而，这些欢呼声在毕业那年一场比赛中变得鸦雀无声，一次快攻上篮起跳中，我重重地落在冰冷的水泥板上，右肌腱严重损伤，一次关乎终结运动生涯的伤病，在辉的搀扶下，我离开了征战了近四年、之后再也没有去过的篮球场……

辉，外称公安学院第一帅哥，美女回头率极高。传统的控球后卫，球队高级蓝领，拥有出色的防守功力及摘板、助攻能力，整场比赛无一进球，但不可或缺。我的所有得分几乎与他的串联和助攻相关，但是其因为不能得分却从未得到球迷的青睐与认可，他

常开玩笑对我说："咱俩换换吧，我给你相貌，你给我弹跳与手感！"他四年来唯一的一次得分来自于2002年校队联赛的半决赛，那是一场近乎肉搏的比赛，最后关头，比分仍然交替上升，胜负未定。他抢了一个关键篮板快速运至前场朝我示意，我心领神会直插底线，他迅速一个背后传球，我跳在空中，球划过我的指尖直奔篮筐而去，"球进了……"全场轰动，公安学院欢呼雀跃，法学院一片死寂。我激动地跳到他的背上，热泪盈眶，甜的，如蜂蜜。虽然是个无厘头的背后三分，却是我们收获的意外惊喜和对他最大的肯定，远远大于胜利后的喜悦。

我蜷缩在冰冷的病床上，如祥林嫂般向辉诉说着在球场上拼搏的点点滴滴，失望与难受溢于言表。辉说："兄弟，你应该振作起来！篮球已经帮你度过了大学时期最好的四年，下一阶段，你应该为你的工作与生活进行拼搏！"是啊，人生的每个阶段都会有不同的侧重点，总会有获得与失去，但不能丧失的是信心、激情与拼搏精神。

十年后的辉，早已变身一位帅气的空警，每日美女相陪，日月相伴，穿梭在城市上空，遨游在漂亮空姐含情脉脉的眼瞳之中。如果上天曾显灵的话，不知道他是否后悔对我说过，兄弟，我要用我的相貌换你的弹跳与手感……

作者：聂宝铖，2000级原公安系校友，现就职于陕西省白河县人民法院。

西北政法大学

NORTHWEST UNIVERSITY OF POLITICAL SCIENCE AND LAW

3

P128　感动着那份感动 ················· 王有信
　　　——我最挚爱的政法和我最敬爱的老师

P131　学生眼里的贾宇校长：西法大的耕作者 ·········· 赵倩倩

P134　再回西安 ······················ 徐立伟

P137　接地气的哲学老师张周志 ·············· 张馨艺

P140　西子静晚秋重逢 ·················· 张纵华
　　　——西北政法大学浙江校友聚会随感

P144　那些年上过的刑侦课 ················ 高凡子
　　　——小忆刑侦老师许志

P146　昔人已去 ····················· 蔄云儿
　　　——记杨森老师

我最挚爱的政法和我最敬爱的老师

感动着那份感动
——我最挚爱的政法和我最敬爱的老师

王有信

2012年,学校隆重举办"感动学生十大人物"评选活动,看着巨幅的广告牌,我这个毕业了几十年的老学生心潮起伏,许许多多学生时代感人的情景总是在我眼前闪现。

我是本校1979级一位来自农村的大学生,家里人多生活困难。上大学第二年父亲去世后,日子更加难过,不仅是生活的窘迫,而且内心常常感到孤独无依。"大三"的初冬,我在无奈之际向系里第一次递交了困难补助申请。我记得申请报上去不到一个星期,当时担任我们班辅导员不到两个月的高全仁老师来到我们宿舍,和我谈起系上讨论给同学们"冬寒"补助的事情,再次向我了解我家的情况,同时向我解释学校给同学们困难补助的政策规定。高老师走到我的床跟前,摸了摸我那冰冷单薄并打着补丁的被褥,又走到我跟前摸着我身上穿的我哥十年前当兵时退下来的旧绒衣绒裤,心疼地对我说:"看来你的困难确实严重。可是学校能给每个学生补助的钱就那么一点,给你补条棉衣吧,你腿冷;给你补条棉裤吧,你上身冷;就是给你补上棉衣和棉裤,你晚上还是冷!这可咋办呢?"我当时傻呆呆地站在那儿,一句话也说不出来。高老师徘徊了一阵,又给我讲:"你看这样行不行:学校补助学生最高标准是20块钱,我再给系里和学校反映一下,再给你增加5块钱,这样加起来25块钱差不多可以给你买件大衣。你个子也不高,白天穿上大衣,既护上身又护腿,晚上斜搭在身上,就当加了件薄被子。你说这个主意好不好?"我听了这话,心里热乎乎的,可是除了点头还是不知道说什么好。

后来系里怎样研究的我不得而知,我只知道和高老师谈话三天以后,我被通知去理论系办公室,领了25元钱。我拿上这些钱,加上我退菜票换的两块五毛钱以及当年发的一丈七尺布票,在南大街买了件黄色的军大衣。那一年及后来的几个冬天,我不再觉得寒冷刺骨,多年的慢性气管炎也不再发作,腿关节炎也不那么疼了。那件为我护身又护心的军大衣我一直视为珍藏保护着,直到1987年的冬天,我将其作为礼物送给1984级的一位同学。

上大学得到补助买大衣的事,在我心里一直像火苗一样给我带来温暖,使我感动着学校老师给予我的爱心!在我以后的教学生涯中,我给多届学生讲起这件事,他们的评

论几乎一个样"老师真羡慕你,你很有福,你的老师可真好!"而作为事件的主人公,高老师本人却看得很平淡!多年后当我向他当面致谢时,高老师莞尔一笑:"是吗?我还做过这样的好事。你可别感谢我,那都是组织上研究决定的!"是的,高老师为同学们做了很多的好事实事,但他一直将这些视为自己分内的工作,不值得夸口。我记得最后一年我们面临毕业,为了妥善做好首届毕业生的工作分配,他和全系1979级近100名同学——谈心,了解每个同学的毕业志愿,向大家宣传解释国家分配政策规定。当时多数同学来自农村,许多同学有家庭困难要相应照顾。为了了解实际情况,除了学校给每个同学家里寄去征求意见的信函以外,高老师在处理日常工作的同时,用了一冬一春,对理论系1979级家在农村的80多个同学逐一做了家访,实地了解感受各个同学的家庭状况,征求学生家人对分配工作的意见要求,为以后圆满解决同学们的工作分配掌握了充足的第一手资料。

  大学时代,值得感动的人和事很多很多。郭云鹏老师的"再抠还有新意"的钻研精神,使我们感受到一个学者严谨治学的人格风范;武步云老师系统把握、师生互动的教学模式,使我们学会了思想探索的主动性和平等对话的交流方式；赵馥洁老师丰富多彩的课堂讲解与文如泉涌的课外交流，使我们树立了对哲学的兴趣和对教师职业的向往；曹锡仁老师大开大合、激情洋溢的讲解论说使我们感受到主体张扬独立思考的精神魅力；王士伟老师手拿卡片，平心静气的理学解说，使我们领悟到做教师的淡定与从容……

几十年时光飞逝，我也从20岁左右的青春学子，成为50岁开外的年长教师。这30多年，我一直在政法园里学习工作。说老实话，30多年以前，我是因为不想当老师才没敢报考我喜爱的师范大学中文系，而是来到西北政法学院学习哲学；是政法母校的老师们的关爱和教诲，把我领上教学之路，并逐步喜欢上老师这一职业，爱上政法校园的一草一木。几十年来校园的人事物象发生了翻天覆地的变化，可是铭刻在每个政法人心里的老政法精神多年来一直成为政法人学习工作不断进取的力量源泉。学生时代老师们对于我的关爱教诲，既是我情感世界的幸福源泉，使我感受到作为政法学子的快乐与骄傲，同时又是我几十年教师工作的精神动力，教会了我怎样当一个教师，怎样善待学生，怎样为母校的发展兴旺尽心竭力地付出拼搏！

衷心感谢我的老师们，几十年前你们给予我的心灵感动这么多年一直滋润着我，教我成长；作为你们的接班人，我会把你们给予我的感动，传递给后来的政法学子们，使它成为政法人永久不竭的灵泉圣水！

作者：王有信，1979级哲学专业，1979~1983年是西北政法的学生，1983年以来是西北政法的老师。现为马克思主义教育研究院思想品德与法律基础教研室主任。

学生眼里的贾宇校长：
西法大的耕作者

赵倩倩

16 岁踏入高等学府，22 岁执鞭授教，带着西北人的敦厚朴实，带着法学教授的儒雅博识，贾宇老师将自己的经历娓娓道来，让我们在聆听中汲取养分。

严谨治学　爱人如己

20 世纪六七十年代的中国有一段艰难的岁月，贾老师像所有来自农村的学生一样渴望学习知识改变命运。当时国家教育部提倡"学制要缩短，教育要革命"，十年制教育体制之下，贾老师于 16 岁时考入西北政法学院，为此他解释道："我 16 岁上大学是历史造就的，并不像大家说的那样天赋异禀。"大学是成长中最重要的阶段，这段时期中，贾老师碰到了对他产生深刻影响的老师，遇到了使他成长的那些事，经历了值得思考的人生问题。

那时候学习环境比较简单，除了上课，贾老师常阅读大量书籍来完善自己，也常和老师交流想法。硕士导师周柏森老师（新中国第一代法学家，第一本刑法教材的编者，毕业于北京大学，自愿到西北支教）的耿直和对学生无微不至的关怀使他获益匪浅，博士导师马克昌（著名法学教授、博导、法学家。中国法学会刑法学研究会名誉会长，与北京大学高铭暄老师并称"北高南马")老师在对待学问、为人处世方面给了他深刻的教育。马老在生命的最后一刻仍伏榻作书的场景，让他感受到了"生命不息，求学不止"的真正含义；马老对待学问的严谨和视学生为儿女的生活态度等都在他心里烙下了深刻的印记。

如今自己为人师，贾老师也一样对处在美好年华里的学生寄予厚望，时常教导学生们树立人生目标，克服并调整自己。他说多数人很难做到为达目标而坚定的做准备，故一旦自己找准路径，就要义无反顾不受他人影响的抓紧时间和机遇。他希望学生能够认真、倾尽全力地去做一件事，他也希望学生能够快乐地生活和学习。他说："我心目中的好学生是心态积极、生活幸福、知足常乐的。"

贾老师倡导"精读精学"，即在学习过程中不重复做无用功，要"局部开发"——调动各方面能力，通过查资料等方式把问题吃透后加以拓展；他说读书需读精品，汲取有用之书的营养用以构筑人生观。另外，贾老师还强调要经常针对某个小问题或想法构出短篇文章以拓宽思维，提高解决问题的能力；在学习方法上他则提倡"秘书学习路线"——"我是某某的秘书，就要像某某一样思考问题"，站在巨人的肩膀上进步会使自己进步更快。

闲暇之余贾老师会叫学生们一起吃饭聊天。他会细心地问"宿舍住了几个外省的啊？""在这儿生活还习惯吗？"等家常问题，和同学们谈天说地畅所欲言。这时你会感觉他不是校长，不是老师，这时的他，就像父亲，将那些繁杂的政务和烦心事统统抛诸脑后，和"儿女们"齐聚一堂来尽情享受难得的一刻。这样的情谊，是终生的师生情。

身为校长师者心

或许是受父亲影响，他一直想当老师；或许是受导师们熏陶，他一心想做学者。最终他跟随着自己的脚步随着自己的心，走上了教育之路，开始漫长的教学生涯。

1985~1987级的学生是他所带最早、也是令他最为印象深刻的几批学生，到现在都还记得学生们的名字，保持着密切联系。早期的教学中，课外他经常和学生们一起交流，如朋友般和谐融洽。远方的学生在小长假期间早已习惯了到他家去一起做饭，他不时也会去学生公寓彻夜畅言，谈人生聊未来，这些都是深深地烙在心底的记忆。

教书生涯给了贾老师极大的快乐和满足。他在教授中使学生成长，也在教学中完善自我，"我特别喜欢和学生在一起，这使我轻松、欢喜、有成就感"，他开心地说。现在，作为校长，他除了处理日常的行政事务外，仍坚持每学年与另一名青年老师共同给本科生代课，保持与同学们的良好交流是他获得快乐的源泉，他乐意做这些并坚持做。对待学问的开放态度也是他的特点，他不主张写刑法论文就一定只用刑法方面的知识，调动各方面知识共同来解决问题反而更使他称赞。

如果非要让他在校长和老师两个职位中选一个，那么他一定会选择老师。"我最终一定还会是个老师，卸职之后，我一定还会重操旧业进行教书和研究。"

在烦扰与快乐中寻找自我

有人说这个世界并不是非黑即白，很多人很多事也并非一两句话、三两种观点就能概括透彻。张汤固为酷吏，也是一代廉臣；曹操虽然阴险，仍是一代文豪；王安石的改革虽不成功，站在黄仁宇的大历史观上看来，却是极具现代商业化的经济思想；处在"中国向来以统一为常态、分裂为变态"的历史发展中，五代十国虽在政治和地域上呈分裂状态，谁又能否认这个时期里的思想文化不是统一的呢？同样，人的一生也并非除了痛苦就是快乐的，很多时候我们处在说不清道不明的状态中，因为生活常常是痛苦与快乐相伴随，贾老师也不例外。

他并非像表面看起来那么传奇与一帆风顺，他和我们一样有烦恼与忧愁。坐在桌子旁边，又随手拿起手边厚厚的一本《顺生论》，语重心长地说道："我现在非常忙，每天都有很多行政事务要处理，像这样十几万字的书，没有半个月是读不完的"。"人没有时间读书，在内心对自己的评价就会下降。没时间研究，自己就会很郁闷。"可毕竟他同时也是一校之长，也要为学生、为学校去操心诸多事宜，他烦恼自己没时间研究，却仍然为学校和学生尽心尽力。

在贾老师看来，法学教育都是职业教育，学校将培养法官、检察官和律师作为主体地位，也尽一切努力将学生引导到这个目标上，于是就努力联系老校友每年返校给学生做讲座，大力提倡"立格联盟"走向国外，为学生们争取更多的国际文化交流机会；请社会上具有资深经验的学者、法院检察院人员在校内开办讲座，开阔学生们的视野；建立本科生导师制，促进师生之间的良好交流……

近几年，贾校长为我们学校明确了"法治信仰、中国立场、国际视野、平民情怀"的育人理念，并在这一片西法大的土地里践行着，在自己的快乐与烦恼之中奉献着。他为人师表，在课堂上传授学问，为学生拓宽发展道路。从22岁到现在，他以师长之心传道解惑，又用朋友身份呵护情谊，他将自己全部的热血洒在了西北政法大学这片热土里，几十年如一日；而这一切，还将继续……

作者：赵倩倩，2012级刑事法学院1班，学生通讯社记者。

再回西安

徐立伟

西安，
于我而言，
像是一个异地恋的情人，
既熟悉又陌生。
在这个夏秋交替的季节，
几经辗转，
重回西安的街头，
空气中微尘的味道，
即使是干燥的，
仍旧让人怀念。

熙熙攘攘的东西南北四大街，人流如织；的士依旧难打，司机依旧很躁，总共打了三次的，一次被拒载，一次司机与人争执。而充斥着各种叫卖声的回民街，基本成了各族人民的集散地，热闹之余让人想逃离。倒是临近深夜的清凉，伴随的驻唱歌手的悠扬吉他声，让我稍稍喘息。钟鼓楼华丽的灯光，映照在年轻人忧郁而沧桑的脸上，古老与现代，虚幻与生活，就这样写实地浮现在眼前。

城墙依旧厚重，只是多了飞翔的翅膀，我带着女儿骑着单车颠簸在每一块古老的记忆里，想象着几百年甚至几千年前先人的模样。成群的鸽子带着鸽哨，略过青灰色的砖瓦，忽远忽近，飘忽不定，像历史一样变幻，让人难以捕捉他的痕迹。庄严的城门已允许世人的穿梭，仿佛一脚踏入过往，一脚走向未来，光影斑驳与鳞次栉比，就这样立体地勾勒出千年古都今时的模样。

食物是最温暖的治愈，对西安的念想更多的是对那一碗羊肉泡、一份擀面皮、一瓶汉斯、一支冰峰、一个小奶糕、几串烤肉的渴望。只是背街背巷的小店已经找不到了，坐在游客如织的长发祥，撕碎两个泡馍，不顾一切地吞落肚，那一刻的满足宛若一个孩童。钟楼小奶糕没有了，问了几个路人，有人说厂家破产了，有人说已经消失几年了，此时的西安流行的是一种叫"娃娃头"的雪糕，丑丑的、毫无朴素感。樊记的夹馍还是要排队的，服务

员不紧不慢地剁着一块块如凝脂、似腊汁的卤肉,熟练地夹在刚出炉的白吉馍中,任你饥肠辘辘,口水直流。美食是西安最精华的部分,于我就像一剂甘露,足以缓和所有思念的胃口!

学校是无论如何都要回去看看的,西安正南正北的街道提醒着我,向南走,一直向南,在长安南路300号,就是我奋斗过七年的地方。

故地重游,站在被我们戏称为"国务院"的校门前,竟然会有种1996年刚见到她时的悸动。学校变化很大,没有了往日的高深与宁静,取而代之的是如车市般的拥挤、高大的班车成排地占据了通往行政楼的大路。记得刚入学的时候,两边是高大的白杨,在秋日的季节里飒飒作响。法女的雕像还是在做"复仇"的姿态,一手托天平,一手持利剑。这个当年受尽我们嘲笑的女神姐姐,重新站在她面前,我竟然觉得是如此美好。右边小小的医务所应该很早就没有了,换成了什么研究中心。在那个上学还能发钱、看病还能报销的学生时代,在这里受几次白眼得几颗不痛不痒的小药片还是挺让人怀念的。通过头顶古老的天桥,当年崭新的二号楼已经没有了上自习霸位的学生,这里是颇有点名气的鉴定中心,当年教我们刑侦的张公正老师仍然是这个中心的首席专家,有点得意。尘土飞扬的煤渣操场被围了个严严实实,与此有关的记忆被机器的轰鸣声淹没,图书馆、宿舍,遥不可及。倍感失望地穿过古朴的大礼堂,法律人才摇篮的碑刻依旧,花园里奋进的奔牛还在,一号楼重新贴了外墙。绕过昔日的篮球场,活泼而青春的身影没有踪迹,这里是老师们新的家属楼。唯一没变的是我临近毕业前享受到的带电梯的研究生公寓,旁边的石榴园已经枝繁叶茂,硕果累累。二食堂已经改成了自助餐的形式，不知道楼下那个卖夹馍的大姐是否已经发迹。一切都与时光一样飞逝地了无声迹，站在宿舍门前的丁字路口，记忆像电影般汹涌破闸而来，闭上眼睛，我有种时光倒流的眩晕。

捧着一束圣洁的百合和火红的康乃馨，轻轻地扣响了恩师的家门。如果说，西安于我，像是异地恋的情人，那么寇老师就是这段恋情中最留恋的一部分。轻轻的拥抱、伏耳的交谈、执手泪眼的话别。这位1930年出生的老人答应了我会健康地等到我下一次来看他。

飞机呼啸着离开，再一次的分别，无声泪流，从此又将开启隔空相恋的模式。而我，也将从而立奔向不惑，继续我那份既是普普通通、养家糊口的职业，又是需要为之付出整个职业生涯的事业。别了，政法园，希望你不会在意我飞的是否高远，只在乎我的思念与诉说，给予我温暖，再次延续我们相互不变的守望。

临别西安，在去机场的路上，满车的人都在昏昏欲睡，我思绪纷飞，满脑子都是柳永《雨霖铃》中伤离别的画面。于是仿照该词牌写下了我自己的这首《雨霖铃》。

寇志新老师

雨霖铃

秋风飒爽，回政法园，梧桐成荫。
楼宇林立无数，熟悉处，物是人非。
法律人才摇篮，今离析变迁。
思芸芸众多同窗，天涯茫茫各远方。
耄耋恩师再叩首，愈加是珠泪洒心头。
今日返程南去，国徽下，累牍案卷。
此去经年，司法改革独立设置。
唯祈盼万般变化，且经历史验！

作者：徐立伟，1996级律师班校友，现任职于广东某法院。

接地气的
哲学老师张周志

张馨艺

提起哲学，多数人想到的都是疯子一样的尼采，出门散步时间准确到可以让人校准手表时间的康德，傻子一样执着的马克思，满脸阴郁的冯友兰。

在政法，提起哲学，多数人想到的都是顶着白头发的糟老头，是校园内神经病一样游荡的"思考者"，是拒人千里之外的"二次元世界"来客。经常会有这样的对话：

A："你是哪个学院的啊？"

B："哲学与社会发展学院的。"

A：……

然后，就没有然后了……

或许，就是这个专业的特殊性，这个学院也就变得"独树一帜"，而其中最接地气的哲学老师，非周志老师莫属。

张周志老师，老陕人，白白浪费了细皮嫩肉的秀才相，骨子里却是个地地道道的西北汉子。有人说，能给你专业理论指导的人，是老师；能给你人生指引的人，是导师。周志老师，算一个。

张老师以待人谦和著称，不管你是教授、禽兽或者是来自非主流世界的独角兽，他总是倾听烦恼并且乐于帮助。还记得开学时的第一堂课，周志老师的开篇语便是那句激励了我三年的名言："学问没有门外汉。"他不仅这么说了，也是这样践行的。不论你是不知物质、意识分不清的学生，或者你是已经积累了四年理论的入门学生，厚此薄彼这样的事情，休想看到。事实就是，他这样的一视同仁，让我们这样转专业的一无所知者，为了完成每堂课后的小论文，不得不拼命地翻阅各种经典原著，不得不每天在知网上寻找所谓的"感觉"，最终不得不受益

张周志老师

于基础理论水平的提高。一年下来，大家纷纷感慨，终于可以听懂周志老师在课堂上时不时蹦出来的专业英语词汇了，终于可以了解各种哲学理论的皮毛了，最重要的是，终于可以在课堂上有了和老师辩论抬杠的底气了。

周志老师，同时还是哲学学院的院长。早在研究生面试的时候，周志老师就立下规矩："不要叫我院长，叫我老师；我属于讲台。"好吧，其实我们也觉得，他丝毫没有院长的架子，反倒像个平易近人的"糟老头"。课堂永远排第一，经常听别的专业的研究生得瑟，因为导师很忙，一学期都见不了几面，比牛郎织女的鹊桥相会好不了多少。周志老师，彻底粉碎了我们要当"自由人"的幻想，每周的两节课，雷打不动，风刮不走。偶尔他要出差，大家也会被他善意的"作业"折腾好久。一旦他找到时间，那是一定会补课的，最惊讶的就是别人看到晚上十点还在上课的我们，一定会认为这是考研的辅导班，而不是传说中悠哉的研究生生活。

周志老师也有"毛病"，如果你说："老师，你是谦恭温和、博闻强记的能人。"那估计他会呵呵一笑，然后给你说："请说人话。"他不讲情面，不说场面话，更不会因为人多，就给你留丝毫面子，"法不责众"这样的侥幸，还是不要在周志老师面前表现了，他可以在学院学术交流会议上，直言不讳地说"某某老师你的治学态度不严谨""某某学生你的论文就是百度和知网的拼凑版""某某学生你这混日子的态度，期末我第一个不让你过"……很多学生以为，周志老师只是说说。但事实证明，他不但"只是说说"，也是"坚决做"的——某位不按时上课的伙计，保持着挂科记录，一直到毕业前的补考。

秀才面相的周志老师，治学管理的霹雳手段，暴露了他西北汉子的性情。直到现在，大家讨论开来，还觉得，这个老哥们，是个最接地气、最真实的哲学人。三年的理论知识，现在已经忘了不少，可是这个没有光环笼罩的老师，使得那个虚无缥缈的哲学形象，瞬间变得饱满，平易近人。枯燥生涩的哲学原理，懵懵懂懂的做人道理，因为这样深入浅出的渗透，经过三年的相处，似乎变成了彼此之间不用言语的默契。即便在毕业后就远离这个专业的我们身上，依稀还有这些烙印。

周志老师对我们如此，对待家人也是。他闺女，人大的高才生，清秀可人，学的专业也算是所有学科里难度系数排行前五的保险精算。提起闺女，周志老师满脸的幸福，也经常和我们分享他们父女的趣事，让我们这些学渣都惭愧得不行；对待师母更是相敬如宾的典范，想着这样的一切发生在结婚多年的夫妻身上，依然觉得感动。

其实，他只是政法很多优秀老师中的一个，不知为什么，那个喜欢吃面、喜欢调侃、不吝啬付出、随时都能让你成长的形象，总是让人念念不忘呢？或许是因为，在专业神坛上徘徊太久的人，很多都飘离了人间吧。

作者：张馨艺，2008级哲学专业研究生，现供职于西安曲江文化旅游集团。

西子静晚秋重逢
——西北政法大学浙江校友聚会随感

张纵华

至简至繁者人，至轻至重者情，熟悉也陌生的面孔，细腻又热烈的情感，任凭时间长河冲刷，我们都不会遗忘西北政法大学浙江校友第二次联谊会上的相见。2013年晚秋时节，我们相约杭州余杭广厦天都城。

冥想、遐思，为这一天，也为梦里梦外的千百年。

另类从孔明开始

淡泊明志，宁静致远。你当真读得懂这句话吗？在你身边有没有一种人，他不张扬名牌，不殷勤世故，看似别于常人的取舍着远近亲疏。

诸葛亮是个地道的另类，那般年纪该追求的事他不求，帷幄中运筹出三分天下。那般年纪在乎的他不选，选的让人一叹千年。

罗贯中的笔下写不出一个有血有肉的诸葛亮。史学家和小说家的价值取向不一样，老中青三代人的看点不一样，当年的事没有办法还原。你可以猜测宁静的苟全性命于乱世要怎样的淡泊，也可以猜想志向需要几多修行才可以抵达遥远。逝者如斯，不管怎样感慨或遗憾，这个人物都已经用言行写就了千古风流。

我们所处的这个年代，有太多的无奈掩盖了心内的纠结不甘，有太多的将就更改了初衷。只因为不入流的举动成了常事，只因为不该有的现象成了惯例，只因为中国式的和谐相处融合了你曾经另类的志向。奔波在几个地点之间，一眼就能看过大半辈子。心老了，剩下的只是等着蹉跎的岁月。于是闹钟掌握着作息，后来退休了，再后来更老了，

然后，闹钟也叫不醒了。

这次联谊会，我带着欣喜和感激，收获着各样的观感。西北政法大学近300名校友，来自浙江内外、大江南北，有泰斗、聚微尘。观点的交汇与交锋，让思想的火花不断迸发。有多少个瞬间，我在欣赏别人的时候也肯定了心中的自己。大千世界，能容能纳。在梦想的追寻中，即便用另类的方式把这一程走完，即便是别人眼光不解口中规劝，他的心里还是羡慕你的。

江南秋尽草未凋

酒店里一弯湖水，从窗子看出去的一刻就被吸引。木栈垂柳，缓步走在上面，听着鞋跟和木板的撞击。眼看着秋天近了又远了，小杜的"青山隐隐水迢迢，秋尽江南草未凋"刚好应景。据说小杜在扬州的事大家都知道。此人也写了好些经邦济世的正经东西，可惜浩繁书卷总不如风流才情受关注。

有人说未凋的"未"是"木"，我不赞成。这时候江南秋尽，碧树绿草。幸好没把自家乐器带来，也就没在这晓风拂面的杨柳岸附庸一回风雅，演一出"愚人岸边问古筝"。

这番相见，多少当年骄子，如今风姿更盛。学识、风度、胸襟，借行止谈吐表露于外。去年也是这般冷暖，西门吹雪的扮演者惠天赐辞世。仔细想想，竟然发现古往今来的女人，口味都相似——喜欢博学的男人，喜欢多能的男人，喜欢儒雅的男人，喜欢俊逸的男人。而女人呢，凭着才学气度被男人肯定的，终是太少！11月9日下午的大会，除了我因校友们信任也当了主持人之外，其余走到台上的、拿起话筒的都是男同胞。

人与人之间总会有条件优劣的，性别也是先天，与其对其妄自菲薄，不如换一种心态去接受现状，放下布袋，求一个满意的结局。绝对的等同不会存在，但自我的认同和踏实感不依靠外界的标准，不管是种下何种先天的种子，都要用后天的努力去把生活打造成更好的样子。生活的欢乐不是直接追求欢乐并获得，它是尽责之后的无憾于心——无论男女、尊卑、贫富抑或其他。为了更好地完成对家庭的责任、对社会的责任，我们应该做更好的自己。

天不老，情难绝

2008年地震的时候我露宿在西法大雁塔校区操场。不知道前来看望的贾校长他们能不能看出来，学子们惶恐中都藏着淡淡的兴奋。就在那样热闹的政法园里，有一抹无法忽视的红白搭配，红裙如火、白发如雪，她与他超然于热闹之外，执手而行，一转头，便可看到对方的眼里的自己。十指交错，穿过岁月与悲欢。这一幕，应该能为西法大人的感情代言吧？

童年读《施公案》，尼姑七珠为何要为了道场换新的袍服，当时是想不通的；近来渐渐明了，为了男女之间那点"意思"，即便一样的服饰，也要鲜亮一点——当然这个"意思"是有违纲常的。可是真能超脱"那点'意思'"的有几人呢！

是不是你也曾为林徽因选梁弃金感慨，也为梁思成再娶而唏嘘，特别是比较起他老爹没坐怀但心还是乱了之后却能理清楚，就更该长叹一声吧。那是别人的传奇，也点缀着大多数人的生活。但生活不是传奇，传奇也改变不了生活。杯子的工艺是否考究，形状是否别致都不重要，里面装的才会融入血脉。

巴金有篇《回忆萧珊》，细碎琐事道来，远好过那"惟将终夜长开眼，报答平生未展眉"的承诺。星星点点的岁月攒成一张网，网住的是一代文豪后半辈子的哀哀之情。历来相守，共苦者易、同甘则难，这便是萧珊的福分。生前虽辛苦，死后应无憾。因为结局是他们在一起，至少在我们的心里，他们是一起的。

生命带我们穿越岁月。
我们用梦想镌刻年华！

大学时光越来越远，对母校的眷恋却越来越深。重情之心就是佛心吧，佛应该是有情的，情在众生。不然如何普度？而尘世之情，不论是身边的、心里的、介怀的、难忘的，还有擦肩而过的、感激的、埋怨的，还有将要遇到的，圆缺交替，才是生活的完满。

爱情如是、亲情如是、友情如是，世间情，皆如是。

　　法律的伟大在于超越法律，而人的价值发挥程度只看你如何去划定和修订自己心里的边界。

作者：张纵华，1998级（本）法一系、2006级（硕）刑事法学院刑法学专业校友，现在浙江省高级人民法院工作。

那些年上过的刑侦课
——小忆刑侦老师许志

高凡子

终于在忙碌之余抽出时间来，码上些字，为公号写篇稿。

想了很久，究竟应该写些什么，每每感慨良多，却终究不知该怎么去写。思来想去，突然想起了大三时为我们讲授刑事侦查课的许志老师，想起他的课堂。于是决定，这篇文章就写一写许老师吧。

大三选课时，因为公安系的同学们都大力推荐，所以选修了许志老师的刑事侦查课。上课前就听到各种赞誉：说他很帅，说他讲课很有趣、很好玩，甚至有同学因为没能在礼堂的晚会中听到他唱歌而抱怨了大半个学期。因此也对许老师和他的课充满了期待。

小时候曾经看过福尔摩斯、神探亨特之类的文艺作品，因此心中对所谓的刑侦课程颇有些向往，觉得应该是各种案件推理、各种悬幻惊奇。真到了上课的那一天，如果没记错，应该是在老校区的3047教室吧。不大的教室里，坐了不少的同学，不少人好像都是慕名而来，或是同学，或是师兄师姐们的推荐，大家都在小声议论着这个叫作许志的老师，我甚至还看到已经上过他课的公安系的同学也混迹进来，追随至此。

上课铃声响起，许老师大步走上讲台，看上去挺潇洒，算是风度翩翩吧，但是好像也没有传说中那么帅啊，许多女同学好像也都在窃窃私语地议论着。许老师应该也早已习惯了这样的场面，见怪不怪，面带笑容，开始讲课。

实事求是地讲，许老师当年的开场白、讲课的细节，早已回忆不起来了，但是他招牌式的"坏笑"，声情并茂的表演式授课依然给我留下了深刻的印象。当时有些同学说他讲课不够深入、翻来覆去每年都是讲那些案子，譬如"东新街杀人案"、他在新城区刑警大队的案子。但是我始终觉得，许老师的课浅显易懂、形象生动，他不遗余力地在课堂上营造着那种

许志老师

气氛，演绎着那份精彩，为我们带来了无数的欢笑和美好的回忆。许老师的课程给我们的大学生活带来了很多快乐的回忆和有趣的故事；甚至在我工作后，头几年休假回到学校，还会和在校读研的同学谈论起许老师的课，大家都笑着回忆起他讲过的案子，模仿他的一些动作，想起的也都是那时的美好和快乐。我想，他给了我们一份最宝贵的回忆。

从某种意义上说，许志老师的刑侦课甚至改变了我的人生轨迹，他的侦查课让我对公安工作、侦查破案产生了浓厚的兴趣，最终让我选择了藏蓝色的警服，来到祖国的东南边陲，成为一名边防警察。时至今日，在工作中，我还能时常想起许老师上课时的一些话："查明案情、收集证据、查缉犯罪嫌疑人……"这些朗朗上口的知识点至今还声情并茂地存在于我的脑海，潜移默化地指引着我的工作。

作者：高凡子，2002级法学一系2班校友，现就职于深圳出入境边防检查总站。

昔人已去
——记杨森老师

蘅云儿

生如夏花,逝如冬雪。

昔人已去,冬来深楼静悠悠。独钓寒江雪,心痛已难诉。

——题记

前两天,看同学的空间日志,忽然看到杨森老师于2010年元旦前夕去世的消息,当时我简直不敢相信这是真的。连忙在QQ群中问,杨森老师是不是真的去世了?同学告诉我,杨森老师死于肺癌晚期,医治无效而亡,享年49岁。

杨森老师,副教授,是西北政法大学经济法学院公司与企业法教研室主任,经济法硕士研究生导师。1984年毕业于西北政法大学,获学士学位。主编、参编、合著教材8部,其中两部教材为司法部法学院校统编规划教材。我只记得他与贾俊玲教授合编的《劳动法学》,这本教材是当时我们学习劳动法的指定用书,而且正是杨森老师给我们讲课的,所以记忆很深。他先后发表学术论文23篇,科研成果7次获奖,其中部级奖一次、省级奖两次。在职期间,多次被评为院优秀教师。

杨森老师是我大学本科时的老师,也是我的研究生导师,因此与他接触相对较多。第一次与他接触,是我的必修课劳动法学。当时,学校已经实行了学生对老师的选择制。由于与备选的几位老师都不熟悉,所以选择谁为主讲老师,很是懵懂。因为电视广告中经常听到西安杨森药业的广告,对这个名字感

杨森老师

觉相对熟悉一点，于是就选择了他。选了他之后，就有高年级的学姐对我说，你怎么选他为老师呢，他对学生可厉害了，而且考试要求又严格。当时听了此言，心中忐忑不安。但已经选他为劳动法老师，无法更改，只能去接受。

后来果然印证了学姐的说法，对学生之厉害，令人惊叹；对考试之严格，令人害怕。在课堂上，他对学生要求极其严格，对交头接耳、不认真听讲的学生特别反感。毕竟已是大学生，很多老师都会注意一下学生的人格自尊，要么就视而不见，要么就委婉批评一下，很少有哪个老师像他一样大动肝火，把学生骂得狗血喷头。而他骂人的语言却是诙谐风趣的，往往会引得学生哈哈大笑。比如关于脸皮厚的说法，他就有句经典名言。一是脸皮厚得像城墙的 90 度拐角一样，你去西安离城 80 里你就下马吧。为啥？因为你的脸皮都贴到城墙上了！此等风趣的语言往往会使课堂的气氛非常活跃。在对学生嬉笑怒骂之后，他就变得和蔼可亲，与前面完全不一样了。我们学生的心也稍稍放松下来。但可能不过几秒，他又开始发威，令课堂的气氛从冰点到达沸点，又从沸点到达冰点。转换之快，常是在无意之中。听他的课，总有一种胆战心惊的感觉，生怕自己不小心就被他给骂到了。所以选修他课的学生，没有几个不认真听讲的。这是我最初对他的印象。后来慢慢对他有了了解，才知道他是表面上看起来很凶，而心胸却是很宽阔的人。

接着又是选修他的破产法。记得他经常说的是，我不就教个劳动法嘛，你们就叫我杨白劳？我不就教个破产法嘛，你们就叫我杨破产？还有譬如，学生时代所犯的错误就不能算是错误，只能叫过失，不就是迟个到，早个退，无因管理一下嘛！我刚看到一个男生看一个女生笔记，看完还给人家添了几笔，嗯……你还能的不行，还无因管理？有的时候，他会说到关中人（主要指关中平原一带人）的因循守旧时，会这样形容：这个关中人呀，懒得很，你叫他去打个工，挣个钱吧，他先问，有面没？没！有馍没？没！那就不去了！就不信你吃个米饭肚子里就会长虫！（注：关中人以面食为主）

在 2003 年，有一学生在校外自杀时，他更是语不惊人死不休。"我是这个世界最没权的人，上个课，你说个话，我把你一说，你眼睛还瞪得像牛眼睛一样看我。你说现在学校门口闹的那伙人咋不来找我呀，就是因为我没权嘛。我现在要去，人家先问：你是政法学院的什么人！我说我是个普通老师！人家肯定会说：滚！你说学校的那些领导现在怎么不出来了啊，你看看每年大一军训时，他还搞个什么阅兵，还以为他真是什么三军总司令，玉树临风，君临天下……咦，他现在怎么不出来了，他要敢，他一出来学校门口那两个花圈就把他跟上了！"杨森老师就是这么一个很有性格的人。他的一位同学这样评价他，杨森同学是一个很好强、很直爽的、有着大哥般胸怀的人。也正是这种独特的性格，在得知自己是肺癌晚期，没有多少希望时，他不肯与医生合作，自己放弃了自己。

这是课堂上杨森老师给我们的印象。而生活中的杨森老师，却是笑容满面、豁达大度之人。记得一次跟着他一起去铜川办案，好像是信用合作社贷款合同和担保合同的案件。其时杨森老师刚拿到驾照，对开车充满了憧憬之情。在车开到一半路途时，他跃跃欲试，要亲自开车。也许是前一天晚上没有休息好，我坐在副驾驶的位置上，不知不觉间睡着了。等快到铜川的时候，我才醒。吃晚饭的时候，他惊讶地说，我是新手开车，你竟然也能睡着？我哈哈大笑。大概过了一年时间，他终于忍不住买了车。而他每见我一次，总要提起此事。此事就成了他卖弄车技的笑谈，很多同学都有所耳闻。

……

一幅又一幅的画面，如黑白影片一样，在眼前一幕幕轮换着，久久不能散去。想起他的音容笑貌，想起他的诙谐幽默，想起他的雷厉风行，一切一切好像还在昨天，或就在今天，或就在眼前。

"昔人已乘黄鹤去，此地空余黄鹤楼。黄鹤一去不复返，白云千载空悠悠。"愿天国里的杨森老师依然笑如夏花，满面灿然！

【后　记】

这是一篇旧文，写于2010年左右。"青春都在西北政法"，我想，我们的青春里，除了有我们可爱的同学，陪伴我们的生活；更有可敬的老师，指引着我们的成长。愿你、我、他，都还记着政法的老师，师恩难忘，师恩永存。

我是1998届经济法专业学生，本科四年，研究生三年，共在政法读了七年。政法，是我心里最美的梦。

作者：笔名蘅云儿，目前在江苏盐城市中级人民法院工作。

西北政法大学
NORTHWEST UNIVERSITY OF POLITICAL SCIENCE AND LAW

4

P152	老板，来瓶冰冰的	杨　帆
P155	那个法二系的男生，你还好吗	陈　喆
P158	紫色指甲	弋　戈
	——那些年陪我走过的女孩	
P163	邂逅美丽	徐崇杰
P166	姐姐，今夜我不关心人类，我只想你	六小开

邂逅美丽之政法爱情故事

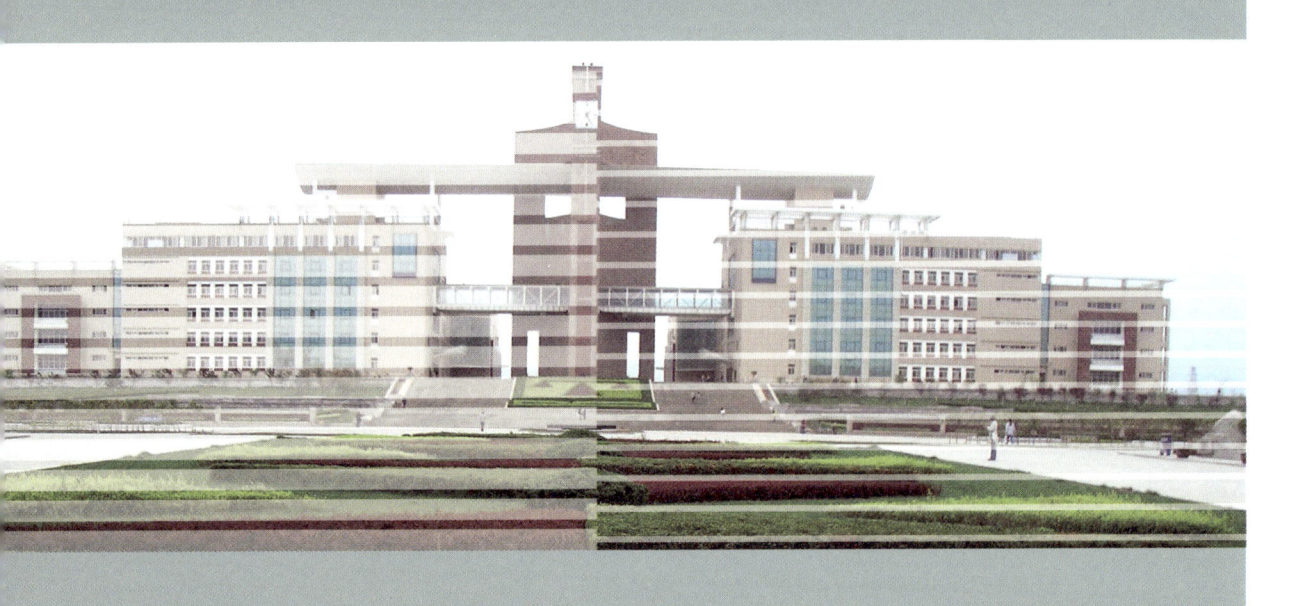

西北政法大学

老板，来瓶冰冰的

杨　帆

"小志烤肉"当时屹立在我们学校东边的城中村里，热闹非凡。

每到傍晚，那股贱巴拉叽的香气扑鼻而来。先吃串再数签子算账，年少又清贫的我，每次都琢磨着把铁签子扔些到什么地方去，不过每次素质都战胜了邪恶，招招手大喊一声，"老板，数签子！把账一算！"那些膀大腰圆的服务员，我看都不看。

大三的时候，交了个女友，小志成了据点，她喝酒，我喝雪碧，她说爱这种"反串"。有一天晚上，她打电话给我说："小志烤肉出了甜品，我给你打个包，送到你家。"我说："好。"于是那天晚上，我吃到了一个冰绿豆沙之类的东西。依稀记得她告诉我："一块钱一盒！叫绿豆爽！"等我再去买的时候，服务员说："没有了。这个是时令产品，到夏天才有。"等到了第二年的夏天，绿豆爽还没上的时候，我的女友被我的好友、隔壁宿舍楼一个男女通吃的师哥（不是帅哥）抢走了。我依稀记得分手的理由是，"不抽烟也就算了，酒都不喝，不像个男人。"

学校附近有个"小志烤肉"，热闹非凡，我过了孤独的一年。

毕业多年之后，有空回到西安，我跑去"小志烤肉"问服务员："你们这是不是有个绿豆爽之类的东西？"

"没有。"

我继续问："是不是叫冰豆爽？有冰豆爽吗？"

"也没有。"

"大豆爽？"

"老板。"服务员沉着脸语速奇快地说："我们这里什么爽都没有，新菜有麻辣龙虾，你要不要来一份送一碗西红柿蛋花汤。"

我面无表情地看着她。

她面无表情地看着我："的确什么爽都没有了。"

我给前女友发短信："我回来了，有空喝酒！祝你们早日分手。"虽然我很想他们，并且恶毒地诅咒他们分手，但短信没有发。第一，我还是不会喝酒，底气不壮；第二，我没有她和他的电话号码了。

到了北京,我发现不能喝酒,不只是成为分手中的弱势群体,每到饭局,我只能深藏功与名,一旦让人们知道我是东北人,事就大了。这个时候只有祭出三宝:开车,脸红,过敏早。遇到轴的:代驾,好交,死不了。面对急赤白脸,只能硬着头皮灌几杯,全身秒熟,红白相间如同克罗地亚国旗一样。"你可以因为过敏、因为开车、因为病不喝酒,要是这些都没有,你还不喝,这个男人肯定不好玩。"每次校友聚会,胖子都会发一通感慨。他的愿望是,老了,咱们几个还能坐在一起,好好扯一天淡,但必须喝酒。"男人聚会坐在包厢里不喝酒就喝茶,那谈论的肯定是阴谋。"他说的很绝对,跟干杯一样干脆。喝到位了,他给我讲,西伯利亚产一种"飞蘑菇",金黄色的,粗壮,伞盖上有白色的奶油状的斑。吃完了有幻觉。有钱人买来吃,吃完了,要撒尿,撒到一个金色的尿壶里,然后把尿壶放到家门口;街上的穷人看见金尿壶,就过去喝里面的尿,喝完了还能 high 起来。北美地区产大球蘑菇,大小如篮球一样。北美和墨西哥还产"阳具蘑菇",外形如阳具。吃完了也能爽,但有的"阳具蘑菇"含剧毒,吃完就爽死了。他教我说:"你观察一个人的嘴唇,能喝的总有一种红中透紫的感觉。"下一次,我一脸得意地断定嘴唇红中带紫的厂长能喝,他说:"带紫是因为我有心脏病。"

有时候不喝酒挺尴尬,别人醉了你不喝,清醒与克制会让喝酒的人感觉恼怒,就像投名状,不喝酒,就只能一直在圈子外,永远成不了自己人。某友就职公关公司,终日浸泡在各种酒局,练就一套本事,一场大酒,必然喝出感情和成绩。然而,私下里,他滴酒不沾。那些见他喝得豪情就认定其是掏心掏肺的人,全不知道那是逢场作戏。

还好，我比较幸运，碰见的戏，喜剧居多。

2007年某个下午，我第一次跟同组的前辈出去采访，前辈是女的，只比我大一岁。晚饭时间，我们找了个街边店，一人坐一头。"太热了，我想喝点酒。"前辈说。面对邀约，我想起那个经典的段子。"你冷吗？""冷。""那……咱们快点走？"

咱不是那不懂风月的人，但是咱，不懂喝酒。"我，不会喝酒。"

"那我自己来！"女孩拍着桌子大吼一声："老板，来瓶冰冰的！"一张娃娃脸，微微见汗。

然后，我们就在一起了。能喝酒还不嫌弃一个不会喝酒的，太让我感动了，再说前辈还挺好看，有张娃娃脸。

多年之后才知道，前辈也就是那天酒神附体，其余时间，喝必晕，脑子里像有10个王菲，同时唱"旋转的木马，没有翅膀……"一场酒无论喝得多么天昏地暗，想要喝掉别人的面具瞧出别人的真心，不可能，好在我们还有后面几十年，慢慢瞧慢慢看。

前不久，我们第一次家庭团队建设，我问前辈："媳妇，喝点啥不？"

恍惚中，前辈拍着桌子大吼一声："老板，来瓶冰冰的！"一张娃娃脸，微微见汗。

现实中，女人说："随便吧。"一张脸，微微见汗，娃娃挪到了高高隆起的肚子里。

干邑太沉闷，葡萄酒不够劲，香槟太轻浮，伏特加太没创意，啤酒太对不起肚子，还是来一杯水吧。

喝酒，无非是想在这个真实的世界里，却又想看到幻觉。已经很满足，何必找那些个"神奇的色彩"。

作者：杨帆，2001级法制新闻系校友。

那个法二系男生，你还好吗

陈 喆

法二系 7 号

就算是十多年以后，我还能回忆起那天下午的场景。我和疯疯一人一手拿着冰棍，两个女屌丝站在寸草不生、纯泥土材质的操场边，看着卖力奔跑、挥汗如雨的踢足球的男生们发花痴。我说，那个 7 号真帅。疯疯用她那西北地区罕见的标准普通话大气而豪迈地说，我帮你要电话，只要敢打，我就请你吃饭，而且是贵的。

到现在我都想不起疯疯请我吃的到底是顿什么贵饭，究竟是杨家村那脏香脏香的麻辣烫，还是 48 元的长安布衣自助火锅，或是教工食堂的炒菜？都想不起来了，我只记得那天下午，疯疯上天入地地拿来了那个男生的电话，法二系。

"陈孝正"

同在帝都的 W 小姐，她是我见过使用形容词最好的姑娘，大学同班期间其奢华的忧伤文风让我曾多年 45 度角仰望，最具琼瑶女主气质的女子，据说曾经拿到过高考作文满分。W 小姐电话我，絮絮叨叨地讲她的婚姻生活，孩子上海淀区第一名校学区房的事。能在毕业之后 10 多年，还能够和大学闺密嘲笑对方是 SB，这样的亲密在人情味淡的帝都来说，很难得。

这几年电影怀旧风四起，我和她看完电影后追忆她那个像《致青春》陈孝正英俊帅气的大学男友，她也曾像女主角郑微一样，霸气四射地对那个男生说，"你逃不出老娘的手掌心。"我见过很多女追男，但像 W 小姐这样势如破竹 hold 住局面的，却是唯一一个。在全世界都黑处女座的时候，我补刀一下，W 小姐是处女座。"陈孝正"也是法二系。

师大路有家巨好吃的餐厅，我的 20 岁生日就是在那里过的，为了帮 W 小姐达成愿望，我请了"陈孝正"，还有我的几个好朋友，还有"陈孝正"的好朋友。那天 8 个人喝了 40 瓶汉斯干啤，和一瓶二锅头。疯疯把第一次醉酒献给了我的生日和 W 小姐，她醉倒在饭馆的门口，叫着谁敢动她就让她位居要职的老爸把谁抓起来。

我的生日以后，常常看到那不大的政法校园里两人牵手的身影，其实就长相来说，他俩真的蛮配的。

美好的家庭主妇

歪歪和我是我们班中最早树立职业理想的人，我是做记者，她的理想是做一名家庭主妇。作为以特别有钱而出名南方最发达地区的女生，曾经和同样来自发达地区的 W 小姐互相聊家境，她因为姊妹三人，以人均资产 300 万元输给了人均资产 600 万元的独生子女 W 小姐，我敢保证，这是我听过毫无攀比和炫富的对话。我曾问过歪歪，既然要当家庭主妇，那又何必辛苦考大学？她的价值观曾经影响了我很长一段时间："你不觉得一个受过高等教育的家庭主妇，能够找到更好的老公吗？就算自己的孩子说起来，也会说，我妈妈上过大学呀！"

娇小的歪歪曾在宿舍咨询过隆胸的问题，她的妈妈希望她在这方面有所进步。宿舍的一妞终于给了歪歪自信："胸不用大，够用就行。"

"自考女流氓"

疯疯小姐的大学四年，一直为及格的问题发愁，对于我这个顺利拿到四、六级，毕业成绩平均超过 85 分的人来说，她这个各门挂科的女士一直被我嘲笑智商堪忧。某个夏季，

她烫了一头爆炸的卷发，我染了红色的头发。我和疯疯自我感觉很好地一起漫步在校园的林荫下，享受着大自然赋予的光与热时，旁边传来了一个男子和另外一个男子的聊天，"瞧！那两个女的，肯定是自考的！"我和疯疯对视了一眼，周围除了我俩并无别人，疯疯怒了！她的眼神几乎要杀死了那两个男生："你才是自考的！你们全家都是自考的！"

未完待续

我和7号慢慢成了朋友，因为他，我成了一个伪球迷，知道了他的球队队服是曼联队，贝克汉姆也穿7号球衣。今年的世界杯我买了几场球，竟然赢了。7号为了高中就在一起的女友去了南方，成为一名警官，他穿制服的样子，很帅。

"陈孝正"和W小姐的结局有点伤心，两个在学校如同璧人的一对，在毕业后，甚至连分手都从来没有正式说过，就一个南下，一个北上，从此各自结婚生子，后会无期。

歪歪是我们班除了我之外，将职业理想贯彻的最为彻底的一个，我做了记者，她做了家庭主妇。她的大学男朋友跟随她去了南方，在那个白娘子的童话地方，幸福而安心。我们的电话总以她的各种忙而挂掉。一直不明白，她一个家庭主妇，为何总是比我一个职业女性还忙？

疯疯是最让人意料之外的一个，当我们已经在职场上感受人情冷暖的时候，她在学校安心的补考拿她的学位证，顺便和低一级的公安系高个儿男友谈恋爱。疯疯最后拿到了硕士学位成了我们四人中学历最高的一位。我常常笑话她，一个女流氓如何混入党内成为一名干部？那位公安男友也去了她的家乡，但他俩最终没有在一起。

文章的最后，没有煽情升华不了。那么，就你若安好，那怎么了得？

作者：陈喆，1999级法制新闻系校友。

紫色指甲
——那些年陪我走过的女孩

弋 戈

早就答应了公号编辑，要为"青春都在西北政法"写一篇关于政法园的记事。几次酒后兴起，都誓有一副一挥而就的架势。而当真正坐在电脑前，键盘上的手指却重如千钧，无论如何也不能自如地抬起落下，不知从何时何处来切入那段尘封心底的往事。就这样，这件事情一拖再拖，眼看就要不了了之。可就在昨晚，准确地说是在今天的凌晨，一个梦，一个无比清晰的梦把我拉回到了留下我青春的那个年代、那个地方。

梦里，一群人在爬山，我似乎在一个台阶前面等着他们，一个个的拉他们上来。一个女孩伸出了手，我拉她时下意识地发现，她的指甲是淡淡的紫色。她抬头冲我笑笑，那张再熟悉不过的面庞真切地出现在我眼前。

是她？是她！没错，是她！

就在这时，我被一阵手机振动声惊醒。气冲冲地拿起手机看了一下，唉！是该死的"广东一声呼"！时间显示 01：28，2015 年 10 月 19 日，星期一。10 月 19 日、10 月 19 日、10 月 19 日，她的生日。在她 33 岁生日这天的凌晨，我毫无征兆地梦到了她。

人生若只如初见

她是一个东北女孩,却生得十分娇小。皮肤白净的有些过分,嘴唇经常会显得没有血色。大大的眼睛,喜欢怯生生地抬头看你。还有就是一到冬天时,十分怕冷的她,指甲总会冻成淡淡的紫色。

第一次与她相遇是在北区行政楼一楼的楼道里。那是2003年春暖花开的时节,系学生会招新,一个背着双肩书包的小女生走了过来,和我一样忐忑地等待面试,她娇小的样子给我留下了深刻的印象。后来我们便一同成了系学生会的干事,我在生活部,她在女生部。那之后,很长一段时间我们没有交集。接下来,我的学生会时光似乎就是在给小操场参加篮球比赛的系队扛送桶装水的往复中一天天地度过了。当然,还有我的好搭档周同学。不记得扛过多少次,但清楚地记得一桶水的重量是18.9千克。还记得我们两为了把在学长面前表现的机会让给对方,每在快到篮球场入口时互相推着让对方扛。

后来,"非典"来了,"非典"走了;暑假来了,暑假走了;谢娜来了,谢娜走了。(当年谢娜在央视主持一档大学生益智类节目叫《金苹果》,有一期是西北政法专场)

当年的娜姐远无如今的名气,齐耳的短发,脸上清楚地看得见长过痘痘的坑坑。那场节目,有两件事情记忆犹新。一是记得谢娜问了我一个问题:生宣纸是怎么做成熟宣纸的?我下意识地回答了一句:蒸的。娜姐说:蒸熟的那是包子。全场哄堂大笑。二是向我约稿的这位公号编辑同学以一首吉他扫弦伴奏的《童年》惊艳了我们。记得录制那场节目时,那个紫色指甲的女孩也在,那时的她似乎正在和一个北京男孩谈着恋爱吧。

一个煎饼果子引发的故事

春归夏至,秋去冬来。2003年的冬天,特别的冷。"12·4"是全国法制宣传日,我们系学生会承担着学校法庭辩论赛的组织筹备工作。时间紧、任务重,学生会全体动员。那段时间由于工作原因,我和她有了更多的接触。有一阵,见她一直闷闷不乐的,一个原本娇小的女孩加上忧郁的表情,顿时让人心生怜悯。记得是一个下午,我们在二号教学楼的模拟法庭筹备辩论赛。到饭点了,大家都还没有吃饭,我看见她一个女孩在会场和大家一起忙碌着。此时稍微空闲的我抽出身来,到图书馆外面的摊子前买了几个煎饼果子。拿进去很随意地递给大家,给她时,我有意无意说了一句:这个辣椒少,没有放葱花。后来她告诉我,那段时间她才和那个北京男孩分手不久,彼时,我的那个没有葱花的煎饼果子让她感觉到了细心和温暖。

而后，我们的联系就多了起来。白天上课有时碰到了就会坐在一起，晚上下了自习回宿舍也会悄悄地发上一阵短信。再后来，应该是12月中旬的一个晚上吧，我正在学校的网吧上着网。（在学校里面，我记不清楚是在宿舍还是食堂后面有一个2层楼的小院子）她打来电话，说是找我有点事。我下楼走到了宿舍外面和她见面，她伸手给我一个袋子说："送你的！"然后就飞快地扭头走了。我打开，一个灰色的、手织的马海毛围巾。那时，尽管外面的寒风在呼呼地刮着，但我的心里无比的温暖。

大概是第二天，我陪着已闯荡社会的发小到西安东郊去谈一桩生意。那晚，我喝了很多的酒。突然她发来短信，说有些想我。我借着酒劲说我也很想她，我很喜欢她！又问她为什么会想我？她回答道：想你是因为你安靠啊！时隔12年了，我仍清楚地记得那个词——"安靠"，后来她给我解释那是安全可靠的意思。发完这个短信，我的手机不争气地没电了，加之酒喝多了，我也没有回学校，在发小的房间睡到了第二天的中午。回到学校后手机充电开机，有她的短信，而后便是父亲的电话打进来，问我跑到哪去了，数落了一番说，有个女同学找我，把电话打到他那里了。挂了父亲的电话，迫不及待地给她回了电话，她竟在电话中哭了起来，说以为我说了想她喜欢她之后，后悔了关机不理她了。然后她通过我们班同学辗转问到了我之前的电话，一定要找到我，结果打到了父亲那里。

无数的赔礼道歉，无数的低头认罪。作为补偿，晚饭我请她去了东八里的串串香美美地吃了一顿。回学校的路上，风很大，天也很冷，我便自然地牵起了她的小手。那手冰凉得没有一点温度，指甲也已经冻成了紫色。此后在一起的冬日里，我就习惯地拉着她的手揣在我的大衣口袋里。

记得是在12月21日，我们一起上完晚自习，从三号楼穿到一号楼，想再去后面的篮球场转转。冬夜的星空很美，我拉着她的手，望着她的眼睛问道：我喜欢你，做我女朋友好吗？她用水汪汪的大眼睛看着我，点了点头。我一把把她拥在了怀中，用我的大衣裹住了这个冻得瑟瑟发抖的女孩。就这样，她成了在政法园里陪伴了我三个年头的亲密恋人。

后来她告诉我，张小娴曾说过：春天是恋情萌芽的季节，夏日炎炎，适宜热恋；秋天浪漫，适宜分手。到了冬天，无论如何也要抓一个男人过冬。而我就是那个在冬日里被她抓住的男人。

岁月静好，长乐未央

而后的日子便平静地过着。我们像大多数校园恋人一样，一起上课、一起吃饭、一起自习、一起逛街……有无数的欢笑，也有过无数的吵闹。喜欢她撒娇时的样子，也喜欢她偶尔的

小性子。虽然她是一个家庭条件比较好的女孩，但却不是那么物质。惹她生气了，我这个穷小子总会主动去哄她开心，学校门口两块钱一根的冰糖葫芦，或者一块钱一块儿的哈密瓜就能甜了她的嘴巴。就这样，在北区礼堂外的长廊下，我们一起读书；在大雁塔北广场，我骑着自行车驮着她去看音乐喷泉；在食堂的小炒部，我们一起用饭卡上的补助吃小炒；在回民街的老巷子里，她带着我这个地道的陕西人品尝定家小酥肉；在陕西历史博物馆，我们一起梦回秦汉大唐；在西安交大的梧桐大道，在鼓楼旁玩具店的橱窗外，在翠华山的天池前，我用相机定格了她美丽的瞬间；在长延堡的小吃街，我们一起吃煲仔饭、大盘鸡，还有2毛钱一串的烤肉……

关于烤肉，在她后来送给我的一本日记里有这样一段描述：亲爱的××：今天你带我去长延堡吃烤羊肉，旁边桌前坐了一对夫妻，女的已经怀孕了，男的细微地照顾着她。看着他们的小幸福，我想象着我们以后的样子，一定会这样幸福开心吧……

但她的想象，最终没有能成为现实。哦！或者是已经换了一种方式成为现实了吧。因为现在的我们应该都很幸福，只是陪在身边的人不是彼此。转眼，到了2006年年初，毕业季就要到来了。像无数的学生恋人一样，我们也即将劳燕分飞。故事的结尾十分的平淡无奇，那一年原本打算一同报考中国人民大学继续读研的宏大计划，因我的放弃而流产。那年年初，我考取了邻省省委组织部的选调生，被分配到了一个美丽的山水城市。而她也定了如果考研失败，将回东北老家工作或是继续学习。现在想来，那时的我对自己太不自信，而且太过理性，没有一丝能给她幸福生活的信心，也没有勇气为我们的未来争取些什么。而之于她，彼时，冬就要过去了，即将春暖花开，想必也不再需要我这个抓来过冬的男人了吧。于是，在2006年春节的假期，我们毫无征兆地在短信里对彼此说了再见，再也不见。我清楚地记得，那晚躺在床上的我异常平静，但第二天早晨醒来时我发现竟然泪湿了枕头。

又是一个初夏，已经搬到了南校区的我们，论文答辩之后，便是无尽的麻将、无尽的散伙饭。这之后，我和她好像也见过几面，但都没有说起什么。最后一次见面是在南区校门对面的朱军塘坝鱼，学生会的同事们吃散伙饭，她穿着一件粉色条纹的上衣，一条白色的裙子，显得那么恬静，我最后一次轻轻地抱了抱她。见她第一面是因学生会，见她最后一面竟然也是因学生会。这就是冥冥之中的天意吧。那天我喝了很多酒，一一送走大家后，我独自哭得像个孩子。

再后来，我背起行囊来到了这座陌生的城市，开始了自己的打拼。在这个钟灵毓秀的山水佛都，我遇到了我的妻子，一个美丽而善良的女孩。而后我们有了女儿，一路幸福地生活着，我很爱她们。

有些事情很神奇，12月21日是我和这个紫色指甲的女孩确定男女朋友关系的日子，9月9日是我和妻子确定关系的日子。1221，由1而2，由2而1，也许注定要分开。99是个不错的好数字。

关于她，我没有刻意打听，听说是在家乡的一家法院工作吧，现在过得也很幸福。2010年10月，我路过她所在的城市，待了两天。那两天里，我穿过这座城市的大街小巷，听了无数遍陈奕迅的《好久不见》。

而那件曾经在寒风中包裹过她的大衣，后来我再也没有勇气拿出来穿过。

再后来，我终究在职考取了中国人民大学的研究生，2011年的春天在北京参加脱产学习的我，徜徉在美丽的人大校园之中，思绪不禁回到了让我魂牵梦绕的政法园。

今天（10月19日）早上，我在学生会的群里找到了已经被我删除多年的她的QQ，想发一句生日快乐，但最终没有点击发送。也许一同走过、陪伴过就足够了。既然回不去从前，那么就不要再提起了吧。天气渐渐凉了，这个紫色指甲的女孩，你还好吗？也许你永远都不会看见这段文字，但我还是在心底默默地祝你生日快乐。

往事无须眷恋，唯望岁月静好，长乐未央。

作者：弋戈，2002级法学一系校友，现在西南某市党委工作。

邂逅美丽

徐崇杰

同学请客，喝了点酒，有些昏昏沉沉，回到宿舍就躺下了。熄了灯，开着窗，不知不觉便和衣睡着了。

不知何时醒来，喉咙有些干，起身喝了口水。

黑着灯，坐在窗前发呆。看窗外万家灯火，听着窗外的汽车、轻轨、火车不时轰鸣而过，心竟有些恍惚起来。

宿舍外，过了围墙，便是一条马路，路灯凄迷；相伴着的，是一条轻轨，横亘而过；再过去，一条铁路，通往远方。

汽车里，列车上，应该都有人吧，不知来自何方，又去往何方。

最喜欢坐夜车，尤其是夜晚的火车，喜欢被它载着在黑暗中默默穿行，想象着它在地图上蠕动，回忆一些不着边际的往事。喜欢这种淡淡的酸涩与忧伤，沿着仿佛没有尽头的铁轨，一路轻撒。

而今，站在宿舍的窗前，心绪却似随着火车一路往前。

思绪无序地跳跃，想起好多过往的从前，咸咸淡淡，却又似乎依旧一片空白。

昨天有个叫"白开水的心情"的网友在我的小说后留言，看到那名字，只觉十分熟悉，苦苦思索了半天，却记不起是谁。现在看着远处城市的灯光闪闪烁烁，听着火车呼啸着奔驰而过，却忽然忆起了，一段尘封多年的往事。

那年大四毕业，全宿舍在操场旁边的林荫道拐角，占了块地，摆了数个小摊，排开了一溜的书。

看着人来人往，背着书包的，拿着饭盒的，想起跟旧书摊老板一次次讨价还价，淘旧书的情景。

一本本的旧书，一个个过往的自己。

贩卖完青春的记忆，轻装回家。

四年的青葱岁月，换成了手中的几张毛票。

临近毕业，总会发生些浪漫的际遇，就如小说里写的那般。

一个女孩飘然而至。

相较邻摊舍友们那几本干巴巴的教科书，我的这些旧书摊里淘换的杂书就显得异常有价值了，对于未经世事的小女孩而言，自然更有吸引力。

翻了会儿我那琳琅满目的旧书，女孩对故作一脸漠然的我说，可以坐下来和你聊聊吗？

好吧，我淡淡地说，语气落寞得头顶的梧桐叶都差点在这个夏日的午后以深秋的姿势寂寥地飘落。

女孩伸手取了张报纸，铺在地上，面对着我，盘腿坐下。

那时候，需要一支烟，点燃，却不抽，凝视着青烟袅袅上升，良久，良久，然后对对面一脸期待的女孩说：那时，我还年轻……

然后，眼光要越过对面女孩的头顶，越过对面路上的人来人往，投往那在夕阳间静静漂浮的尘埃。寂寞的眼神杀得死少女的心。

路上的行人来来往往，数小时一晃而过。

能留个联系方式吗？女孩起身了，问我。

心里一阵暗喜，嘴上却淡淡地道：其实又何必，人世间，遇遇离离，又有几人不是擦肩而过。说话间，迅速地扯下一本书的空白页，写上自己的oicq、E-mail、家庭电话。重新检查一遍，确信无误，才作随意状，递给她。同时，以不经意的口吻道，要不，你也留一下吧。

于是，我知道了她的网名叫白开水。

只是，毕业的日子，无所事事，却又忙忙碌碌，在一次次的聚会与醉酒中，却未曾与她有过一次联系。后来，E-mail从新浪换成了搜狐，又换成了网易。电话本子也在一次次的更新与搬家流浪中，不知遗落何方。白开水这个名字，也从记忆中淡去，直到今夜忽然忆及。

记得还有一个女孩，很喜欢书，在我的书摊上买了好几本古旧的书，都是那种"文革"前的。

因为这种书几乎没人要，卖给楼下收废纸的阿姨也就是3毛一斤，乐得送个人情，便将余下的几本都送给她。

于是，在一个舍友几人无聊地打牌消磨日子的晚上，宿舍的电话响了，那个女孩打来的，说是在楼下等我，有东西要送给我。

在舍友们故作不屑却又万分羡慕的目光中，我怀着雀跃的心情，一脸漠然地出了门。

晚上，全宿舍美美地吃了一顿"金帝"巧克力。

盒子没舍得扔，因为上面有几个烫金大字："金帝巧克力，只给最爱的人。"引人遐想无限。那年7月，随着自己另一堆舍不得卖的破书，沿着陇海铁路，穿越八百里秦川，

出陕鄂，下江南，来到东海边宁波大学西区红楼201那间简陋的教师宿舍。然后在一个空腹上完法理学课的晚上，作为火引子，点燃了煤气灶，做了一顿略嫌太咸的蛋炒饭。

毕业之后，与她似乎还曾有过几次联系，只是现在，却早忘了姓甚名谁，苦苦追忆，却也只记起那几本旧书，还有那盒金帝巧克力，以及那个早已化为灰烬的盒子。

而今，她们应该都在某个城市的角落，过着她们的生活吧，柴米油盐酱醋茶，会否也如我般在某个酒醒的晚上，不经意回忆起一段往事，回忆起那一个伤感夏天的美丽邂逅。（画外音：别酸了，偶们早结婚了，哪凉快哪待着去！然后叫过身后一个怯怯的小孩，道：来，叫伯伯。）

同屋的上完自习回来了，开了灯，雪亮的日灯光瞬间充盈斗室，把我抓回了人世间。恍恍惚惚，在那一瞬间，我竟分不清何处才是真实。

顺着时间的河流逆溯而上，我迷失在纵横交错的从前。

作者：徐崇杰，1997级法一系7班，现为北京工业大学教师。

姐姐，今夜我不关心人类，我只想你

六小开

我可以说出女足的每一个位置上每一名队员的特点，尽管很多人的姓名不详，但在我的记忆里你们依各自位置站定，在球场上出现。

有个瘦高个儿的长腿姑娘，头型和身材都酷似李铁，下半场经常替换上场，跑动姿态矫健优美。8号前锋，姓名不详，跑位飘忽，到位率极高，只是上天怜悯他系女足的姑娘，往往让她的射门无惊无险。还有一个叫什么小花的替补，上场倒是少见，就是头上扎了大量五颜六色的皮筋，绚丽多彩，印象很深。遗憾篇幅有限，难以一一再现。

我不能说出准确的时间以及人物，就把为法新女足作传的历史性任务，交给俺系自主培养的更为专业的新闻人才吧。今夜，我只是复述一种感觉，并再次为之兴奋。

我为自己当年的懒惰和浮躁而懊悔，没能在第一时间选择一种方式去记录当时的情绪。此刻我做勉强的克隆，蹩脚而又晦涩。我尽量寻找一种顺序，来展开我的回忆并进而描述。我不能清楚地说出以下顺序的逻辑，但我相信这逻辑夹杂着我的情绪，彼此影响，

彼此纠缠。对我而言，记忆是包含着情绪的浮动的连续或者不连续的画面，那么就可以理解我的混乱。

忽如一夜春风来，天上掉下俩林妹妹。很多年后，齐秃达内早已老迈，小罗大耳朵青春不再，六小开还是无法忘记W和Z第一次出场的那个中午。六小开就是我。午饭后，我和新闻系第一个老大也是永远的老大，一起看球。老大是个实在人，烟一根接一根地散，肩膀一抖，已然递到手边，来不及拒绝。我们从比赛开始直到结束，一起撮完了大半盒"翡翠"。对女足的球场认知，就是从那个抽烟过量、口干舌燥的中午开始。全然记不得对手是谁，结果如何。在秋天干燥温暖的空气里，太阳一晒，满身烟草的香。从那天开始到毕业为止，我没有错过女足的任何一场比赛。老大毕业已两年又一月，我也毕业一年又一月，散落江湖，并无联系。

现在的我不抽烟、不喝酒、不吃晚饭，心思简单，生活平淡。我在简单和平淡里，把键盘幻化成那片球场，拉抹扣切，铲挡踢射。我只是个观众，今夜的回忆让我在乏味的生活中再次激情、再次冲动。但愿我的文字不要像我的球技一样拙劣。

传说中有一个二级运动员自四川而来加盟俺系，有智者说这将是法新女足由弱至强伟大转变的征兆。所有的人都在期待，而真正的惊艳从W拿球的那一下开始，预想中只有Z的表演，而W和Z却给了在场的法新诸君更为猛烈的突如其来的幸福。我们措手不及，如穷汉子得了毛驴子，而且一下子就有了两头。法新何其幸也！智者的预言在一瞬间变成愚者的常识。是日，法新女足脱胎换骨，一个王朝就此诞生。

Z是个大将之才，额头上走的大卡车，运动员出身的她以坦然的态度接纳了W的一鸣惊人大夺风采，在以后的比赛里也更多地承担了出力不讨好的防守工作，其中的意识胸襟，该令多少男儿汗颜。

而在随后的时间里多以法新女足代言人身份出镜的W，是具有天生球星气质的，她轻巧从容快乐果断。几年的比赛里，她做过几乎所有我能说出名称的技术动作。借用宿舍老陕一句糙话形容，这货得斯个全能战士？答曰邹斯！她的一些故事一些形象，注定会成为经典，口口相传，长久地留在一些人的记忆里，比如我，比如看到或看不到这篇文章的很多人。W与Z如兄弟般协作，同心同德，肝胆相照，是法新王朝的缔造者。"兄弟"，在此我坚持使用这个称谓。此处篇幅有限，难以细表，拟作《W大帝本纪》《Z将军列传》，改日再加详细。

球不是两个人踢的，其他的女足姑娘也都是长老级的元勋人物。当你们纷纷毕业离去，法新女足的王朝不知会以何种姿态继续，总是难免凋零。

我可以说出女足的每一个位置上每一名队员的特点，尽管很多人的姓名不详，但在我的记忆里你们依各自位置站定，在球场上出现。有个瘦高个儿的长腿姑娘，头型和身材都酷似李铁，下半场经常替换上场，跑动姿态矫健优美。8号前锋，姓名不详，跑位飘忽，到位率极高，只是上天怜悯他系女足的姑娘，往往让她的射门无惊无险。还有一个叫什么小花的替补，上场倒是少见，就是头上扎了大量五颜六色的皮筋，绚丽多彩，印象很深。遗憾篇幅有限，难以一一再现。

黄土场，大太阳。看球的时候，穿拖鞋，着短裤，T恤要大，烟要备足。最好的位置是两个大场球门的所在，去得早还可以捡块报纸坐着看球。哨声响起，他系同志艳羡的惊呼声中让自豪和快感来得更猛烈。大多时候，我宁愿在生人堆里看球，不想说话。有人指手画脚，有人山呼牛X，有人把每一根烟抽得认真到位，一个焦虑的教练莫过如此，我就是那抽烟的人。叼根烟，任其慢慢燃尽，透过烟雾打开我精光内敛的浓眉小眼，在一种类似于学龄前儿童的满足中，等待和寻找着。随意地选择一种表情，严肃、夸张、兴奋甚至变态。那是多么令人向往和回味的状态啊！心情轻松得很，轻松到现在我敲击键盘的指头此落彼起好比W在门前一拨一打时的迷人节奏，动感十足。

法新女足第一次夺冠，是个凉快天，季节不详，长衣长裤，比赛结束我居然冲进场内，一改往日的腼腆和矜持，一个直奔托蒂短裤而去的罗马球迷般不由自主略带疯狂。W以一个标准的胜利者姿态，高举双手，向我走来，当然事实上是仅仅向我所在的方向示意而已。如果一切完全重现，让所有镜头再走一遍，我还是不能找到我做出当时举动的勇气来源。我抱起W在球场上旋转，一个红色的圆，一把甩水的伞。我用尽了我的平衡，只到双脚跟跄。我鄙视那些挎着相机看比赛的校园摄影人，难道这么好的画面，没有一个人捕捉到吗？如果有，请你给我一张；如果没有，我只有两个字慷慨奉送：狗屎！放下W，我安静地离开，回到宿舍里别人还在蜷缩午睡。我躺在床上，闻的见土腥味，睡不着。这是我所经历的法新女足第一次夺冠，也是我眼见的唯一一次。我可以在夺冠之后很不负责任地说一句，其实冠军真的不是那么重要。

毕业之后，曾参加一家报社体育部面试，我告诉他们我喜欢足球，足球快乐了我，足球改变了我。可是我没有对他们讲那个故事，讲那个中午。这次面试我表现很差，一塌糊涂。我知道我还是没有找到那股劲头，或许它只在那个中午一闪而过，再难拷贝。或许应该把那个故事，那个中午讲给他们，让那股劲头把他们冲的牙关紧锁,倒吸冷气,就如同我神经质般的鸡皮疙瘩。

今夜,我坚守许诺,我只想你。按照民间约定,所有的法新女足姑娘都要在这个夜晚,打响一个性感美丽的喷嚏。而按照蝴蝶理论,明天我将在感诸位喷嚏而生的和风细雨或者狂风暴雨中恢复平静。

我把石头还给石头,让胜利的胜利,今夜青稞只属于自己,一切都在生长。

作者:六小开,2000级新闻传播学院法制新闻系毕业生。

P172	漫漫 30 载 ……………………………………………	李 维
P175	回忆似水流年 ……………………………………………	宋远升
	——《检察官论》后记	
P181	出杨庄记：我的高考故事 …………………………………	杨建云
P187	致第一四合院终将逝去的青春 ……………………………	陈景春
P189	长安古道 …………………………………………………	刘争远
P191	2008 年，一个政法人的毕业往事（节选）………………	肖容宽
P198	2004 年，我上了西北政法 …………………………………	康尔平
P202	高考季的回忆 ……………………………………………	邹 义
	——收麦	
P204	流水天涯 …………………………………………………	王敏琴
	——五个人的大学光阴	
P209	花枝招展 …………………………………………………	程玉洁
P212	毕业日志 …………………………………………………	张 佳
	——怀念我远逝的大学四年	
P215	毕业十年 …………………………………………………	马 云
	——致我的全体同学	
P217	毕业十年感怀 ……………………………………………	钟宇华
P220	回想与未来 ………………………………………………	魏 涛
P225	面对校友，春暖花开 ……………………………………	张 煜

回忆似水流年

漫漫 30 载

李 维

  1991年秋色渐浓的9月,一声长鸣撕破了夜的玄衣,也震醒了铁路两旁眠宿在荒漠中的各类生灵。东归的列车正载着一颗曾有着强烈归乡之心的游子,向思念已久的故乡——古城西宁疾驶。

  列车风驰电掣般地向前方挺进,离故乡越来越近,也离海西越来越远……

  诚然,我不会忘记那片亘古荒原上的绿洲,不会忘记那片绿洲上我为之挥写丹青和泼洒汗水的小城,更不会忘记与我一同工作、奋斗了七年的同事和朋友们。

  1984年初秋的9月,一辆东来西去的高原列车,载着我——一个刚从政法学院毕业的学生,前往青海省海西蒙古族藏族自治州工作。这之前,我从未去过大漠,对西部的土地有着一种莫名的畏惧和恐慌。我不知道自己四年所学会怎样发挥在大漠中,不知道自己这一西去后可否再能回乡?

  诚然,在大漠我苦苦耕耘,和同事们一起战严寒,斗风沙,工作在检察第一线。出席法庭是我经常而又十分平常的工作,出差千里戈壁,也是我平凡而又必需的事情。让我始料不及的是,不足五年的光阴,入党、提干,我便有了颇丰的收获。这一切该归功于谁呢?大漠知道,绿洲知道,小城更知道。是大漠狂飙锤炼了我的意志,是绿洲清凉洗涤了我的灵魂,是小城温馨给了我美好的生活,只有它们才是我七年生活的见证。尽

管七年来我无时无刻不在思念着故乡，思念着父母，渴望归故乡而东进。但当调我去任职报社记者时，面对那一纸调令我却忍不住放声大哭了。我知道我的脑海中已深印瀚海这片土地，这片土地上的人们。

是呀，22岁西去，29岁东归，人生短短的七个春秋，却深恋了多少魂牵梦绕的往事。当我离开海西的时候，当我告别如诗、如画、如梦一般的柴达木时，我还是少不了对它那份绵绵的眷恋和深深的祝福。告别昨日的生活，去追逐另一个梦境，海西就是我攀登大厦的基石，就是我战胜困难的勇气。

有了海西作铺垫，省里的工作游刃有余，因为什么苦都吃了，就不怕再吃苦；因为什么困难都碰到过，就不怕再遇到克服不了的困难。二十余年沧桑变迁，我居住的古城变了新貌，我也由一名风华正茂的青年人变成了知天之命的中年人。我的人生也在历史的变革中得到升华。应当说我无愧做一名政法学院的学生，因为我没有离开过政法工作。可以说我无愧做西北政法学院的学生，因为我把自己的青春和智慧都奉献给了西北的检察事业。

说起西北政法学院，又有多少忧思，多少情怀依恋。也许，人的命真是由天注定：学院当初的决定把我的人生和西部，和瀚海，和夏都西宁紧紧地联系在了一起，由此，练就了我作为西部一分子应该具有的粗犷、雄厚和豁达的性格。这使得我在我事业的发展中，敢于面对一切艰难险阻，勇于克服一切困难和压力。

也是一列东去西来的火车，载着我，一个刚刚离开家人的学子，去古都，去我梦想中最大的城市——西安求学。接新生的大巴车载着我和其他新生奔驰在午后的西安街头。车窗外，高楼大厦，鳞次栉比。高大雄伟的钟楼在夕阳映照下，将影子投射在深邃的长街上。好像有大雁塔，好像还看见了西安财经学院、公路学院、体育学院、外语学院……那是一片文化区，是播撒知识和培育人才的所在。我想西北政法学院能与它们比邻，应该是一座很有文化氛围的学府。我在兴奋与不安中猜想着这是一个怎样的城市，前方是一个怎样的学校和命运在等待着我。

一棵镇校松迎面招手，欢迎我们这些四面八方求学而来的学子。完全是苏式建筑，方方正正的校园，规规矩矩的校室。操场上，小树边，都有学生们的身影。打那时候起，我一步步走进并融进了这所西北最大的法律学府。由此时候起，生活的日历开始了新的一页。

回忆再美好，也是曾经。曾经的过往说也说不清。那是我们这些被称作"天之骄子"的人，怀揣着一颗"四化"的梦，拼着一腔热血，在学海中浪遏飞舟。我认识了许多暂时陌生却又永久熟悉的面孔。认识了未来将与我命运与生活息息相关，经久弥珍的朋友和同学。我可以毫不掩饰地说出我的心里话，我有了自己真正的友情，有了自己的爱。我喜欢他们，对他们的记忆将是我一生最最珍贵的收藏。我与他们在一起厮守共进，学习在一起，生活在一起，游玩在一起，如影相随，不离不弃。我多想在这里写出他们的名字，不让心中积压的回忆有更多的负担啊！

那是一种怎样美好的生活啊！

早晨借着晨雾，漫步在校园的树林下小道上，或背书，或晨练，朝阳透过清新的空气微微地笑着，让鸟儿也"叽叽喳喳"欢唱地不停。一天中，上课、读书、记笔记，求知的眼神放射出青春的光芒，心情好不惬意！最是午餐时，一队队长龙向窗口游动：蚂蚁上树、粉蒸肉、排骨、小米粥。然后，仨儿一群，俩儿一伙，在柿树下、校室旁，吃的香甜，说得畅然。抑或是，知了声声，午睡正当时。晚自习，一个个坐垫做了先行的使者，履行占领阵地的使命。此时，安逸的、自在的，坐在自己的领地上，翻一翻纸刊杂志，理一理学习笔记。晚归前，再写一写一天的生活日志。身边坐着好友，眼前排列着熟悉的身影，这是大学生活最值得记忆的时刻。诚然，在炎炎夏夜，操场边草坪上，竹席凉枕，蛐叫蛙鸣，月光下赤裸着上身，纳凉小歇，悠哉游哉，其乐无穷。周日，上小寨书店翻书，去大兴善寺信步；或去邮局，或看电影，最有意思的还是空着腰包，倒也能转一天的古城。闲来，携友畅游，登华山，临雁塔，观钟楼，慨半坡。古城风韵在，学生兴致高。

确实，在积累知识的同时，我也积累了我的记忆，丰富了我单调的生活。校园的晨曲，黄昏的游戏，篝火旁的牵手，月光下的私语。真的是来不及遐想，也来不及去总结，一晃的工夫就四年学业过去，迎来的却是我挥手作别时的泪水。

西北政法，在我记忆的沙流里，是孜孜不倦的学子和娓娓道来的老师，是规划整齐的校舍和绿树成荫的校园。我惭愧自己的被时光剥蚀了的记忆，因为我恨不得永远也不要忘记他们。那换了又换的学生宿舍楼，那抢了又抢的图书室座位。吴家坟的电影，长安城里的油糕，灞桥的垂柳，骊山的"火酒"，翠华山的瀑布，南五台的云岫，大雁塔的沧桑，华清池的风流。还有华山下的检查，兴善寺里的携手。一趟趟东来西去的慢车，一回回牵肠挂肚地挥手。夏日的蝉鸣，冬天的飞雪，春来的寒战，秋去的缠绵。求学之路，风雨无阻，云卷云舒。短暂的人生四年，无论是什么事情的发生，都是30年来回忆的佐料。

"但去莫复问，白云无尽时。"

总会有失落在心头，回望时，已是千帆过尽。再回首，我心彷徨；再回首，我将怎样重塑自己的人生？

作者：李维，1980级法律系6班，现任《检察日报》驻青海记者站记者。

回忆似水流年
——《检察官论》后记

宋远升

那段亦是心酸亦能感受到贫穷中欢乐的时光在我今后的眉间唇旁总是隐隐闪现。在某种程度上，我已经不是我了，而是成为被这段长长往事挟持的人物。

这本《检察官论》是我"法律职业主体系列"的第三部，当写完这本书时已接近2014年的春节，我在回故乡过春节时遇到了很多能够触及我人生各个重要阶段的人与事，这不由得使我回忆起那似水流年，以及那些以时间之河为纽带的点点滴滴。

因为读一本书不仅是读那些枯燥的文字，也需要了解一点作者以及作者背后的故事。虽然我平凡的如同一抔卑微的泥土，如同一朵低垂的小花，然而，如果看到我在往事泥地蹒跚的足迹，看到我在往事之花上留下的露珠，或许也能为他人带来片刻的感动，奢望可以提供一点动力或激励。

一

那些年是饥饿整日萦绕在我大脑的时间，那些年是从来没有过一件玩具的时光，那些年是颠簸流浪四处寻找出路的时间，那些年是经常在死亡边际擦肩而过的岁月，那就是我的童年和少年。

在某种程度上，我在经历上没有同龄人，或者说，在我的同龄人中很少有我类似的经历。多年后我在复旦读博士时，听到一位复旦校友赶毛驴车出身，后来考上复旦博士，引得大家唏嘘不已。我要说，我的少年生活远不如这位博士校友，我只不过如同那头毛驴罢了。

当年我的工作就是苦力，我的生活就是生存，很多年就是一直在与饥饿及贫困做斗争，挣扎在生存的最边缘之处。在2014年我回山东老家过春节时村里有人请大家吃饭，饭局中我称呼一位中年长辈为"战友"，席中很多人不解，他也没有当过兵，我也没有参过军，何来战友？我对大家解释，我们不仅是战友，而且是在同一个战壕工作过的战友，是很多年前在同一家煤矿同一个巷道上过班的。

我当时大概15岁，就承担了与成年人同样的非常繁重、危险的工作。很多当年的细节我已经有些模糊，这位战友现在还从事采煤工作，已经是带领四五十个煤矿工人的队长了。他替我向大家回忆起当年的悲惨岁月。那就是：井下每时每刻都可能遇到瓦斯、冒顶、洪水以及各种危险，每月最多只有二三百元的工资，穿的衣服由于流汗在冬天结冰后下井时硬邦邦的如同盔甲，八个小时很少间断的超强体力劳动。当时我们工作经常在仅仅四五十厘米高的采煤面上斜卧着进行。此时他说，现在如果让你们能够在这种环境中待上八个小时，即使没有危险，也不需要从事体力劳动，你们全桌也很少有人能够做到。

上面所说的是我在山东枣庄煤矿上班的经历，是我的第二份工作，在我初中二年级因贫穷辍学后，我主要从事过四五份工作，其中的性质基本上与第二份工作无异。

2013年我和一位同事因公去南京出差，看到我对南京一些地方比较熟悉，这位同事就问我是否在南京工作过？是的，在南京我从事了第三份工作。南京郊区的一片群山中，那里有我当年洒下的血、汗水和泪水。

至今难以忘记那几百米高的垂直悬崖、白花花的太阳、山上是随时可能落下的巨石，下面是一群衣衫褴褛的民工，我就是其中最小的那个。因为需要搬走的石头都既重又锋利，我当时怕有限的几件衣服被石头磨坏，就只是穿着一个裤衩，光着身子将几百斤的石块抱到小推车上，然后推到几百米远的地方粉碎，因此身上经常被石块划得鲜血淋漓。在南京，特别是在夏天，我身上的皮肤被割破以后，无钱也不愿意去医院，经常就很长时间不结疤，结果当时浑身都是未愈的伤疤，如同一个个勋章，一直到不再从事这份工作才逐渐痊愈。这是工作方面的一些事情。

关于睡觉的地方，在夏天倒是比较好对付，工头把一些竹条钉在一起，然后用砖头垫起做成床。这种床的好处是环保、凉快，盖上被单后下面还可以有很大缝隙进行空气流通。缺点是南京山区的蚊子很难对付，又大火力又猛，即使用被单蒙上头，还会从床的缝隙里面钻进来。

但是，在南京那片山区打工时给我留下的印象并不是悲惨的，反而有诸多美好回忆，一直到现在忆及我唇边还会不由自主地流露出笑意。很怀念那片莽莽苍苍的山区，零星的几户人家的小村像夜里的星星一样闪现在浓密的树荫中，几声鸡鸣给这些安静的民居带来亦静亦动的灵性。特别在雨后，天空和心情一样干净，空气中弥漫着一种甜丝丝的味道，更使得我感受到强劳动后短暂休息的美好。如果连下几天雨后天晴了，工地由于泥泞不能

上工，我有时会独自找个山坡坐着沉思一会儿。晚上炊烟柔和而梦幻，看着远山连成一片的晚霞，我的思绪会神游千万里之外。如果碰巧还可以在离工地三四公里的一个工厂里看上一场露天电影。当我们走在两边庄稼和草树丛生的乡间小道时，还偶尔会看到一只犬状动物迅速穿过路中消失在远方。"这是狼"，在这个工地工作时间比较长的工友介绍说，这一切对于长在北方刚进入南方的我来说无疑是非常有趣的。

至于吃的东西，当时吃饱没有什么问题了。不过吃的菜实在过于单调，几乎全是冬瓜，我似乎把自己一辈子的冬瓜都吃完了。因此，我当时最大的乐趣是约上几个工友到水稻田或者沟渠里把水排干，抓一些小龙虾甚至是黑鱼，运气好的还可以卖点钱，到附近的一个面馆吃上一碗肉面，那简直就是人间美味。那时最不好的感受就是住在同一间工棚的一位关系很好的工友突然辞工离开了，看着那张空荡荡的简陋竹床，我会黯然神伤。

我最后一次打工是在吉林蛟河的一家乡镇煤矿，这也是我决定重新读书的一个地方。在这里，我曾目睹坐在身边的工友突然被煤井巷道落下的石头击中头部失去生命。我因此也体会到了人生之无常和生命之急促。

当然，在这家煤矿工作时不论是工资还是生活条件都有一定的提高。我和两位同村的工友租住在煤井附近的一个农家小院里，我和他们两个人轮换上白班夜班，也轮流互为对方做饭。如果不是工作和做饭的时间，我也会从村里出来看看当时东北的秋天。傍晚会看到一些村民背着篮子从森林里回来，满载着一些山里的松子、蘑菇之类的东西。秋天夕照掠过当地农民很大的篱笆院子，篱笆上边的一颗颗红红的水果被氤氲在一种朦胧的光影里，院子地里生长的果蔬闲适地静默不语，霞光下村庄被映照得如虚拟般美丽。然而东北秋天很短，很快冬天就要来了，天空上的候鸟也将穿山越水去温暖之地寻找自己的归宿和家园，而我的家又在何方？可以说，我可能在这里冒生命危险赚一些钱，然而我不能保证自己能花到这点钱。因为这是一份相当危险的工作，和我住在一起的那两位工友中有一位生命被永远定格在那座煤井下，另一位也是命运多舛，因煤井巷道倒塌受伤而接近瘫痪。

2014年春节我回老家时在村头看见他坐在轮椅上，还专门停车和他聊了几句，但并没有来得及谈什么内容他就摇着轮椅走远了。是啊，他不再是当年那位身体健壮、浑身有着用不完力气的大哥了，也不是当年那位豪气无比的兄长了。看着他带着暗淡笑容的眼光，看着他摇着轮椅远去的落寞背影，我似乎看到了我自己可能的样子。但是，以前曾经流淌在我们之间的那种温暖的东西再也找不到了，它被时间之酸侵蚀，也被人情世故消磨，我们之间既熟悉又陌生，很多东西就这么永远流走了，如同绝世飞鸟一去不复返了。

当然，或许我能够逃脱宿命的追缉，能够全身而退，赚取一点报酬后过一份简单生活。但是，好像这不是我，我不是这样的，我的一生不要如此度过，这种想法如同火炭一样日益灼烧着我的内心。我决定要开始新的生活。我要重新读书，即使我已经离开学校三四年，一切还要从头开始，我仍然决定要赌一次。如果我这次失败，那么说明上天就是把这扇大门永远对我关闭，我再想其他出路。

那年冬天春节回家后，我又进入当地乡镇初中读了四五个月的书，考入了我们县唯一的重点高中。三年后，我以山东苍山县文科第一的成绩考入西北政法学院。可能是天佑苦人吧，我又进入了一片前途迥异的领土。即使以后生活可能一地鸡毛，即使命运摇摆吊诡，我毕竟曾努力过，也失败过；活过，也曾多次接近死亡的边缘；我痛哭过，也大笑过；我撕心裂肺地爱过，也捶胸顿足地恨过。这就是我，这就是生活，这就是人生。

二

那段亦是心酸亦能感受到贫穷中欢乐的时光在我今后的眉间唇旁总是隐隐闪现。在某种程度上，我已经不是我了，而是成为被这段长长往事挟持的人物。

这段经历并不只是给我带来灵魂的骨骼，同时也在我生命的肌肉中悄悄地撒下细细的盐末，很久还会给我带来闷哑的丝丝疼痛。我的人生最宝贵的少年时光不是和同龄人一起成长的，而是在一种极度困苦的情景中独力生存。我没有家人的呵护，也没有同龄人那种无忧无虑的少年岁月，无论如何这一定会留下些许遗憾。然而，往事可以追忆，无论悲喜我都不能选择，我只能是那个掺杂着不同年代的、不同经历的混合的人了。

你可以说这种经历是财富，但是，也可以说是负担。有时我会扪心自问，如果不是这段被遗弃了的时光，我会不会过得幸福些？为什么我有如此生活，而其他人却并不如此？没有人知道答案。如同希腊神话中被宙斯惩罚的西西弗斯，我不知道自己是否最终能将那块传说中的巨石推到山顶。在成功与失败的反复中，我毕竟每天还在努力向上推着石头。无论是上苍天雷交加，无论至高神灵如何谴责或者惩罚，我只有坚持下去，才能保持一种向上的希望。即使前方的启明星熄灭了，前面漆黑一片，只要我的梦想之烛还燃烧着，燃烧着就会有希望，有希望就可以抗拒压力、疾病甚至是死亡。

其实，在另一面，我这段艰辛的岁月和我 2010 年那次痛彻心扉的失恋具有同样的自我麻醉效果。每当我遇到歧路、内心反噬或者面临难以克服困境之时，我就会宽慰自己：在肉体上不可能比这段经历更为严酷的挑战了，在精神上不可能比那次失恋对我的打击更深了。既然我这么都挺过来了，很多的事情大可以一笑而过。

三

时间就这么无声无息地蔓延着，不等我们惊觉白发就已经爬遍往日青山，不等我们品味很多事情忽然都成往事。

回忆我七八岁的时候，在一个春天的午后，阳光慵懒地照耀着我老家山坡上的一座孤坟，上边遍生着往年的荒草、当年的嫩绿，其中点缀着几点孤独的黄色的不知道名字的小小花朵。至今我仍然记得那座淹没在荒山野岭中的坟茔，就是那时我有了对于生死的最初感觉，能懵懂地感受到生死的一线边际，如同雪融化时边际线一样，一闪念间一边就是阴界、一边就是人间了。当年即使我年幼无知，也仍能敏感地感受到人生之无常。我当时就想，如果我以后死了，可能就会被埋在这里，无声无息，后来的少年可能会来到我的坟墓前欢笑奔跑，而我冰冷地躺在地下，在三月的无边春光里该是多么寂寞啊。

2014 年的春节我回故乡时，又专门回到我当年感叹的地方，那附近埋着我的一个很温暖也很悲伤的幼时伙伴，也是我的初中同学。转念间，他已因病去世八年了，这个直到大学毕业工作后都不知道人世机巧为何物的纯洁的人，纯粹的如同故乡西山下的那潭清水，可能人世间本来就不适合他，所以上天将他早早带回了天庭。

他去世那天与我硕士毕业同日，我因参加毕业典礼没能回山东见他最后一面。他父亲说他去世时产生了幻觉，说我骑着白色的马去看他了。很长时间忆及此事，我久久不能释怀，也在最初的一段时间里经常会在梦里梦到他，惊醒后能感受到泪水已经流到枕边。这个春节我去他的坟旁驻足长久，只是满山荒草，一树冷风，纸灰乱飞，夕阳残照，河流暗哑。很长时间我都没有感觉到我们已天人相隔，然而，我们确实此生不能再相逢。

也就是在2014年的这个春节，我在故乡品味着时间给我带来的感触和点点忧伤。在故乡那个我少年时曾经无数次欢欣雀跃着去过的集市，经过集市村头上的一户人家，在门里忽然出来一位十五六岁的绿色羽绒服的小姑娘，恍惚间仿佛看到了很多年前的那个女孩的模样，同样是绿衫，同样俏生生的模样。那个我初中时不少男生喜欢的小姑娘，可能已经为人母许多年了，这可能是她的女儿吧。真是恍如隔世啊，时间就是以这种方式表达着自己的力量。

四

可以说，我并没有把这套"法律职业主体系列丛书"仅仅看作谋生的手段，而是看作一种延续自己生命的方式。因此，即使存在不成熟之处，也倾注了抚养子女一般的感情。所以，每当书快完成时，我都暗暗祈祷上天保佑自己，千万身体别出什么问题，千万别出什么事故，让我把这个孩子抚养成人。

我不求自己能够获得法学家之称谓，也不求闻达于今生后世，只求对得起自己就可以了。人不能保证别人如何，甚至连自己的生命也是至高之神保存在世间的一粒种子，生根发芽抑或是中途枯萎，枝繁叶茂抑或是毁于暴风狂飙之中，没有人能够知道，也没有人能够回应，只要能保证自己心安即可，心安即是归处。

作者：宋远升，西北政法1995级经济法系4班。

出杨庄记：
我的高考故事

杨建云

那年7月下旬的一天早上，关中平原上一个最不起眼的村子里。我从跳蚤肆虐的土炕上翻身起来，挠着身上大大小小的蚊子包，一声不吭地到水缸里舀了半勺水，匆匆地洗了一把脸。洗脸时，我还特意抹了一点肥皂。洗完脸，又对着巴掌大的小圆镜子仔细地把头发梳了半天。头发好几个月没理了，很长，抹了半天水才勉强地贴在两边脑门上。今天是决定我命运日子，我能不能就此离开杨庄、离开农村、远离农活、不再当一个农民，就看今天的了！我想让黝黑瘦小的自己能看上去干净一点、精神一点。

天真热，大清早起来就闷得让人喘不过气来。从昨天晚上起我就紧张得要命，不停地起来擦汗，不停地拍打蚊子，到后半夜才勉强睡着，结果早上起来发现父母已经干活去了。匆匆地吃完一个夹着油泼辣子的冷馍，又从水缸里舀了半勺凉水喝了几口——连水缸里的凉水都是温的。哼，今天，我要是过了录取线，一定买个冰棍，不，买个雪糕，好好犒劳一下自己。我的口袋里，还有八块钱。

骑上那辆"二八"自行车，拐出我们那条巷子不到200米，路边就是村小学。正是暑假，学校的红色木门紧闭着。三年级时，我们班的一位漂亮女生写了一篇作文：我的理想是当一名大学生。结果被语文老师当作范文在班里宣读，大加赞扬。我记得自己当时看着那个女生的背影陷入深深的思考：这个长得挺好看、穿得挺整齐、班上唯一不流鼻涕的女生，居然还可以成绩很靠前，作文也经常被作为范文，她是怎么做到的呢？怪不得年轻的语文老师那么喜欢她。我的出神被语文老师发现，他狠狠地瞪了我一眼又一眼。我吓得赶紧低下头，桌子底下，两个脚的大拇指头分别从鞋前面的破洞里探出头来，紧张得动个不停。此时此刻，那一幕已经过去了十几年，但是"大学生"三个字距离自己依然那么遥不可及——要知道，那可是一个农民到工人甚至干部的距离啊！

出了村，是一望无际的青纱帐。玉米已经抽穗，宽大的叶子随着一点轻风发出沙沙的响声，那声音在我听来是恐怖的。我看到了自己胳膊上密密麻麻的无数道划痕，那都是玉米叶子划的。从考试结束到昨天为止，在一年中最热的日子里，我已经连续在玉米地里趴了十几天：摆蒜。在农村长到18岁，我早已学会干这里的几乎所有农活，从拔草锄地到割麦扬场，但最让我痛苦的首推摆蒜。首先要在两排玉米的中间勾出一条小渠，其次要在渠里撒上剥好的蒜瓣，最后要在蒜瓣上撒上肥料。这三道工序都需要在玉米地里来回走动，一遍遍地被锋利的玉米叶子划来划去。等胳膊和腿上伤痕累累的时候，就该趴着一颗一颗地把蒜瓣摆成距离相等的两排。连续几个小时，没有一丝风，身上的汗水早已把土和肥料均匀地在你身上汇成泥浆，腰疼得像要断了，一厘米一厘米地向前移动，好多次我都希望自己能够晕倒，这样就可以暂时不受这样痛苦的折磨。父母告诉我，这些蒜和明年长出来的蒜苔，就是给我上大学准备的学费。我笑了。我们对那个目标盼望之急之切无法用语言形容，但我们也都只是说说，因为，太遥远了。

顺着玉米地骑行一公里多就到了镇上，向西拐个弯，再走几百米，就是我当年上学的初中。初中阶段，我最深切的感受是可以吃得饱了，馒头中的玉米面含量越来越少。可是我的学习成绩依然平常，因此对学习好的同学羡慕加崇敬，没有嫉妒和恨，都是"心向往之"。初二时，我们邻班一个同学在县教育局编的内部刊物上发表了一篇作文，引起了极大轰动。不得了呀！太牛了！我班同学绘声绘色地给我讲述他怎样的语数英皆好，同时又品学兼优、乐于助人，搞得我对其人的崇拜之情如滔滔江水。不得了呀！太牛了！终于鼓起勇气对他说：咱们交个朋友吧！可是地点选择得不好，他一转头，差点尿到我身上，因为我是在男生厕所便池前对他说的。但是，他系上裤子，冷漠地看了我一眼，什么话都没说，保持着一个优等生对劣等生的标准神态走出厕所，剩下我手提裤子站了半天才缓过神来，系上裤子，摸摸脸，还是滚烫滚烫的。初中毕业，全校学习最优秀的两个同学都是其他班的，考上了师范学校，跳出了农门，成了这个农村中学新的传奇，成为若干个村庄无数的父母和学生们羡慕的对象。我们班四十多个同学，只有十几个考上高中。没有考上高中的同学中，除了留下复读准备明年继续考高中的几个，一半以上结束学业回到农村。幸运的是，我挤进了考上高中的17个人之中，才使自己的学业得以继续。

实际上我没有朝右拐，而是朝东拐了，因为向东20里是县城，我们高中在县城里。我飞快地踩着脚踏，自行车从车头、链条、挡泥板、铃铛等部位发出不同的响声，构成一部复杂的交响：这辆鞍山牌"二八"加重自行车我从初一开始骑，母亲缝制的书包先是挂在前面，可是屡屡地被前轮胎磨出破洞；于是夹在后座上，可是时时得注意书本和文具盒会掉下来。到了高中，行李多了，后座上带着一袋子面，要交到灶上换成粮票；车头上挂着两个袋子，左边是书包，右边是馍袋子。书包换成了黄挎包，但不是军用那种，

仿制的，质量很差，带子经常断，被我打了好几个结。原来缝制的那个书包屈尊当了馍袋子，装着母亲烙的锅盔，还塞着一个装满咸菜的罐头瓶子，满满当当。但是，这辆自行车并非我的学习专车，它还是我载着父亲母亲走亲戚的客运车，是我带着弟妹四处游玩的旅行车，是卖蒜和蒜苔的"商用车"，是采购化肥农药的运输车，可谓劳苦功高、伤痕累累。

迎着毒辣辣的太阳，我的汗很快就淌出来。我记得，还留着半勺水的铝勺就放在水缸盖上，我离开时还在晃动，那水虽然不凉，还是很清的呀，后味似乎还有点甜，为什么我没有把那一勺凉水都喝完呢。我的喉头狠狠地沉咽了一下，但是没有唾液分泌，也就没咽得下去。看完成绩，无论如何我要吃个冰棍，秦岭冰棍，虽然要一毛五分钱，比别的冰棍贵一点，但是质量好，口味佳，是用白糖做的，不像那种一毛钱的小牌子，硬的咬都咬不开，口味也是贼甜。好，就这么定了，考不上，吃个秦岭冰棍，回家种地，以后可能也舍不得吃冰棍了。考上了，吃个秦岭雪糕，那可真是奶粉做的，吮就行了，香甜，又香又甜！大学生了嘛，应该吃个雪糕。

其实，我的高中生涯是从彻彻底底的痛苦中开始的。初三毕业那年，陡生变故，亲人离世，噩耗连连。在此之前，我和其他孩子一样是快乐的，自此之后，我再也没有真正快乐起来过。那一切夺走了我快乐的权利，恐惧和哀伤死沉沉地笼罩在我14岁的头顶，一直到好多年后才慢慢散去。我没有哭过，因为没有用，也没有人管。既然绝不会有关心和安慰，为什么还要哭出来呢？失眠，连滚带爬地考上高中，然后继续失眠。9月，学校里的大通铺，跳蚤很多。不久，有人踩断了我睡的那块床板，我不敢去找老师换领，据说要赔40块的床板钱，我哪有那么多钱，于是把断床板放到地上，找两块断砖垫平。地上土很厚，跳蚤更多，只睡了我一个人，于是它们都来找我。夜深人静的时候，它们跳跃的声音此起彼伏，清脆悦耳，在我身上吃个不亦乐乎。我两只手不停地挠，甚至都不能保证每个身上的疙瘩都能挠到，因为实在太多，层层叠叠。我自己那么省，灶上两毛钱一碗的面都不舍得吃第二碗，而是直接泡块锅盔在里面，连吃带喝，瘦到皮包骨，血肯定也很少，到了晚上还要"以身饲虎"，喂养这间土房子里千千万万的跳蚤。心理的痛苦和身体的折磨交织着，伴随我直到黎明。直到我累到完全失去反抗的时候，我或许可以睡两三个小时，然后起床，跑操，早饭，上课。高中同学都说，那时候对我最深的印象就是每天早上都在打瞌睡，摇头晃脑的。这我知道，我很瞌睡，但我不允许自己上课时睡觉，我强迫自己认真听讲，每天都是自己和自己斗争：物质的自己必须要睡，精神的自己必须要醒，外在表现就是每天摇头晃脑打瞌睡。

这样的情况下，我的学习成绩可想而知。期中考试，七门主课我有四门课不及格。全校大会上，《运动员进行曲》高奏，成绩优秀的同学上台领奖，校长讲话，痛心疾首：有的学生，七门课居然一多半不及格！例如一班的某某，二班的某某。说到五班时他摔了本子。我在八班，成绩最差的班级，成绩最差的那个人。校长的愤怒救了我，使我逃脱了全校扬名、成为"标志性差生"的"机会"。

县城到了。我需要顺着环城路向西拐，我要去看榜的地方叫"西郊中学"，这里是我上高四的地方。我高中三年上的那所学校叫"南郊中学"。从高二下半学期开始，我的成绩稍有提高，也许是因为我终于重新领取了一张床板从而逃脱了跳蚤的滋扰，也许是因为我的一篇作文被老师当作范文从而使我获得自信，总之，我开始在自己班里不再被看作最差的，还收获了一些友谊。但是，第一次高考，我依然名落孙山。对此结果我坦然接受，因为当年我们那个高中应届文科生考上大学的概率基本为零，在我们的脑海里，考大学是和复读联系在一起的一个概念，据老师说曾有个姓朱的连续考了八年，最终考上了西北政法学院，于是连续多年复读的现象被本地教育系统称为"朱八戒"。老师说到这里，我们没有人认为那是一个问题，反而都不由自主发出了惊叹：人家考上了呀，大本呢！对于我们而言，只追求考上，只要考上就行。

那时候，学校里常常会遇到一些奇奇怪怪的人，有的灰白的长发打成结披在肩上，两边肩头各挂了一个搪瓷碗，用一根球鞋带子穿着，他是考了四年的王某某；有的剃个光头戴一副有无数个圈的近视眼镜，她是考了五年的李某某，考了两年不行回家被出嫁，结婚一年又跑到学校里来。我还曾遇到一个乡村版郭富城，衣着整洁，头发干净，理着流行的偏分头，关键是还穿了一双皮鞋，突然走到我面前，说出长长的一串英语，我还没反应过来，他又转身对着我同学吐出长长的一串英语。我目瞪口呆，他却突然再次回头对我说："你的英语不行，今年考不上。"然后翩翩而去。有人告诉我，那是一个考了六年的牛人，目标是西安外语学院，英语学得相当好，可惜屡试不中。下次见他，切不可用英语和他对话，饶是你不会，就是你会也不行，谁跟他说英语，他可能会打谁。

我已经骑到了环城路上。天太热了！我要不要现在就买个冰棍呢？反正考上考不上，冰棍都是可以吃的。那边好像有个骑自行车的人在朝我招手，哦，那是和我一起从南郊中学转到西郊中学的一个理科生。他肯定已经看过榜了，我忙大声问：咋样？他一只手扶着自行车把，一只手挥舞着，高声地喊：考上了！然后飞快地从我身边骑过去。人家都考上了，我这个农民还在这里想着吃冰棍，可耻！快走！

拐个弯，我已经看到西郊中学的校门了。路很窄，一辆辆自行车从我身边骑过，他们的表情或喜悦或哀伤，有的人还在说着什么话，其实我都没有看到、没有听到。我的脑海里只有一张纸，那纸上有名字，有数字，我想知道，我的名字后面的数字是多少，有没有达到昨天收音机里说的最低录取分数线。

我高四的班主任老师蹲在学校门口。虽然我在他班里念了一年，但跟他不熟。事实上我跟那个班里的大部分同学都不熟，因为那一年我只干了一件事：拼命。我知道依自己的家境，不可能支撑持久战，我还有弟弟妹妹，能让我上高中已经快把父母的血汗耗尽。我马上就要18岁了，成年了，走出家庭，面对社会，我什么都没有。命运，你这可恨可恶可鄙的命运！我有的，就是这条命，我要和你"拼命"！

我一头扎进教室里。当时这所学校的整体水平远在南郊之下，文科尤其差些，据说复读考上的概率也微乎其微。我转到这所学校的主要原因是在这里补习一年只要六十块钱，包括资料费、试卷费、住宿费等所有费用。教室里课桌很多，学生却只有十几个人，谁想坐哪里就坐那里。我坐在第一排，一个人。开学第一天早上起来，我匆匆去找水龙头刷牙洗脸，然后急急到教室里读书，牙刷牙膏和毛巾忘了拿，于是那一年里我再也没有用过这些清洁用具，每天都是用手掬些水往脸上胡乱抹一下，嘴伸到水龙头下含几口水漱漱口，用手背或者袖子擦擦脸，就到教室读书。念，一遍一遍地念，然后去吃早饭，一毛钱一碗稀饭，一毛钱的咸菜，泡点带的馍。吃完饭端一大碗开水到教室，念，背，大声点，再来三遍。上课了，除了数学和英语课，我几乎都在自学，补上从高一开始打瞌睡时错过的。下课了，飞跑去厕所，飞跑着回来。在教室里，我的目光只有两个落点：一个是黑板，另一个是我摊在桌上的书本。这个教室里的其他人长什么样子，是什么脾气，我一概不知，也不放纵自己去了解。但是下课时我常常听到两个甜美的声音在对话，那是坐在第二排的两个女生，就在我的身后。有时候我会想，她们长什么样子呢？我可不可以回头看一下？但马上就被自己喝止，直到半个多学期过后，有一天晚自习时停电了，我的课桌里还有半截蜡烛，但是没有火柴了，我回过头去，在她俩的蜡烛上点燃了我的蜡烛，眼睛的余光告诉我她俩的大概轮廓，但很快就又模糊起来。直到考试，似乎我再也没有回过头。晚自习后，我还会到路灯下背书到十一点五十左右，然后最后一个回到宿舍，拉开被窝，当被窝里那股暖暖的气息将我包裹住的时候，我已经渐渐入梦，直到第二天早上五点五十五分，我会准时醒来，在床上翻两个身，伸个懒腰，起床，洗脸，开始新的一天学习。

那个老师蹲在路边，对着我笑了一下，在我印象里这是唯一的一次。他是一位历史老师，我不是他重点培养的对象，也从来不是一个乖巧的人，所以他也许并不喜欢我。但他是一个尽职尽责的好老师。他说，你这次考得不错，我都没想到。

是吗？后面几个字给了我极大的希望，难道，我考上了？

我赶紧走进校门，那几张纸就贴在传达室门外，红纸黑字吗？好像是的，我的名字就在最上面的第二个，696，已经明显超过了公布的一本线，据全校第一名差了6分。

哈，我考上了！考上大学了！咱也成了大学生了！如果不出意外，应该是西北政法学院，我的一本志愿、二本志愿都是它。

我调转车头，我要买个雪糕吃！一个不够我就买两个！

学校门口就有卖雪糕的，好多人在买。我不能在这里买，没考上的同学看到心里该怎么想？再往前骑一下，反正县城里多的是。

三分钟后，我看到一个推自行车卖雪糕的，可那箱子上没有写"秦岭雪糕"，杂牌子的，不好吃。

五分钟后，我的欣喜荡然无存，因为我突然想到一个问题：上大学也是要花钱的！一年最少也得几千块钱，我父母还能拿得出来吗？这个问题像磐石一样压在我的心头，我比没有看到成绩的时候更加压抑。

那里有个冷柜，写着"秦岭雪糕"，可是我已经不想吃了。

五十分钟后，我骑到村口，刚好遇到母亲从地里干活回来。我赶紧下车，轻轻说：妈，考上了。母亲略顿了一下，说：那就好，赶紧回家生火做饭，你烧火，我擀面。

我笑着说："妈，我都成大学生了，应该庆贺下，你还要我拉风箱？"

母亲想了想说："要不，等会儿给你买个雪糕？"

作者：杨建云，1994级法律系1班，现从事公安工作。

致第一四合院
终将逝去的青春

陈景春

20年前,一群人的生命轨迹汇聚在西安,注定了此后一生的情谊。

上天早已安排好了4班、5班天然的亲近和割舍不断的亲密关系。

第一四合院,一座四方的城,就像古城西安一样,融汇东西、包容南北,成为男生的欢乐天地;101、108两个简单的数字,却是男生心中的圣地;图书馆每天都在上演着"抢车位"的游戏;绿茵场上的"民族矛盾"是永恒的足球话题;老食堂"猪食"和周末二楼舞厅养育着一帮骚年的身心,使他们茁壮成长;杨老板的面、香香大盘鸡、213的电影院、八里村的录像厅、外院路的精品店……所有的美好回忆爱恨情仇,最终定格成一张4班、5班的大合影。这两天每天都在追《青春都在西北政法》,校友们的文章带我走进记忆,有些事情还历历在目,但太多故事好像不曾发生,这时才发先自己真的已青春不再了。

16年前,1994级的这群政法人离开校园正式踏入属于自己的江湖,怀揣着各自的梦想投入到现实生活之中,努力去证明自己的价值,在各行各业践行着"严谨、求实、文明、公正"的训导。

六年前,这群人的一部分再次聚首母校,有的事业有成、有的家庭美满、有的激情依旧、有的还在追寻……那一年人生走在十字路口,我未能赴会。那时的自己好像与此事无关,没有后悔与遗憾。依然通过各种渠道获得大家的信息和聚会的图片,仿佛自己也是其中一员。

一年前,15年聚首近在咫尺,却又远在天涯。因工作原因,无法到大明湖畔与大家共叙友情,只能在南京遥祝盛会成功,并通过微信与同学们一起分享快乐。希望大家珍惜珍重,只盼望着下一次聚会的早日来临。

最近,因为"我们的青春在政法"微信公共号的开通,同学们的交流一下子频繁起来。每一篇稿子的刊出,都会带给大家一天的讨论。记忆深处的一些碎片开始拼接、组装,不断还原各个故事里的场景和情节,并以时间为轴,让自己的记忆鲜活起来。那天聊天的时候,我说这个平台改变了我的生活方式。其实一点都不为过,每天上午看不到新的东西会觉得少了点什么;每天会因为故事的内容与同学有很多交流。（大多时候是在看大家的交流，其实也很享受）每天乐此不疲地在微博里进行"青春"的传播和推广，也结识了很多新的朋友（校友）。

今天，刚刚转发伟哥描写福哥的文章，就收到了一个西安朋友的回复：我观察很久了，最近流行怀旧风吗？我回复：说明我已不再青春！

虽然前几天一位小师妹在她的文章里批评了以歌词来结尾的酸腐文风，但一首旋律在耳边响起，挥之不去！

曾梦想仗剑走天涯，看一看世界的繁华，年少的心总有些轻狂，如今已四海为家，曾让你心疼的姑娘，如今已悄然无踪影，爱情总让你渴望又感到烦恼，曾让你遍体鳞伤，走在勇往直前的路上，有难过也有精彩……让我们干了这杯酒，好男儿胸怀像大海，经历了人生百态世间的冷暖，这笑容温暖纯真……

作者：陈景春，四年居住在目前已被拆除的第一四合院，目前在南京某保险公司任职。

长安古道

刘争远

泡一壶陈年的老茶
坐在长安城南的安静一隅
我看见时光的印记
沿千山万水一缕一缕向这个城市蔓延
绵绵不绝

回忆是年华璀璨的青春
是白衣飘飘的风华
是如练的月光
是漫过的水
是数年前长安城中政法园里不期而遇的时光
我看见校园里你年轻的面孔
你坐在图书馆前高高的台阶上沉思
你在浓荫的梧桐树下走过的背影越来越远
你在大礼堂前的露天电影院的夜色里
你在操场上一圈一圈地奔跑

风尘起时把四年的聚首凝结成云
从此八千里路云和月
从此塞北江南遥远
从此大漠草原天边
从此梦里长安

时在八月
长安古道高柳蝉鸣
热浪自天南海北汹涌而至

汇聚在这个城市南郊的曲江湖畔
在这个挥手自兹去二十年后的八月
你来，或者没来
那一份浓浓的情谊都沉积在心
在四年的同窗时光里无法挥去
在二十年的时光流逝里
永难磨灭

短暂的陌生里些许的沧桑
依旧的笑颜中熟悉的面孔
你天南海北多年的风吹雨打啊
你日日夜夜无尽奔波里的山高水长啊
你静夜里偶尔的午夜梦回啊
终还是要在这个盛夏的古城停歇
在二十年后相聚的一杯酒里沉沦
你终于
还是绕不过履历表里必须填写的一栏
绕不过长安城里四年的情结

说好了我们笑着挥手不伤离别
你走之时
一场大雨仍瓢泼而至
秦岭山里烟霞四起
二十年盈盈满满的青春时光啊
溢出于一朝聚首的欢乐
长安古道马迟迟
归云一去无踪迹

作者：刘争远，男，1972年出生，汉族，陕西富平人，西北政法1995届经济法系毕业生，现供职于陕西省高级人民法院。

2008年，一个政法人的毕业往事（节选）

肖容宽

看到尔平写的《2004，我上了西北政法》，我不禁想起 2008 年毕业前夕我和尔平、朱锐和哲哲四人的毕业旅行。一直不愿触碰的一些封尘已久的记忆像开闸的洪水，奔涌而来。张爱玲说过："一般地说来，活过半辈子的人，大都有一点真切的生活经验，一点独到的见解。他们从来没想到把它写下来，事过境迁，就此湮没了。"谨以此文，纪念 2008 年那段颠沛流离、彷徨无助的时光。

一、逃离故乡

2008 年，当所有毕业生都在忙于准备考研、考公务员、考司法考试的时候，我仍然沉浸在失恋的痛苦中不可自拔。

那种痛苦从 2007 年下半年一直延续到 2008 年，并且随着时间的推移而不断发酵。我一次又一次地从梦里醒来却清楚地记得梦中痛彻心扉的感觉。2008 年的春天，我终于意识到我永远地失去了她。那一年的春节过得特别苦涩，走在江西故乡早春料峭的寒风里，心里也眼泪翻腾。我年迈的父母问我工作落实得怎么样，我笑着说，已经找好律所，马上就是一名律师了。父母及所有的亲戚都为我感到高兴，村里终于出了一名律师。大年初六，春节刚过完，我背着重重的行囊像逃离一样匆匆离开了家。我的姐夫骑着摩托车把我送到 60 里外的县城，我再从县城搭长途汽车到达南昌火车站。站在火车站广场，望着汹涌的民工队伍，茫然四顾，我仍然没有想好自己要去哪里。我本来已经买好了去西安的火车票，可是候车室有个人喊谁想去苏州，他临时要去西安。我竟然鬼使神差地将我到西安的火车票与他交换了。

哦，是的，我想起来了，那是因为苏州有一个我认为可以给我慰藉的漂亮姑娘。我坐在火车站广场，给她发短信。我说我离家出走了，不知道去哪里，可以来苏州见你吗？她很快回了短信，很欣喜我真的去苏州见她。那个叫妮的女孩，是我 2007 年年底在人人网上认识的。那时候我正处于失恋的最痛苦阶段，开始尝试写小说发表在人人网主页，她成了我最忠实的读者，我们频繁地互动，一起讨论读书写作的心得，渐渐熟络起来。有一天我们约定尝试见个面吧。于是当我在火车站茫然不知去处的时候踏上了去苏州的火车。快到站时，我拼命地挤进污秽不堪的盥洗区，用喝剩下的半瓶子矿泉水洗脸，整理杂乱不堪的头发，可是镜子里的我还是那么挫，这让我局促不安。那个女孩比我想象中漂亮精致得多，我努力让自己看起来自然潇洒一点，可是该死的，我还是紧张得磕磕绊绊。那个时候，我还是个敏感而自卑的伪文艺青年，所以我能轻易地感觉到她的客气与热情背后深深的失望。那个叫妮的漂亮女孩原本以为我应该像我小说里的那些有着干净温暖的笑容、清澈的眼神、温暖的大手、品位的着装的男人；可是那个早晨，站了10多个小时火车，步履蹒跚、眼神涣散、胡子拉碴的我与她的想象实在落差太大。尽管她难掩失望，但是还是陪我转了半天，而且把我带到青年旅馆，细心地把我安顿下来，然后彼此再见。很多年以后，想来，她是一个有教养、情商不错的女孩，假若换作我，说不定会直接拂袖而去。

那个春天，我在苏州最古老的平江路街区住了1个多月，一面找工作，一面在观前街的酒吧打零工。那个时候我的理想是成为一名媒体人或者编辑、专栏作家之类的，总之就是要有大把的读书写作的自由时间。我对那些法务、行政类工作往往不屑一顾，对考公务员也没有丝毫的兴趣。在这样固执的择业观念下，我的找工作之路非常坎坷。后来我干脆放弃了刻意找工作的念头。白天睡觉，或晒太阳，或静静坐在小桥流水边看书；晚上到酒吧打零工、听音乐、喝酒，每天凌晨3点左右回到住处。那段独处的孤独时光，尼采的《查拉图斯特拉如是说》被我翻来覆去地阅读，每每都要到疲惫不堪，眼皮睁不开才肯睡去。这样独处的日子对于治疗情感的伤痛似乎很有作用，我试图在忙碌而有序的日子中忘掉忧伤与烦恼、忘掉找工作的巨大压力。有一天深夜，我的父亲突然给我打电话，问我在哪里，在干什么，怎么这么久不跟家里打电话。我跑出嘈杂喧闹的酒吧接电话，我说一直很忙。刚和律所的师父、同事加完班正在吃夜宵。父亲叮嘱我好好干，照顾好自己。挂了电话，望着四周闪烁的霓虹灯和安静的星空，我第一次感觉到无比的厌恶与难过，泪水不知不觉爬满了脸庞。于是我决定不能再这么下去了，必须要勇敢地面对未来的生活。第二天我便踏上了返校之路。

二、雨过天晴

2008年4月，我陷入大学中最绝望的境地。很多年后，我常常为当年自己的脆弱、绝望感到羞愧。可是，22岁的我无法预知未来，我感觉自己陷入了暗无天日的绝境，看

不到未来，害怕和家人联系，害怕朋友突然的问候。我曾经想过寻求朋友的帮助，可是那段时间身边的朋友要么不在身边，要么都在忙碌，只有我茫然不知所措，我终究没有向任何人提起自己的窘境。我把自己与这个世界隔离起来，我甚至想到了死亡。有一个声音一直在我耳边响起，死了算了，不用这么痛苦与烦恼了。我在网吧搜了很多自杀的死法，卧轨、跳楼、吃安眠药、上吊、割脉，我认真研究了每一种死法，发现每一样都很痛苦，没有很轻松的死法，原来自杀也是很痛苦的；但是自杀的念头就像一颗种子已经埋在了我的心底。我把自己的遗憾写在一张纸上。比如想见的人，做想的事，心中的牵挂与期盼等。至今仍然记得我当时写下的遗憾有一条就是希望和初恋女友畅谈一次，告诉她我选择分开的真正原因，希望获得她的谅解。另一条就是希望看到曼联夺得欧冠，那个4月，曼联看到了夺得欧冠的曙光。我对自己说，等等吧，一定要看看曼联会不会夺得欧冠。说来可笑，或许是我没有勇气选择死亡，或许人活着只需要一个理由即可，这个理由可以很大，也可以很卑微。总之就是想再一次看到曼联夺得欧冠这个小小的心愿让我放下了死亡的念头。

我在绝望中仍然继续着我的家教生涯，不过在我内心，家教已经无关生存，更多的是一种精神上的自我抚慰。除了家教，我的剩余时间要么在网吧上网，要么躲在出租屋里阅读。回望那段灰暗的时光，读书是我在绝望中唯一的坚守，这个习惯也让我受益终生。那段艰难的时光里，我阅读了大量文学、哲学作品，也包括一些励志的。《挪威的森林》《老人与海》《百年孤独》《平凡的世界》《牛虻》《战争与和平》以及史铁生的《我与地坛》、北岛与海子的诗歌集、柏拉图的《理想国》、康德的《纯粹理性批判》、弗洛伊德的《精神分析引论》、尼采的《查拉图斯特拉如是说》等书籍给我留下了深刻的印象。那个4月，我心中另一份牵挂就是曼联的欧冠之旅。那一年曼联的欧冠之路给了身处绝望中的我莫大的鼓舞。莫斯科的雨夜，那个今天不可一世的皇马巨星还只是个爱哭鼻子的孩子。为曼联首开纪录却射失点球的C罗在夺冠后面对镜头留下的幸福的泪水让人动容；而同样是泪水，切尔西队长特里的男儿泪却显得如此的苦涩和悲痛，他趴在格兰特身上大哭的场景同样至今难忘。命运就是这样无常，红魔曼联再一次获得命运的眷顾，自1999年以后再次夺得欧冠，彻底走出了2004~2007年的低谷。曼联的浴火重生给了绝望中的我莫大的鼓励，我逐渐驱散了内心的阴霾。或许是曼联给我带来的好运，或许真的是越努力越幸运，5月我的运气逐渐好转。先是我之前各大杂志的投稿有了回音。《十八岁的秘密草坪》《稻田里的守望者》《1999年的碎发》先后发表，我收到了差不多4000元的稿费，更重要的是坚定了我对未来的信心，我第一次觉得就算没有正式工作，文学的梦想依旧可以坚持。我的生活终于拨云见日、否极泰来。

或许心中有了梦想，才无所畏惧。我逐渐意识到我应该找一份稳定的工作才能支持我的文学梦，不管这份工作是否喜欢，必须先要养活自己。于是我又开始了找工作之旅，或许一切冥冥中注定如此，"5·12"地震后那次颇有戏剧性的面试经历令我终生难忘。地震前，我和朱锐一起投简历到我现在工作的单位，地震

后的一天公司通知我们面试。可是面试前一天的夜里，我在网吧上网到深夜，手机没电关机后错过了面试通知。我一觉睡到中午，打开手机收到朱锐的短信，他很着急地问我为什么电话关机，让我迅速赶到面试地点。我撒腿就跑，饭都没顾得上吃，拦了一辆的士赶到小寨附近的唐人宾馆。赶到的时候面试已经进入了尾声，差不多要散场了。面试官可能着急结束面试，只问了我几个简单的问题，其中有一个就是我对他们公司有什么了解，对工作有什么想法。我只好坦白说，我对他们公司一无所知，我对工作只想先养活自己，努力做到对得起自己的工资，别无他求。没想到主考官当场决定录用我，让我签订三方协议。我用微微颤抖的双手填表，当场办好了签字手续，出门的时候已经2点多了，才想起一天滴食未进，肚子已经饿得"呱呱"叫。那时候我从来不曾想过这份工作一干便是六年。工作的事情有了着落，我心里的两块石头终于卸下了一块，一下子觉得这个世界没有自己想象的那么残忍。我看世界的心态已在发生变化，周遭世界给我回馈的也是我从来不曾用心体验的点点温情与感动。离校的前夕，我去跟我家教带的那些学生道别。有一个孩子的母亲很真诚地感谢我培养了孩子阅读的兴趣，感觉孩子突然间长大了。为了表示感谢，她坚持送我了2000元红包和一套西服，并给我做了一顿丰盛的家宴。那套衣服和那顿家宴在此后的很多年里一直令我感动不已，而当年上初三的那个顽劣少年与我们一直保持着联系，很快也要大学毕业了。

三、最后的毕业旅行

工作的事情有了着落，我的心情一下子晴朗起来。我决定放下内心的包袱，开始一个人的穷游与行走。沿着陇海线一路游玩三门峡、洛阳、开封、郑州，然后南下周庄、黄山，再沿着西线武汉、襄阳、商洛过秦岭返回西安。一路绿皮火车，偶尔逃票，昼夜不分，没有明确目的地，走走停停，这样的日子一直持续到6月。6月，身边朋友们纷纷返校，我提议一起游玩商洛金丝峡大峡谷，得到了朱、平、哲的响应。于是我们三男一女，四个即将毕业的人踏上了最后一次毕业之旅。那是一次轻松有趣的旅行，我内心的伤痛就在这样一次次的行走中慢慢愈合。那一季的笑容与简单的幸福当时的我们来不及细细品味便被时光裹挟着，散落在天涯。除了那些温暖的笑容、放肆的尖叫、彻夜的长谈，给我留下最深刻的印象便是半夜哲哲躲在被子里脱衣服时窸窸窣窣的声音。我和朱、平三个大男人挤一张床，哲一个人睡另一张床。我觉得应该安排一个人和哲哲睡的，无奈被她严正拒绝而作罢，当然天地良心，我没有想过我过去睡，我是想让平过去的，因为我觉得那家伙一直对哲心怀不轨。半夜的时候，平小声地说，你听，哲在脱衣服。

其实我也听到了，我不知道他们是不是像我一样躁动不安、辗转难眠。后来我们放肆而猥琐地笑了起来，空气里充满了青春期荷尔蒙的味道。

四、青春散场

离校的日子渐渐近了，学校一片兵荒马乱，空气里到处是离别的气息。学费的问题再次成为我不得不面对的现实问题。内心再次被阴霾占据，每每想起，常常焦虑得夜不能寐。我和用人单位联系得知报到必须带好毕业证与学位证，同时我又多方求证没有结清学费必须扣押毕业证。终于有一天我鼓起勇气寻求辅导员的帮助，他帮忙找到学校有关部门，帮我出谋划策。毕业前夕，我以1200元的价格卖掉了摩托车，凑了7000元学费，还差7000多元（我大学学费只交了第一年，后三年学费一直拖欠）。不过学校终于给开了证明，证明我成绩优异，取得了毕业证与学位证，只是由于拖欠学费没办法顺利取得毕业证。后来我拿着学校的证明到公司报道，几经辗转找到了招聘我入职的人力资源部副经理，他出面帮我办理了入职手续。直到2008年年底，我才顺利还清了学费，拿到了毕业证，这块压迫了我一年的石头终于落地。

由于公司报到比较晚，我一直拖到7月初才最后离开学校。那段日子，我几乎每天都在送别离开西安的朋友。每天要多次乘600、603路往返火车站与长安校区。600路公交里反复响起《毕业生》的插曲《The Sound of Silence》，给离别的季节增加了几分忧伤与惆怅。

终于送走了所有的朋友，我提着几件衣服背着一个破包失魂落魄地离开了政法校园，那些陪伴我度过艰难困顿时光的书被我送给了学弟学妹。我清楚地记得走的那天中午，我和隔壁宿舍的一个同学一人披着个床单到对面的盛世商都喝酒、吃烤肉。好几家店拒绝我们入内，怀疑我们精神不正常，直到我们勃然大怒才强行在一家烤肉店坐下，吃了最后的午餐。下午我离开了校园，没有想到2005级的学通师妹姬莉同学会送我到火车站，让我对离别的记忆多了些温暖。已经想不起在候车厅说了些什么，只记得那样的场合特别容易流泪。火车发动的那一刻，关于西安、关于政法所有的记忆喷薄而出，那些或爱、或痛、或温暖、或绝望的往事一一呈现，泪水模糊了双眼，西安已经渐行渐远。

五、后记与感悟

2008年的那段怀揣着梦想却又彷徨无助、痛苦而绝望的经历，我从来没有跟任何人完整提起过。那段往事早已成为我人生中最宝贵、最隐秘的经历。回首往事，我曾经为自己的脆弱、堕落而羞愧，也为自己曾经的梦想而感动。感谢那段艰难的岁月，让一个青涩、自卑、脆弱的少年迅速蜕变，让我在此后的人生中内心变得无比强大。后来的我终于理解了莫泊桑的名言——"生活不可能像你想象得那么好，但也不会像你想象得那么糟。我觉得人的脆弱和坚强都超乎自己的想象。有时，我可能脆弱得一句话就泪流满面，有时，也发现自己咬着牙走了很长的路。"

毕业六年，我从来不曾想过自己会一直在一个单位工作如此长的时间。或许是经历了那样的困难后格外珍惜，或许是为了证明什么，我工作非常努力，事业发展颇为顺畅。工作后，我先后从事了法务、行政工作，我原以为自己很难接受这种工作，可是一路走下来，发现自己原来也可以干得很出色。为了改变自己内敛、自卑、不擅沟通的性格，我主动要求由法务转岗从事行政工作。从端茶倒水开始，一步步挑战自己，直到干了两年的办公室主任。有一天，我终于对那种花天酒地、迎来送往、身心憔悴的生活感到厌倦，我又转岗从事企业战略管理方面的工作。在一次次的挑战中，我隐隐懂得了一个人的成长或许就是表现在可以很自如地做自己不喜欢但不得不做的事情。当你一次次挑战自我、不断进步的时候，你的性情、你的人生已经在不知不觉发生着变化。从校园的象牙塔走向社会的六年，我得到了很多，成长了很多。买房、买车、结婚、生孩子，赡养老人，承担对家庭的责任，这些人生中平凡的经历让我明白了责任的含义；但也让我渐渐迷失了自我。我一次次拷问自己的内心，难道我的后半生就一直要过这样的生活？感谢生命中最重要的人，你在我迷茫不安的时候提醒我永远不要忘记最初的梦想。在积累了基本的物质基础后，那些藏在心底的梦想的种子渐渐生根发芽，有一个声音告诉我，你已经足够强大、足够勇敢，是时候为梦想而生活了。于是我再次拿起笔，重新开始从事业余创作，无关金钱，无所谓成功与失败，只为心中的梦想。

谨把此文献给怀揣着梦想，曾经经历或者正在经历人生的迷茫与痛苦的人，一定要相信阳光总是在风雨之后。

作者：肖容宽。2008年毕业于民商法学院。现工作于武汉某央企，从事企业管理工作。

2004年，我上了西北政法

康尔平

2004年9月2日晚，我乘坐K120次列车，从甘肃定西车站出发，经由陇西、甘谷、天水、宝鸡、蔡家坡、杨陵、咸阳，一路到达西安。

车过蔡家坡之后，已是9月3日凌晨五点多，天有些蒙蒙亮，我坐在靠窗的座位上不住向窗外望。我一夜都没有睡好，因为父亲的鼾声，也因为这是我第一次出远门，有很多心思，这心思说不清也道不明。兴奋？谈不上，因为我是一本志愿报错，跌落到二本的；期望？应该有一些吧，希望这个学校比想象中好一些，这让我也少一些叹息。（后来我才知道，这个学校叫作"一本落难营"，比我厉害的人太多了。）紧张？那倒不至于，高考都过来了，没什么可紧张的了。

这时候，路上的隧道已经少了很多，我的思绪不断飘散，我幻想着我的大学该有的样子，我幻想着我的大学生活会是如何丰富，我甚至还幻想着在大学里还能找到一个像《平凡的世界》中田晓霞那样的女朋友，一如孙少平在读《钢铁是怎样炼成的》时，曾幻想有一个像冬妮娅的女子能爱他一样。我甚至被自己幼稚的想法逗乐了，于是回过神来不再幻想。

我以一个文科生固有思维断定，秦岭山脉应该已经基本横穿了。我知道呈现在我面前的将是八百里关中平原，这个平原是一个在冷兵器时代出尽了风头的帝王领域，是那个时代名副其实的天下粮仓，它的气象是我这山里来的毛头小子向往却又难以领悟的神奇存在。此时我极目远眺，却几乎什么都看不到。车外淅淅沥沥的雨将天和地连成雾蒙蒙一片，如同我对自己未来的预计一样混沌而遥不可知。雨仍在下，让人有些憋闷。

火车"咣当咣当"地前行着，窗外逐渐亮了起来，父亲依然斜靠在座位上，仰着头，半张着嘴，鼾声如故。我尽量往窗户边靠，以免自己的举动打扰到他的好梦。突然他鼾声中出现了一个长长的间隔，我知道他即将被自己憋醒。果不其然，几秒之后伴随着一声来自鼻腔和口腔的共鸣，他长吸了一口气，收回仰着脖子，醒来了。

他左右看了看，然后问我："没有晕车吧？"

我答："火车上没有汽油味，也不总停，所以觉得还挺好。"

"那饿不饿？"父亲接着问。

"昨晚吃得扎实，还不饿。"我说。之后父子间便不再言说些什么了。

其实我一晚上没怎么睡着，此刻胃酸分泌旺盛，我已经有些饿了，但不知怎么的，想起家里给带的饼干没什么胃口，此刻要能吃一碗牛肉面那就美了。

火车快到咸阳的时候，天已经大亮了，虽然依然下着雨，但是视线好了很多，能够看到一望无际的八百里秦川。在到咸阳之前还经过了一个叫作"兴平"的车站，车未停；路上似乎还经过了一片广阔的水域，后来知道那应该是渭河。

铁路沿线上那些平行于轨道的公路，随着火车的行驶一直延伸到远方；两侧的田地里，大多种着玉米，郁郁葱葱，被雨洗过之后更显苗壮。我知道，这里要比老家暖和，作物一年可以两熟，这些玉米应该都是小麦收割后种下的。在我的老家，作物一年只能一熟，要么种玉米，要么种小麦。

看到这一马平川，我的心里有说不出的喜欢。我家所在的定西地区是典型的黄土高坡地貌，是真正意义的沟壑纵横、支离破碎的土地。我家的地大多都是坡地，最陡的一块地坡度不小于45度，每年耕种、犁地都要时刻努力保持平衡，因为一不留神就可能从地里直接滚到沟里去。我从小就干农活，所以我对于平原的喜爱有着强烈的耕种视角。

火车到达西安之前，我看到一段城墙，心里涌动出一种莫名的沧桑。我既不觉得城墙老土，也不觉得城墙气派，我觉得城墙有些孤独，而且被雨淋过之后更显几分落寞。7点

10分左右，火车按时到达西安车站。我提着一个墨绿色的大行李箱，背着陪我高中时一路走来的藏蓝色书包从火车上走下来。啊！好热！西安比我预想的要热好多。我左看右看，不知道该往哪边走，父亲从火车上下来，右手往前一指，说："走这边。"我顺从地提着行李箱朝他所指的方向走去，心里却有些不爽：我都十八岁了，但出门在外却还是不如老爹精明。

我蒙着头走，父亲赶几步过来，把墨绿色大行李箱的拉杆抽出来，让我拉着走。从下火车到出站口，我分别看到了"西安文理学院""西安欧亚学院""西京大学"等院校的宣传牌，大牌子做得十分醒目，而我始终没有在火车站里看到西北政法学院的宣传牌。我心里有些不舒服，我不住地嘀咕：怎么不宣传呢，是实力不行吗？

还没出车站，就看到有很多接站的人。有的穿着雨衣，手里高举着一张纸，上面写着"来自兰州的张××"，嘴里还不停地重复着纸上的内容；有的撑着伞，手里拿着一块硬纸板，上面直接写着"李××"，眼睛叽里咕噜地在每一个出站人的脸上搜索着什么。在出站口斜对面，有几把大伞，伞下摆着几张桌子，伞上打着横幅"西安××学院欢迎新同学"，我赶紧冲过去。哎，看错了，不是西北政法！拉着箱子继续往前走；又经过几个打横幅的区域，"陕西××大学欢迎新同学""西北××大学欢迎新同学"，这里也不对，继续往前走。

走了好久，在我的头发已经被雨打湿、我的外套已经湿了大半，且我父亲的布鞋已经湿透的时候，终于看到靠近城墙边上有一条横幅上写着"西北政法学院欢迎新同学"，停得可真够远！还好，横幅旁边停靠着一辆银色的大班车，显得极其威武雄壮。走过去，透过车窗，我看到车上已经基本坐满了学生和家长，车下几位高年级的学长热情地帮助我们这一波来的人拎行李。当我上车的时候，车上的过道里也基本站满了人，开车的是个矮个子的胖司机。胖司机从座位上站起来，扭着脖子往车厢后面看了看，然后用浓郁的陕西腔说："抓紧抓紧，这一车满了就走"，然后又坐了下去。在车里又塞了几个人之后，胖司机熟练地抡起方向盘，开着威武的校车一路向南了，目的地——西北政法大学的长安校区！

也许是下雨的缘故，一路上并不通畅，车走走停停，惯性常搞得我东倒西歪。我一贯晕车，上车前吃的饭经过一夜的发酵，已经酸味十足。我不知道身旁的朋友是否已经察觉到了我胃里不安分的食物频繁到嘴里来串门所留下的蛛丝马迹，我只是吓得赶紧用手捂住嘴。父亲拿余光瞄了我一眼就已经知道我晕车了，他无奈地摇了摇头。校车快到南门的时候来了一脚急刹车，我整个人差点向前扑倒，与此同时我胃里的"小伙们"再一次团结起来，气势汹汹地冲破嗓子眼儿的阻挠，涌到了嘴里。我死死地用手捂着嘴，甚至些许汤汁已经从指缝中渗了出来，但我还是硬生生地又把嘴里的东西咽了回去，我脑海里就一个信念：这是我人生第一次坐在大学的校车上，我不能丢人，也不能让我父亲丢人。（当然后来我在西安双层的600路公交车上经历种种煎熬，终于练成金刚不吐之身，此乃后话。）

校车经过北校区的时候，有人在车上说了一句："看，右边这是政法学院老校区。"车上的人都不约而同地向窗外看去。我是站着的，视线太高，还没有看清楚校门是什么样，车就已经开过去了。车过了吴家坟之后就开得很快了，我的晕车症状也好了很多，我不敢左顾右盼，眼睛死死地盯着前方，打量着这个通往我人生重要殿堂的道路。

约莫不到20分钟的时间，校车向左转弯开进了校园。车停稳后，我赶紧从车上溜了下来，呼吸一下车外的空气。雨还在下着，不大也不小。我打量着校门正对着的那座高大的建筑，它巍峨地屹立在我的前方，像一座巨大的天平一般迅速占领我的视线。楼前一排喷泉婀娜地摇摆着，而行政楼和图书馆后的小湖中各有一组喷泉摇曳着身姿与之相应和。突然，小湖中的主喷泉向天空喷起一个巨大的水柱，有几十米之高，直看得我心情澎湃不已。我微微抬头，向那座巨大建筑望去，中间红色柱子上的大钟显示此刻正是早上九点。我在心里呼喊着：啊，西北政法，我来了！虽然下着雨，但我也是早上八九点钟的太阳，接下来的四年，你是我的了！

后记：仓促写完这篇东西已经很晚了，感觉还有很多话没说，只说了一点入学时最初的一点记忆。2004级学生是进驻长安校区的第二届学生，与2003级一样，所有院系的本科生都在长安校区。2004～2008年，我们度过了一年多没有校长的大学生活，却并未感觉生活中缺少些什么。我们在宿舍里肆无忌惮地使用地热资源，致使后来的学弟学妹只能去澡堂感受那地下热水的待遇；我们看着学校的桃花、桂花开了一年又一年，而我们的青春年华却不再回来；我们看着学校西门对面盛世商都里的店铺陆续盛大开业，可学校的西门却迟迟不肯开放；我们看着学校的社团有的新建、有的散伙，但学通和法服经久不衰；我们看着学校从学院变成了大学，但是却申请不下来一个博士点……之后的故事诉诸之后的笔端，希望我有时间一一写下来。

作者：康尔平，入校时是西北政法学院2004级经济贸易系8班新生，离校时是西北政法大学2008届经济管理学院金融系毕业生。现就职于北京国税某分局。

高考季的回忆
——收麦

邹 义

每到这个季节，都会忆起自己的高考岁月——距今23年前的1991年。那时的高考，始于7月7日，终于7月9日——正值银川平原的麦收季节。

7月9日下午高考结束。我飞也似地骑上我的破自行车，沿着汉延渠回家。到了家便扔下自行车，拿起镰刀直奔麦地，在33℃多的高温下开始收割小麦。而家里人早从天不亮起，就已经在地里干了大半天了。

蚊虫叮咬不算什么，收麦还常会碰到蛇，（还遇到过蛇在产卵）有时放过，有时手起刀落一刀两断。手经常被镰刀割破，包个手绢继续干活，任鲜血直流。当然刀锋太厉，运刀不好，也会砍破鞋子、伤着腿脚。麦芒很厉害，手、胳膊被扎得红红的，汗水湿过钻心地痛。麦芒扎进手里或胳膊里，化脓后才可以挤出来。汗水湿透衣襟，浸痛眼睛，"汗滴禾下土"，只有此时再现得最真实。

夕阳西下了，凉风习习，这时少了蚊虫，更要抓紧干活。直至星斗满天，方

收工回家。回家打一盆井水，清洗鼻孔，黑乎乎尽是灰尘。那样子，无须化装，绝对顶尖黑帅哥一个。然后一个猛子，光屁股扎入水沟里，（须知西北的沟很大、很宽、很深，水流也很急，很多地方比黄河还要宽）舒服极了。谁说跳进黄河洗不清？洗得清啊，黑不溜秋的爷们，一会儿就洗白了。尽管蚊子不断地骚扰和吮吸着咱的血，那也得洗啊。

在我们兄弟去耍水洗澡的时候，妈妈和姐姐们已经回到家里，开始喂猪，猪也饿了一天了，嗷嗷直叫。大牲口们——我的枣红马、我的肉弹骡子啊——听到父亲回家打开辕门的声音，便幸福地嘶叫开了，吃着父亲填给他们的草料，欢乐得很。它们是我们农家的功臣，跟了我家10余年。我大学读书的时候，因为机械化的发展，父亲卖掉了它们，我周六回到家里，很是难过，哭了……后来父亲又把它们买了回来，直养到它们寿终正寝，我们姐弟直接把它们埋在了院中的果树下……怀念它们。

河里游的汉子回到家已是晚上9点左右，吃着妈妈和姐姐们做的饭菜，幸福至极，那是我吃到的最香的饭菜。吃完饭，妈妈和姐姐们还要洗锅洗碗。见证了作为农人的父亲、母亲和姐姐们的辛苦，我打小便立志出人头地，一定要好好报答我的亲人……

看着窗外的月亮和星星，农人们进入甜美的梦乡。那是我睡得最香的时候。

收麦时节，一直持续半月。而我在麦收中等待，并迎接人生新起点的开始。

作者：邹义，1992级校友，西北政法大学北京校友会秘书长，北京市中书律师事务所创始合伙人，西北政法大学、中国政法大学、中央民族大学兼职教授，全国律协破产与重组专业委员会委员、北京市律师协会风险投资与私募股权法律专业委员会副主任。

流水天涯
——五个人的大学光阴

王敏琴

我一直等着武钢或燕舞来提笔写我们五个人的大学光阴，但等了好久没有声响，也许，该我先动笔回忆一程吧。

学通社1995级记者组五人初次见面的情形，我已记不大清了，地点似乎在某个借来的会议室，正是入学伊始学通社主办的张爱玲作品研讨会，参会人很多；主持人是学通社1992级的董勇，我们五个尚在试用期，去留未定，但也列席了此次会议。

董勇那年上大四，恰实习归来，工作单位已定，离校前，他有大把时光可以挥霍、做自己喜欢的事。他看上去特别喜欢待在位于行政楼北面三楼的学通社小屋；我们是大一新生，眼光新鲜好奇，大学功课与高中比起来轻松得不足挂齿，稍花些功夫便可应付，所以我们有空常去小屋，每次去都见到他。当我们五个被学通社正式录用时，我们与董勇的缘分也就拉开了序幕。那个夏季，我们就像董勇的小尾巴，跟紧他在校园内外四处转悠。也是从这时开始，我们频频叫唤彼此名字：武钢、燕舞、海英、王栋、敏琴，还有老家伙——董勇。

那时长安南路老校区的大门造得像国务院，入门便见梧桐树成荫，树底下生了茵茵绿草；绿草深处有斑驳墙壁，墙壁上攀爬了蔓生植物，枝节缠绕。老家伙买长方体的冰砖给我们吃，树荫下，我们六个人坐草地上，各自挖几勺来分享夏日里的冰凉，心无旁骛。老家伙让我们不要将眼光盯在成绩上，视野开阔一点，要多练笔，写锦绣文章。那会儿，我们的时光里还没有山南水北的分离，就是那样面对面，聊近的事、远的事，远远近近的事。

老家伙对我们的性格有过评述，他以他的观察为依据，当面点评给我们听！偶尔也会绷着脸教导，但他与我们一起，大部分时间是笑着的，我和燕舞也时常与他开玩笑。我记得他对武钢的评价是"举重若轻"四字，联想到武钢后来成为我们1995级社长、担起原先未曾想过的重任：巩固壮大学通社，保持《学生通讯》质量稳定以及在江曦等播音组同人帮助下我们顺利完成庆祝香港回归晚会的策划和开办。我不得不承认老家伙看人很准。对于燕舞，他惜才又说对她不放心。他当时似乎说我分寸感特别好；但他现在评价我，爱用"很有心气"这几个字，说我即使60岁仍有心气做自己喜欢的事。他对海

英和王栋的评价我记不得了，或许就没评价过？海英还是老家伙的同乡，对老家伙一向有敬畏之意。

  偶尔我们买个西瓜一起消夏，大荔产的西瓜又沙又甜，一口咬下去，红色汁水几乎溅出来，大家嘻嘻哈哈躲避汁水袭人。我发现老家伙吃西瓜居然不吐籽，这让我惊奇，我反复看他吃西瓜的样子，非常干净，跟他的为人处世一样利落，人淡如菊，不肯因对某事物的喜欢而旁生枝节接受其他不相干因素；若触及，他宁愿挥刀立斩。

  这么盘桓到了1996年7月，暑假到了，老家伙毕业离校，衙门一入深似海，他只偶尔写信给我们保持淡淡联络。别离之前，老家伙问宿舍老五借了个相机，我们与他一起拍了好多合影，黑白的，梧桐深处，印下青春笑意与足迹。我不记得我们去送他了，一定是他阻止我们送行，因他笃信梁实秋的《送别》原则：你走，我不送你；你来，无论多大风多大雨，我都要去接你。

  自1996年夏一别，我们五人，除了海英在吉大读研时候见过他，其余四个都未有机会迎接他。

  老家伙毕业并未导致我们生疏，我们学通生涯的种子方才发芽。虽然那会儿没有电话或者手机，但无须约定，我们几乎每晚都去小屋。有一年过完寒假回校，我带了套宜兴紫砂壶到小屋，此后众社友从五湖四海各自带茶叶过去，从此在小屋饮茶便成我们常态。

  我们五人对于小屋，总难抹眷恋。现今回忆起来，不同年代的年轻人，在他们最富想象力的年华，聚在这间小小的屋子里读书、改稿子、办杂志，针砭时弊又小心翼翼做一些不触及底线的努力，若说小屋因这些年轻人而蓬荜生辉，也不为过。

小屋之外，我们五个常携手共游。长假里，我们随武钢回他的土家族自治县，过一年又随我回长江下游的家。记得有一年出发时恰逢中秋，晚上，五个人都还在黑暗里坐着，绿皮火车的车厢破旧，一路上咣当当地响，我们时断时续聊着天；窗外，树木和房屋的黑影迅速退出我们视线。海英说："来，我们一起吃月饼吧！""哪里有月饼呢？"我们问她，她起身，从行李里头变戏法般取出一小方盒月饼来，用小刀分成五块，递给我们，一人一份。就是这样，我们相伴着走过了青山和绿水。

1998年暑假，1994级将与我们作别。

我们五人对承兵很是不舍，承兵虽是1994级的，但与我们最亲近，我们视他为1995级的编外成员。他内心温厚，外部"毒舌"。

周末，承兵约我们去郊外野炊，海英笑言只要有承兵在，我们就可享现成的口福，我深以为然。到了野炊地点，发现没带烤肉的铁签子，承兵拆下他心爱的自行车轱辘里的铁轴，去溪流里头洗净后一一串起肉串烧烤；待我们吃完，他擦一下铁签装回他的车轱辘，从容骑车归校。此举震惊了我，我对新疆小伙子动手能力强的印象起始于此。

临毕业前，承兵请我们吃饭，散场之前，他告诉我们他的暗恋故事。我又是一惊，我一向觉得有些私己之事，可以埋葬到枝枯叶烂，就像未曾发生。但承兵不是这样想，他觉得既然是好友，我有必要告诉你们我的心路我的历程，你们知道我是这样的人，会做这样的事。

1994级离开校园之后，我很是感伤。此时，周公馆对我而言，是更为温暖安全的一个存在。

有时我只是想去坐坐，遇到主人外出散步，就跟着去散步；遇到主人另有客人，便在旁侧听。有人喜欢聊诗歌，有人热衷聊法理、有人愿意讲际遇，有人乐意讨论案例，反正随遇而安，我跟着少华听，比一个人上晚自习有趣很多。少华推荐我看不同的书，《瓦尔登湖》《寂静的春天》《人鸟低飞》《时间简史》《金蔷薇》等，只因对他的信任，我仔细翻读这些书。去年冬天陪一位美国建筑师朋友在太湖边湿地的木栈道上行走，中途我俩到一个观鸟亭休憩，在亭子里不知怎么提起《瓦尔登湖》。朋友说他去看过梭罗的湖，又问我："有人推荐过你看这本书吗？他是怎样的一个人。"微雨的太湖边，那一刻我凭栏远望，记忆湿漉漉的。

那时再去周公馆吃饭，常是我们五人同去。主人话少，客人聒噪，我们这样蹭吃蹭喝，高谈阔论，恨不得指点江山，少华对我们从不厌烦，只微笑望着，像是望着一群孩子一般，眼里全是宽容，只偶尔开口泼一盆冷水浇灭我们短暂狂热，仅此而已；接下去，他又由着我们性子去他书架翻书看。我们有时翻出他早年的诗集或出版物，一首一首调出来问他背景以及其他诗篇的作者轶事，他立时便给出答案，似乎这些旧事就装在他口袋里一样。他心情很好时候，会主动讲书上故事给我们听，书在他肚子里，我们连借书都不必了，有时听完故事心有戚戚；告别之后，我们五人穿过操场回宿舍楼路上，还会继续揣测作者的真实创作意图。

我们毕业那年，少华终于遇到了他合意的女子，与杨姐结为伉俪，结束单身生活，周公馆自此布置一新。这一年，我们五人的生日几乎都是一起过的，心里觉得来日不多，聚一回算一回吧。离开政法园前，我们又去周公馆好好搓了一顿，告诉杨姐我们曾经有过那么美好的蹭饭生涯，谢谢她在今后岁月里陪伴少华同行。

白驹过隙，又是一茬，我们如同庄稼，转眼就到收割季节。

在我们行将跨出校门之际，老家伙写给我们最后一张明信片，引用了《诗经》里他认为最美的句子："昔我往矣，杨柳依依。今我来思，雨雪霏霏。"

1999 年夏天，我们像大一时候那样，拍了好多黑白照片。之后，我们告别周公馆，从此阔别我们的本科生涯。

周公馆的主人少华，于 2008 年 6 月获法学博士学位，孔雀东南飞，落脚在古都金陵，任教授和博士生导师。

离开政法园后，流水天涯，我们五人各自经历深深浅浅的人生：海英、我和燕舞陆续读完硕士，各寻了安身立命的所在；王栋通达厚道，深谙职场规则，在上市公司发展顺利，后来娶了美丽贤良的小师妹为妻。而武钢呢，有次打电话给我，说要问我一个问题："如果同时拿到武汉大学和中国政法大学的环境法博士录取通知，读哪个学校比较好？"我说："等你拿到了我们再来讨论好不好？"他说："我拿到了。"我怔了一下，想起当初董勇提及的"举重若轻"四字，我答："你还是去北京吧。"现在，武钢早已顺利博士毕业，也娶了一位西北政法的小师妹为妻；小师妹豁达聪慧，博士亦已毕业，现阖家暂居北京。

今年5月，我们1995级五人邀请少华一起，带了家人小孩，又邀了无锡附近的学通社友，好好聚了两天。岁月荏苒，几乎白了发，我们欢喜相见；喝酒喝茶时候，又生生吞下好多话。少华说：人说相见不如怀念，我觉得还是见面好，因为这一次见面，会有新的怀念。

于是，我们决定以后要多见面。

时常，有缘分经过我们，若我们准备得当并且顺势而为，那么，我们随时可以借助这段缘分进入生命的新旅途，就像推开一扇门那样简单。我们五人之间的相遇，我们与董勇、与少华的相遇，我们自己走过的路、看过的风景，已经、正在无声无息地融入我们生命的河流，这个过程，就如同盐之消融于水。我们在长安南路所经历的四季，与其他拔节时期的其他细节一起，共同构筑起我们当下的生命，并一步步将我们的人生推向历练、丰富和完满。

作者：王敏琴，西北政法1995级经济法系4班。

花枝招展

程玉洁

就着新鲜的故事,再把青春的记忆梳理一番。小屋窗户朝西,大三那年换了铝合金,引得不少唏嘘,我却特别喜爱大大的整块玻璃,透得过更多的光,何况又是新东西。

———

恍惚记得,老校区行政楼前侧路边,生着一棵树,每逢4月末5月初,悄悄然开出繁花一片,鲜嫩透亮的花瓣映得出金红的阳光、水粉银的月光,在春暮夏初微醺的暖风里款摆。

毫无根据的,认定它是海棠,托付了多少憧憬与怅惘,都随着缤纷落英,换了一季又一季。

花树后的老楼里,有一间名叫"学通"的小屋,内有四张长桌、三条长凳、两张靠背椅、一柜旧稿、半架闲书,收藏无数回忆。

正当青葱般年纪，什么都觉得新鲜有趣，吃几顿小炒烤肉、聊几段八卦往昔，然后这谁和那谁，就引以为知己。每天非要抽一点空闲，站在行政楼下看小屋里有没有人影；或者只是听，五分钟之内，如果听得到一阵畅快赤诚的大笑，笑得没心没肺人仰马翻，那么华华姐就在。

从 18 岁笑到 30 岁，姑娘们毕业、工作、结婚、生子，太多往事都被岁月蒙上滤镜，越是细想，越是朦胧。但华华姐的笑，隔着千百个日夜照旧清晰。循着她的笑声走，右转上楼再右转，总能到家。

于是就一时兴起，订票、打点、出发……子夜一点，到了北京。

老远看见华华和师夏，心下暗叫一声糟糕，怎么一点都不老。

一路边笑边闹，凌晨三点多到家，吃掉几份擀面皮。

二

五人久别再相见，连寒暄都来不及，就又恢复十几年前的情形。只要你敢夸，我就顺杆爬。刚说了谁谁一点皱纹都没起，她随口就接那当然。这怎么聊得下去？集体话锋大转，说瘦的浪费粮食，胖的遮天蔽日；长得漂亮也没用，反应还是那么慢；哎哎，那个谁，一双眼睛只盯着吃，是不是我们说话你听不懂？

机锋处处，妙语如珠，全身血液朝着大脑奔涌，再别想要清净，一下午笑得脸疼。

从青春开始忆青春，恨不能裹挟了这帮密友穿梭时空，亲自看看自己当年的德行。可惜，那段喝酒就要喝醉，想你就去见你的时光在后退，而我们只能不歇脚地前行。

过了这么些年，总算是想明白了，一把种子撒在荒原里，谁也没义务长成一模一样的庄稼。于是有些俊俏挺拔成了参天树，有些娇婉婀娜开满遍地花；有些结果，有些长青，也有些长了十数年，才惊觉自己是株狗尾巴草，可也一样骄傲坦然，在柔柔春风里伸胳膊伸腿，尽情招展。就像我们五个，如此不同，却亲如姐妹密不可分。多幸运，在不大遥远的曾经，我们同在某个地方，共饮一江水，结成了这脉一辈子剪不断的情分。那个地方，就是学通。

三

真到了大聚会，起头还该端坐端坐，该低语低语，不敢多喝酒，怕露了原形。可看到师兄师姐师弟们个个真性情，初见已如自家亲戚，哪儿需要敛声。

那就别扭捏，姐妹五个端着酒，挨个碰过去，每看到一张熟悉的脸，每听到一个熟悉的名字，都强忍着没一饮而尽。闹了半天，压根没陌生人，不需要怕的。

几巡红的白的，灯光也迷蒙了，脸色也红润了，满耳嚷嚷人声。像初炸开的冰面逢着源源暖流，一阵噼里啪啦，再挡不住汹涌的河。

美酒当前，佳人在望，起身就走叫青春，谦笑浅饮叫成熟，一口气喝干酒，拉着姑娘诉衷肠，当属风流，流氓的流。

眼看时光倒转，要以30岁之身犯20岁之险，姐妹们当机立断，伸手一抻，得以幸免。

被点着鼻子一阵怒骂。可教训的是姐妹，某女却顺口说了自己老公名字。再也绷不住，笑成一团。

四

两天睡了八小时，话还是没说完。去机场的路上，粟粟愤愤地说，再别来了，搅得人不得安宁。可分别在即，又死死抱着我不撒手。

倒也不伤感，太困，只想赶紧坐稳补觉。

临着的窗外金光灿灿，正是夕阳晚照，重逢又要离开的北京城，笼着一层厚厚的昏黄，估计是霾。前一天晌午出门，瞅见空气污浊，问华华这是雾霾么？她仔细深吸两口空气，冷静回我，不是霾，是烟。还有吃饭时，华华姐说出陕西方言里极土的一个词，应是女孩家避讳的，我们夸张地一顿数落，还是文人呢，文个毛线啊！还有程某与粟某在餐桌下贩毒一样私下交易，华某硬抢了夏某送程某的围巾……凡此种种，都一一记下了。有文为证，这次谁也赖不掉。

就着新鲜的故事，再把青春的记忆梳理一番。小屋窗户朝西，大三那年换了铝合金，引得不少唏嘘，我却特别喜爱，大大的整块玻璃，透得过更多的光，何况又是新东西。常依着窗台不咸不淡听着或说着笑话，心上人穿着白T恤，真是美好啊。

忽然想起，楼前那棵热闹的花树当是樱花，盛放时节不该超过4月中旬。还是记差了。

回忆里的一切都太好了，被反复修饰，勾金线描边，所以总在闪光。现实恐怕没那么璀璨，甚至多少有些灰白，但也不遗憾。

再畅想一下未来。想要得不多，也不怎么远大高尚，套用别人的一段字：青山一侧，住两间房；往来宾客，有些姑娘；煮酒烹诗，穿花衣裳；世间破事，去他个娘。

作者：程玉洁，2002级法制新闻系。

毕业日志
——怀念我远逝的大学四年

张 佳

2013年的日历即将翻完，2014马上就要来临，这也意味着——从年头上来算，我们毕业分别后的日子很快要超过大学四年一起度过的时光，以后，这个超出的时间只会越来越长。

在这个时候写一些东西，有煽情的成分，更多的则是怀念和留恋；人总是需要感性一下的，回头看看，然后继续前行。

我是凌晨2时下哨，已经过了困头，百无聊赖中打开微信，看到骚鹏发布"借钱风波"的截图，不知怎的，记忆忽然如打开闸门的水一样奔涌而出，我大学最早的记忆就是从这厮开始的：把军训衣服裁成"七分裤"，站军姿晕倒，洗着臭脚吃泡面，还有那首在《阅思集》上发表的"霏霏淫雨下"……

之后自然是军训标兵老三和老四，我们617的两大帅男，然后是貌似忠厚实则闷骚的老大，（来部队后，战友们也这样定义我），接下来是满身灵性的六子、618的兄弟们、最后"入门"的磊子……

当然，最吸引我注意的是班上的女生们，军训结束换上便装，兵姑娘瞬间变身美少女，一个个笑靥如花。我们班继承了文科专业的光荣传统——女生数量远远超过男生，也就是说"僧少粥多"。男生心中窃喜，可惜后来的事实证明我们大多数人是有贼心没贼胆，到最后只有小鑫抱得兔子归。

四年里有过激情。我们为学校成功更名欢呼，为足球大获全胜雀跃；我们曾经徒步翠华郊游，也曾远赴壶口旅行；我们集体尽情K歌，轰轰烈烈恋爱，所有一切都是我们青春的见证。

四年里有过失败。有篮球失利的黯然，也有竞争落选的失望，有表白遭拒的伤心，也有考试挂科的郁闷。但这些都没关系，经历过最初的失败和青涩，我们才能变得更加坚强和成熟。

四年里有过颓废。我们通宵达旦地上网，我们肆无忌惮地逃课，我们总感觉毕业遥遥无期，尽情挥霍着大把青春时光，完全没注意到日子在一点点悄无声息地流逝，让人

还来不及做好准备就到了各奔东西的时候。

不必说论文答辩，不必说毕业合影，不必说散伙饭上的伤感，也不必说离别时的泪水，单单是7月校园中弥漫的伤感就让人几难自已。毕业如轮回般不可避免，终于，乐停，幕落；曲终，人散。

毕业工作后，我不止一遍地暗自怨艾虚度了大学时光。其实我们没有珍惜的又岂止是时光：学校图书馆里的藏书，古城抬步可至的名胜，那些一遍遍叮嘱我们多学些知识的老师们，那个当时很烦但现在觉得是忠厚长者的"波导"，还有那个暗恋你或者你暗恋的他（她）……

在看过了世间百态、经历过挫折失败后，我们才真正知道那时的美好。人就是这样，失去后，才知道想要珍惜，可是已经没有重来的机会了。

2013年探亲回家，归队时特意带家人在西安略作逗留，小鑫和兔子一家三口驱车带我重回政法。

彼时正值晚自习，教学楼灯火通明，楼前大树初吐新绿，昏黄的路灯透过嫩叶在地上洒下斑驳的影子。树荫下、花园里、操场边，两两成对的情侣旁若无人地深情告白，操场尽头有人在痛苦长啸，许是失恋吧。沿操场两边的道路旁，卖小吃的小贩、摆地摊的学生正在招揽顾客，提水壶的、背书包的、抱篮球的同学穿行期间……

一切都似曾相识，闭上眼，时光仿佛又回到四年前。这时小鑫的一番话提醒我已经物是人非：新传院和法外早已全部迁往南区，只留下了研究生楼，我们住的三号楼改作了女生宿舍，连昔日的"砂锅西施"也人面不知何处矣！

时间为寻，几乎将我们留在那里的记忆消除殆尽。他们完全不去想，如果哪一天这些漂泊的孩子归来时，如何找到回家的路。

窗外，雪花在夜幕的掩护下又漫无边际地铺下来，发出轻轻的"沙沙"声。忆起大一或者是大二的那个冬天，古城西安一场大雪带给我们的惊喜和快乐。如今，这西域边关早已是冰雪万里，不知道远在四海的你们那里下雪了吗？

祝愿我的同窗们，一切安好！

作者：张佳，2005级新闻传播学院法制新闻1班，现在武警新疆边防总队工作。

毕业十年
——致我的全体同学

马 云

人生能有几个十年？如果生命是一组乐章，这个十年会奏出怎样的唱响？

人生需要多少积缘？才可以天南海北来相见，共度四年又怀着绵绵思念。

毕业十年，想想都有点儿心颤，时光似乎已将青春拉远，欲把我们推向中年；

毕业十年，细数那些苦辣酸甜，悲伤的事都成过眼云烟，只有微笑锁定了容颜。

十年之前，我们青涩甘甜，年轻的眸子里是好奇、是懵懂，更多的是那明澈的光芒映得师长们艳羡；

十年之后，我们谈笑自然，唇边的笑容里有成长、有意蕴，还有一份不经意的坦然让我们自信满满；

十年之前，放飞的心儿自在校园，万丈豪情，以我为天；

十年之后，忙碌的人儿左右逢源，家事公事，事事优先；

毕业十年，我们相见，牵手之间亲昵依然，一恍惚若相别昨天；

毕业十年，我们怀念，或许不曾魂绕情牵，却一定会梦回从前；

十年之前，足球场上英姿飒爽，篮球场里情话绵绵，《相思风雨中》里有我们共同的浪漫；

十年之后，办公桌上文书成山，家里家外已成中坚，却也会忙里偷闲贪享自己的一片小天；

十年之前，只想独闯天涯，青春结伴，把那四海游遍；

十年之后，家是固定航班，远行途中，也会电话不断；

毕业十年，我们相见，新老校园里再起欢颜，"大河之舞"中心手相牵；

毕业十年，我们怀念，曾经年少轻狂的事啊，已成青春明媚的留念；

十年之前，总觉得光阴无限，肆意晨昏哪会问过去明天；

十年之后，每对着朝阳慨叹，生活的意义是否只在今天？

十年之前，谁心里的小鹿乱撞？谁又会相视红颜？

十年之后，宝贝接二连三，慢拍的人儿努力超前；

毕业十年，我们相见，碰杯的酒香里，似乎又是那个当时少年；

毕业十年，我们怀念，告别的话音起时，竟不自觉的泪珠连连；

人生能有几个十年？这个十年奏响的是灿烂、是历练，更重要的是我们懂得了坚强和承担；

人生需要多少信念？既然上天注定彼此为友，见与不见，我们永远扯着这份情缘；

下个十年，可会容颜改变？

下个十年，情必历久弥坚！

下个十年……

期待亲爱的朋友们再回家看看……

作者：马云，2001届经济法3班，现任职于陕西省高级人民法院。

1997级刑事司法班合影

毕业十年感怀

钟宇华

十四年前的那个初秋

我们从天南地北汇集到一个地方

带着对未来的憧憬

带着对理想的渴望

组成了一个新的集体

从此我们的人生履历中有了共同的一笔

那就是西北政法

那就是九七级刑事司法班

还记得入校第一天宿舍停电后在楼道的畅谈吗

还记得逃课去看兵马俑后与面包车主的纷争吗

还记得图书馆占位的紧张

还记得春游时太白山上的篝火吗

当年的我们那么青春年少
当年的我们那么神采飞扬
我们一起迎来旭日
我们共同送走夕阳
我们是亲密的大学同窗
怎能不珍惜
古城西安
怎能不依恋
西北政法
这里留有我们的青春
这里孕育我们的梦想
十年后的阔别重逢
激动、喜悦、欢腾
笑脸，迎着笑脸
拥抱，接着拥抱
话音未落已被笑声打断
虽然已为人父母
此刻却依然如孩子般打闹
面对孩子们迷惑的眼神
我们轻轻地告诉他们
在这个叫西北政法的地方
你们的父亲、母亲曾经那么快乐
同学的成长进步总是那么让人喜悦
从戎者涌现出全军学习的标兵
治学者成果累累
实务者十佳律师、优秀公务员亦多
热烈的掌声
包含的是对同学深深的祝贺和浓浓的祝福
最感动的依然是同学身上透出的浓浓
西北政法气质

严谨求实之风气

文明公正之品格

如同校园内那块"法魂"石碑

历久弥新

这种气质在

更让我们坚信

毕业十年,是中点,更是起点

作者:钟宇华,1997级刑事司法班校友,现供职于四川省人力资源和社会保障厅。

回想与未来

魏 涛

24年对改革开放以来的中国法治，对20世纪80年代的大学生、90年代的执业律师来说，意味着制度变迁、社会转型、人生道路的抉择和风吹雨打的生活历练，意味着我们每个法律人对国家法治事业的追求。

1985年9月，我拿着让父母欣喜、同学羡慕、邻居惊叹的录取通知书来到身处古都的母校。由学长带着报到、找宿舍、铺床铺、检查身体，在建筑风格朴素、不乏历史沧桑感的大礼堂观看迎新晚会……我在1985级3班，有45名同学，男生30名、女生15名，还有维吾尔族、哈萨克族同学，我们渐渐熟悉，开始了那个时代被誉为"天之骄子"的大学生活……2009年5月1日，纪念毕业20年，我们重返母校，律师、法官、检察官、政府官员济济一堂，还邀请了辅导员[1]，我有幸代表班委、团支部发表聚会感言："20年前，我们带着考取的喜庆，父母的期待，欢聚在西北政法！20年前，我们带着自己的理想，求学在西北政法！循着老师的指引，踏上法学的阶梯。[2] 我们朝夕相处，兄弟姐妹一般，学习、生活，归属一个先进集体。教室、图书馆里夜读的灯光，食堂饭厅里的喧闹，操场上比赛的欢乐，礼堂前的露天电影，翠华山的湖光，楼观台的山色，陕师大、三爻村的泳池……20年来，我们在乡镇、在区县、在省城、在都市，养家糊口，奋斗思考和进取。20年来，我们已为人父母，知父母恩，懂师友谊。20年来，我们生存历练，有法官、检察官繁重的案牍劳形，公务员烦琐的事务耗磨，还有律师的自由、匆忙和无奈，企业家的辛劳与奔波，'相见亦无事，不来常忆君'。同学们挺过来了，我们才有今天欢聚。20年来，我们白发渐生，父母老去；我们子女渐壮，担子渐重……"同学们都很激动、感慨系之，似水流年。背景解释一切，个人的择业不能摆脱时代的召唤和历史的局限。"背

---

[1] 辅导员徐秋菊老师，现为西北政法大学民商法学院民事诉讼法学教授。当时她刚毕业，文弱而秀丽，热情、认真、负责，是个好姐姐。
[2] 给我们讲法学基础理论的是细心、扎实的许俊伦教授。

景化是决定认知功能有效性的一个基本条件。"[1] 1978年，十一届三中全会后，邓小平回答意大利女记者法拉奇如何避免类似"文化大革命"那样的错误时说"我们这个国家有几千年封建社会的历史，缺乏民主和法制，现在我们要认真建立社会主义民主和法制。只有这样，才能解决问题"。[2]面对"可以当律师的，当法官的，学过法律，懂得法律而且执法公正，品德合格的专业干部很少"[3]的实际情况，当时恢复、新设法学本科专业的高校不断招生，我们多少同龄人，多少法律人都参加了当年千军万马过独木桥般的高考，为了实现自己的职业理想和效力祖国的法治梦想，踏上了法学阶梯。我们共同走过的路可能是我们学法为什么和为什么做法律人的回答。

1994年考取律师资格后，我想从事律师工作，彼时，我还在1989年毕业分配去的西安医科大学党委组织部和教研室工作。次年5月，我把在母校大门右边古都法律书店里买到的《丹诺自传》拿出来，工作之余在操场边的悬铃木树下浸迷其中……1995年12月，我去有小江南之誉的汉中开高校党建工作会议，会后散步时，在汉江边一家不起眼的书店买到一本由中国政法大学出版社出版、黄家乐等编译的《律师取胜的策略与技巧》。此书主要介绍美国著名律师的办案经验和对后学的忠告、劝诫，当天我就研读起来。哈姆雷特说"准备就是一切"，读书，读高质量的书就是最基本的准备。1997年5月《中华人民共和国律师法》颁布；4月，我已辞去学校的工作，在金城兰州做了执业律师。做律师干什么？说来简单：代理、辩护，即为理而代，为护而辩。为了法理、事理、情理而代人诉讼，理顺法律关系，理清债权债务；为了保护公民的人身、财产自由，不被无端追究、限制和剥夺及嫌犯应得的公正，彰显社会公正的底线，我们辩白、辩解、辩驳、辩难、辩诬、辩证、辩论、辩明、辩诉、辩护！1999年秋，我由兰州去秦安县代理一件拆迁补偿案件，开过庭后，法庭又通知我说对方有新证据需要再次庭审质证，对方律师持一张发票，意欲证明已方按市场价给我的当事人作了货币补偿；我则辩说市场价指一地区一时段的房屋价格，一次交易、一张发票不足证明，对方哑然。闭庭后，法官告诉对方律师："你还得好好学。"秦安历史悠久，据传诗仙李白祖籍在此，从法院出来，我游览了那儿的太白庙，天高、日丽、云白、风清、境幽、花香。2003年，一个偶然的机会，我们一家三口来到了九河下梢的天津，妻子牛军，是母校经济法系第一届毕业生，做了十三年法官，重返母校读研毕业后调到中国民航大学任教。我则继续执业，期间办

---

[1] [法]埃德加·莫林，安娜布里吉特·凯恩：《地球·祖国》，马胜利译，生活·读书·新知三联书店1997年版，第173页。此书购于离兰州大学不远的凤栖梧书店。
[2] 《邓小平文选》第二卷，人民出版社1983年版，第348页。
[3] 《邓小平文选》第三卷，人民出版社1983年版，第263页。

过了很多民事、刑事、行政案件，①见过了男女老少、工农学商、官民贫富、好歹强弱很多当事人。既在县乡小法庭开过庭，也去最高院代理过案件，还读了研究生。2008年10月，我为来津打工、涉嫌故意伤害一死一伤的被告辩护，被害人的律师讲被告人持刀行凶是对社会秩序、公民人身的严重挑衅和侵犯。我以守为攻，辩说我们无力挽回失去的生命，但有能力不使同为贫穷农民工家庭的伤痛扩大、加剧和继续，我们愿意尽力赔偿。台上三位法官理解、和善的目光投向了我这一边，被告后来被判无期徒刑。2009年夏，受百余名被集资诈骗群众委托的六个上访代表来到市府信访办说他们是非诉上访，我应邀去接待。上访人上访两年，材料背得烂熟，连称非诉，律师免谈，我耐心倾听后说"非诉不能非法"，访者一怔，我遂切入法治正题……丘吉尔曾说"取得辩论胜利的途径是一举击中要害。而且要两次、三次地打击要害——这就是取得辩论胜利的方法"②"无论多么充分的准备都不过分"，这是美国律师的尼察之道。③

律师为师就得传法律之大道，解公平正义之疑惑，这样的能力，这样的作为，离不开学习。你得以律师的眼光研究社会和社会学，由此你理解费老的《乡土中国》和朱苏力的《送法下乡》，会发现法治的城乡二元特点；你会发现马克斯·韦伯关于个人魅力型社会与法理型社会的区别与转型中的中国多么"巧合"；你得以律师的视觉研究经济和经济学，你会对利益分配、经济生活发生兴趣；你得以律师的方式关注政治和政治学，

---

① 给我们讲民法、刑法、行政法的先后有申浩然老师、王文光教授、陈明华教授、惠老师等。
② 黄家乐、李炳成、赵怀斌编译：《律师取胜的策略与技巧》，中国政法大学出版社1993年版，第354页。
③ 同上书，第111页。

你就会发现律师在民主政治建设中普世有为；你得以律师的角度研究文化特别是文化中的人，你会理解法学即人学，律师工作乃是人的工作；历览诉争纠纷，看遍兴衰恩仇，你会多所感悟，由此你还会主动做做思维的体操——研究东西方先贤圣哲的哲学著作，哲学可以使你在料理完纷争后归于静心，归于诚意，格物致知而探究社会与自然的终极。①律师是笔杆子、嘴巴子的工作，②的确，"有的人谈吐文雅，语言很有说服力，他的文章却晦涩难懂，不敢恭维；有的人文笔流畅，笔下生花，但不能亲口用流利、畅快的语言清晰地表达出自己的思想。如果你想成为一名一流的辩护律师……二者缺一不可"。③律师是用两颗心去做的工作，④是给人以应得之份⑤的工作。

对联"藏金藏银藏字画，读诗读词读文章"很有意思，金、银、诗、词、字画，文章都是人们留下和想要留下的东西。固然"法律的历史表明，没有职业律师阶层就不可能存在法治"，⑥但"人为动物，为物之灵，百忧感其心，万事劳其形，有动乎中，必摇其精，而况思其力之所不及，忧其智之所不能"。⑦律师终有跑不动，说不清，干不了的一天……看看中西方一些大所名律，汗牛充栋的图书、案卷和等身的著作，星光大道上的足迹，让人思考和回味，有激励，也有些许的惶恐和歉疚，"年寿有时而尽，荣乐止乎其身，二者必至之常期，未若文章之无穷"，⑧这既是启发，也有一些悲凉和偏狭。回首往事，茫然如烟乎？历历再目，不绝如缕乎？忆想绵绵，如果有人问你们这一届法律人留下些了什么？我们会回答，我们与共和国的科学与文明、民主与法制共进步，我们为共和国的法治大厦添砖加瓦。纪念改革开放30年时，律师制度复业已30年了，我们毕业正值20年，然按中国规矩，"四十"才"不惑"呢？！欲不惑，我们必学史从师。为此，我发表了《中国法律史三字歌》。歌曰："法律史，源流长，　平直，俗礼法。……齐管仲，鱼盐商，法治国，桓公强。郑子产，铸刑书，宽猛济，容民议。邓析辩，学徒聚。老子道，尚无为，法令彰，多盗贼。孔子论，仁无讼，己不欲，勿施人。墨子说，爱与

---

① 当时有社会学选修课，听的人很多，在阶梯教室，是一位武大毕业的老师讲的，这课有意思，有用。给我们讲政治经济学的是李曼琳老师。讲现代汉语、古代汉语、写作的有几位女老师，一位是刘素珍、一位姓赵，还有一位记不得姓名了，还有一个操南方口音的很幽默的男老师。讲政治学的是一位从部队院校复转来的姓马的老师。讲哲学的是张武老师和一位从南京大学毕业的老师，还有一位外聘的老师，他给我开过一个读书单。
② 执业以来，笔者发表普法、科研类文论100余篇，2012年被破格评为一级律师。
③ [美] F. 李·贝利：《舌战手册》，苏德华、林正译，新华出版社2001年版，第41~42页。2002年夏，笔者在兰州大学读研时，与校友孙俊智律师、同文虎法官购于兰大校园书摊。
④ 笔者认为，律师得有为当事人服务之心和为法律服务之心。天津作家刘功业曾以此为题发表过描写笔者的散文。
⑤ 罗马法谚，历久弥新，在母校读书时，外法史冯老师和一位开选修课的老师给我们做了这方面的启蒙。
⑥ [美] 约翰·麦·赞恩：《法律的故事》，刘昕、胡凝译，姜渭渔审校：江苏人民出版社1998年版，第114页。
⑦ （宋）欧阳修《秋声赋》。
⑧ （魏）曹植《典论·论文》。

利。孟夫子，重教化，民为贵，省刑罚。荀卿教，隆礼法。魏李悝，编法经，盗贼囚，捕杂具。秦商鞅，奖耕战，刑无等，重轻罪。法术势，韩李说，始皇喜，秉烛理。廷尉审，御史监，律密繁，民揭竿。汉承秦，法三章，养生息，萧曹规。……小平好，党英明，倡民主，强法制，纠错案，审罪魁。两会开，民意齐，改与革，真理验。路之本，宪法明。地球村，有宪章，国情异，善学取。法治国，体系新，德荣耻，法普及。诉辩裁，求公正，调判和，解纠纷，法科学，与时进，法律人，理念明。治与乱，几千年，三字歌，咏而鉴。"[1]愿我们能抚今二三十载，追昔五千年，畅游于史、思索于史、经验于史、启发于史,[2]观中国当代之发展，眺发达国家之法治，才可思考好、回答好我们能够留什么这个问题……

没有回想，没有未来。

作者：魏涛，1989届校友，现为天津华盛理律师事务所合伙人，党支部书记。

---

[1]《天津律师》2009年第3期，第49~50页。
[2] 每在研读著述时，我常常想起当时给我们讲中外法制史的胡留元教授、冯卓慧教授，中国法律思想史的段秋关教授，冯老师曾来宿舍与我们交流，还给我推荐了世界史方面的读物。2003年我研究生答辩时，段老师受邀到兰大作主评。

面对校友，春暖花开

张 煜

前天　　　我们是秋风里的蒲公英伞花
飞翔　　　却找不到方向
飘扬　　　却没有扎根的土壤
跌跌撞撞　遍体鳞伤
昨天　　　我们是大学校园里的白玉兰花
生长　　　尽情地汲取营养
开放　　　装扮春天的衣裳
清清爽爽　舒展大方
今天　　　我们是回归母校怀抱的执法者
理想　　　插上了翱翔的翅膀
信仰　　　焕发着耀眼的光芒
坦坦荡荡　除暴安良
明天　　　我们是永远年轻的母校儿女
昂扬　　　不会颓废
向前　　　不会后退
兢兢业业　书写辉煌

面对校友　心潮澎湃
面对校友　欢乐开怀
面对校友　阳光灿烂
面对校友　春暖花开

作者：张煜，1988级法律系1班校友。

P228	二蛋你好，我是淘气	杨　静
P232	舍友大胖	曹睿萍
P235	那些年，那些事，那些人	刘智华
P240	政法往事之那些梧桐	聂武钢
P243	我无意知晓自己仍难过	沈亚洁
P248	将进酒　杯莫停	谈　鑫
P251	小吃院的那些人	李　源
P254	悼念我的同学小夏	陈锐杰
P258	"211"纪事	李梦洁
P262	老王这厮	郑　智
P266	施瓦辛格＋伍佰＝政法的福贤	刘鸿伟
P271	楼管大爷黄善学	李　轶
P273	刘海先生留下的不解之谜	王学堂

那些年，那些事，那些人

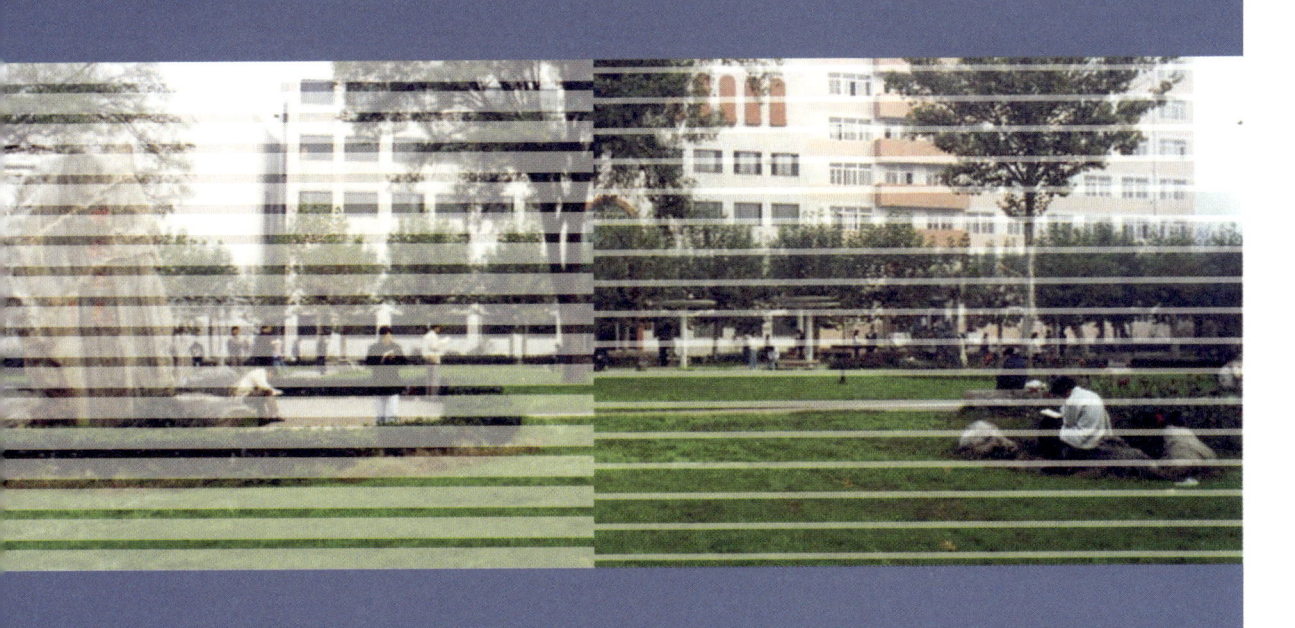

二蛋你好，我是淘气

杨 静

我叫杨静，这个连西北政法南校区对面村庄里卖水果的人们都知道。来北京之前去政法南区，修鞋的大爷仍然是老样子，但在水果摊里再也找不到任何熟悉的面孔。

那年，卖水果的小伙子初从咸阳来到西北政法卖水果。憨厚的样子，红红的黑脸，后来，他变胖了，有女朋友了，结婚了，抱孩子了，再后来，不见了。这个期间，是我跟二蛋一起背上书包迈出宿舍，走向教室，拐出大门口的岁月。

我经常跟二蛋厮混，不学习但背着学习的名义，晃荡在水果摊、米线店、网吧、超市。嘿，起初，好像没干过经天纬地有意义的事情，唯一一件值得提及的事情，就是所有卖水果的都知道我叫杨静。他们时常在商贩的狡黠中透出朴实的友好，因为我有个好朋友叫二蛋。只要我不在她眼前（只限于眼前，即使在身旁或后面也不行），她就会四处张望寻找，喊着杨静。她喊我名字的样子与张望的眼神，不论过了多久，我始终记得。唉，这个瓜二蛋。

记得一开始我很不习惯，老说她。但二蛋说起小时候来西安，她妈妈同事跟她妈妈开的那个关于她走失的玩笑后，我再也没有不习惯她急切地寻找、张望的眼神。我总保持她时刻能迅速地找到我。

记得二蛋刚开始对于我在B103叫她"二蛋"很是反感，找舍友告状说，淘气不该在大庭广众之下叫她二蛋。"淘气"是她对我的称呼。有时，她也会叫我杨淘气，我也会叫她李二蛋。后来，叫着叫着就习惯了。还记得二蛋妈妈来西安，我喊她二蛋，阿姨眼里透出一丝不解。也是，人家宝贝一样的漂亮女儿被我喊了如此不雅的一个名字。我很感动的是二蛋当时的反应，好像从小就被大家叫作"二蛋"一般正常。

二蛋带我干了很多事情，包括怎么上网，认识一件叫魔芋的东西。我喜欢看《参考消息》，边走边看，二蛋经常拿我边走边看还能看出笑声说事儿。二蛋自己喜欢买杂志，她有一堆《读者》《青年文摘》《意林》等杂志，我总喜欢翻看，以至于我在补考计算机前天晚上还在看《读者》，结果呢，换来了毕业前的清考。我体会到了大学里挂科、清考这些神奇的事情，在我亲人朋友眼里是不可想象的。但我坚持认为，在大学里，除了杀人放火，什么都要经历。

二蛋与我一天天地晃荡游走于饭堂、教学楼、网吧之间。刚开始上网我笨得要命，我很羡慕二蛋对我们那在黑板上讲解的 DOS 课程的理解与操作，我是茫然不会。当年就这一点来看，我崇拜她，本以为就这一次，但在大四的时候，我再次崇拜她了。

我最喜欢跟二蛋吃饭，因为二蛋是个善人，不吃肉、蛋。自然这些东西她都会毫不吝啬地给我，毫无眷恋。两个人在一起时间长了，饮食相对受到感染而趋同，我吃肉能力大大下降，估计跟这个有关。现在的我，比起肉，更喜欢吃豆腐。

二蛋脑袋大，很聪明，总是给我带来欢乐，日子在无忧无虑中流淌着。大一的我是个结实的胖子，心宽体胖嘛。二蛋一头短发，跑完三千米，我扶着她一拐一瘸地回来。那天累坏她了，漂白粉的脸变得通红。我记得我在大二的时候拎着两只暖水瓶去提水，回来时在上楼前爆掉一个，爬完楼梯再爆掉一个。当时我在楼道本能大喊一声求助，喊的是"姗姗"。我现在还奇怪当时怎么还有空想得起来，二蛋名字叫姗姗。

我喜欢跟二蛋背着书包在校门外晃荡。一个周四的下午，我们晃荡得忘记了党课结课，结果呢，我一波三折的入党历程开始了马拉松式的绵延。但今天回看，一点都不后悔自己的散漫，只是深深佩服自己当年的"二"。现在没有二蛋在身边，我想晃荡，想去超市捏薯片，想去嚷嚷服务员算错单，想结伴去城西回家，唉，想都甭想。"不想奔三，还没二够"的情绪被压在思想的最底层了。

大三、大四的我们改邪归正，晃荡得少了。老老实实地去上课，去图书馆，去背书。连我都不信，自己会如此转变，唯一不变的是二蛋依旧看着她的杂志，我依旧看着我的《参考消息》。二蛋连马克思主义经济学原理都能考到 92 分。二蛋不愧是二蛋，大四的时候再次让我崇拜。

在备考研究生的过程中，我在图书馆默默打盹儿、发呆的时候，二蛋拿她那能盛 2 斤水的亮绿色富光杯子喝得头晕目眩。后来舍友告诉我们，二蛋水中毒了，喝太多。不久，另一舍友在从五点看英语到十一点的时候看吐了，发现从七点多看英语的二蛋已经把墙、桌子、柜子贴满了英语单词。后来成绩公布，二蛋考了 85 分，而我也破天荒地考到 65 分。二蛋英语好，我那研究生英语分数线 53 分以上的分数都是二蛋带的。不信，你去找个把英语贴满墙的对床舍友试试。

噢，二蛋从她入校的那天开始，我俩就是头打头睡的。二蛋讨厌我给她个脚丫子，不过后来二蛋自己好像忘记计较了。正是这万恶的 85 分使得二蛋的考研成绩飙升到 401 分（好像），成为空军工程大学的第二名。第一名只高出了她一分。这样，二蛋就不再跟我睡对床了。

我们离开了那些背着书包拐到网吧的日子，离开了西崔家庄的活动范围。我去了天津应考公务员，第一次坐火车，第一次出门，生怕被卖到山里去了。每走一地，每换一车，都要把车号发给远在西安的二蛋。那个春天，我几乎是在火车上度过的，而二蛋总是望着我走了来、来了走的脚步。那段时间里，二蛋也要离开了。

离开前，我时常想起大四那个冬天我拔掉四颗智齿时痛苦的样子，不能吃、不能说话、不能看书、学习，乖乖地打完了我一辈子准备要打的吊针。二蛋拿着别人看望我的水果，大快朵颐，每每进食前，还总要在我面前晃一晃。她开心的笑容，亮晶晶的眼睛，我现在还恨得牙痒痒。

后来二蛋去了空工大，我最终决定跟二蛋生活在同一个城市，放弃了天津的工作。二蛋为此劝过我数次。开头的话就是，现在工作这么难找，我把你给我妈说了……呵呵，她的真挚与关切一如后来。

上研究生的日子，一开头，我很不习惯没有二蛋。真的，这话我从来没有给二蛋说过，只是与我研究生临床的舍友商量过，我可不可以叫她二蛋。开始少了二蛋在身边，我生活乱乱的，总是觉得不得劲儿。我原来错以为这个暑假完结与大学时候会一样，还可以像以前一样见到二蛋。那时我就想，如果我有一天谈恋爱了，我的砝码压得一定很重。害怕对男友的依恋大大超过二蛋离开这种情绪，那我岂不是要伤心孤寂绝了，以至于前怕起来。如今我都一把年纪的来读博士了，记得打给二蛋的电话，第一句话还是没有出息地说，我在这里心慌得很。

二蛋从军后，我去看过她，瞅了瞅她们宿舍，发现我想跟她再住一晚上是个奢望，后来我就默默地回了。我们有时候会去吼歌，会出来见面。有段时间，二蛋很难过，她来找我，而我感受到了她的难过，但我舍不得她说出来的难受。我怕，怕我无法安慰她。那一天，我跟她谈天说地，就是没敢接她要说的话，后来她去找那个我大学隔壁的姐妹。现在二蛋估计都不记得这档子事情了。但这件事，我有愧，后来认识到当时的自己太不成熟。我的愧疚时常会提醒我避免再发生类似的事情。是的，大多数时候，朋友不是需要一个赛诸葛，而只是需要一个倾听者。

前段时间另一个大学舍友被狗咬了，面对对方的市井无赖与咄咄逼人，有种秀才遇到野蛮人的感觉。我再次想起了二蛋。

我上研究生时，临毕业，二蛋带着包裹细软来我们宿舍，她想逃离空工大一周，跟她亲爱的淘气在政法再住上一个星期。研究生期间我赚钱不少但花钱无度，时常要靠二蛋接济。她来时正值我青黄不接的"月光"时期，没有很好地招待她。

有一次我们坐了趟公交车回政法，下车时我不小心踩了一位女同志的脚，结果这位女同志如上面提及的狗主人一般，不依不饶。我连声的道歉换来她的更高声，二蛋见劝

解无效，一把拉了我的手下车来，对着那人喊了起来。结果呢，我的郁闷与难受气全被二蛋还给那位女同志了。下车后，我们回到政法，不巧的是，那位女同志在我们之前走进政法，走向了家属区。我还担心冒犯老师呢，二蛋接上说，那女同志绝对不是老师，政法的老师不是这个素质，在政法泡菜坛子熏出来的老师不会这么没素质。法律人的基本功是"不骂而屈人之兵"。事后我想，要是当时被说的人不是我，而是换成二蛋自己，估计她也不会那么潇洒自如地击退那位女同志。

现在二蛋留在了那个美丽且让我无限怀念的城市，而我离开了，离开了那座祖国的中心城市，来到了外族出没的燕山脚下，来到这里。到这里，写下我与二蛋的曾经。明天，二蛋将成为一位美丽的新娘。此前我还因她婉转的建议气呼呼感伤不已。现在，姑且搁置。满心满意地祝福二蛋，幸福快乐一生。

本文写于2011年作者于中国政法大学攻读博士学位时。目前，她已毕业，回到母校任教。与二蛋同在一座城市。

作者：杨静，2003级法学一系，现于西北政法大学任教。

舍友大胖

曹睿萍

大胖在朋友圈晒了三年多的儿子了，看着她身上始终没减下来的肥肉不免感慨：大胖地位稳固啊！别听大胖这名字挺俗的，其实大胖是个文艺青集成、表里极不如一的伪汉子。她能在人山人海的食堂抢到座位，并风卷残云地呼完一顿饭；能去康复路批发城扫些物美价廉的衣服却不费吹灰之力；能着急了憋出来一句老娘怎样怎样……貌似钢铁不入的大胖，拖着她圆滚滚的屁股，在寝室中晃荡了四年。其实很少有人在意到，大胖在深夜对着台灯沉思的样子，在纸上沙沙描写的样子，她傻傻等待的样子，还有她强忍着思念的样子。大胖有太多面，她的坚强下一秒就有可能是泪水，她的无畏背后就藏着彷徨，说到底，她和我一样，就是普通的一个。

凭着和大胖在阅读方面有些许共同爱好，我俩曾经"惺惺相惜"过，大胖给我写过一封鼓励的信。那时我试图给一本常看的杂志投稿，现在想来，自己那时莫名的惆怅真是太多了，那些做作的小感受变成文字只是无病呻吟罢了，得不到回应的作品把我带进过深深的孤独里。是大胖拯救了我。记得那晚，舍友们都睡了，只有我和大胖的灯亮着，一会她扭着腰过来递给我一张纸，又扭着腰回去，她真的是太胖了，说是扭着，不如说是挪着走吧，她也没有洗漱，直接把架子床踩得咯吱咯吱响，上去躺下扯开了无忧的呼噜。任我怎样回忆，我也想不起来那纸上写着什么了，只记得当时的情景就是这样，但有一点毫无疑问——大胖表达了对我的关爱和鼓励。可见，大胖的内心还是很细腻的，她知道别人需要什么，而且能给得润物无声。

我跟大胖犯二做过一件傻事：选修高数！我们觉得大学太无聊了，整天面对那些条文和理念，根本对不起我们的大好青春。在确定选修之前，我们充分了解了该门课程的难易程度，在得到困难重重的结论之后，我们还是义无反顾地选择了挑战自我。我当时真的有一种视死如归的气势，我就不信，只要用心还能学不会？大胖内心的坚定只体现在一句话上：你说得对。大胖就是大胖，不但表达了自己的立场，还非常明确地肯定了我的立场。然而搞定高数课程的过程多么艰辛我实在不愿提及了，因为说得越多，越说

明我和大胖的智商是多有限，高数课堂上我只能扮演笔记机器的角色，大脑无从思考，听天书的感觉爆棚。后来我和大胖在高数考场上只能铤而走险，完全靠抄袭前排同学的答案才勉强过关。这场战役的结果是显而易见的，我们败了！

此后，我们对自己并没有丧失希望。我和大胖依然不甘心大学四年就这样平庸地度过，在学校的张贴栏来来回回研究了好多次，决定利用课余时间修个二学位。我俩在金秋十月的金色阳光里，去考试中心了解相关情况。经过无数遍筛选，我们能考取的二学位不是要考高数，就是对外语要求较高；这次，我和大胖都没有被意气左右，毕竟，高数带给我们的打击还隐隐作痛。不再盲目自信，或许，就是我和大胖从高数课程中学来的。我们只好脚踏实地地研习我们的法律课本，费劲地通过体育课800米考核，为了四级自欺欺人般地去买英语杂志阅读……那些意气风发的日子渐渐归于平淡，我和大胖诗歌风月的幻想也突然沉寂了。

此外，大胖还有很多"丰功伟绩"。比如长跑比赛后失声的狼狈，一门开卷选修课连续挂掉一路熬到清考，给一个负心的男人织长长的围巾，写一些没人太懂的文章和诗歌……

但是，不要以为大胖的大学就这样失魂落魄地度过了。大胖身为舍长，不但制定了我们宿舍的卫生管理制度，维持着良好的宿舍秩序，还带领我们宿舍搞创收工作，并取得了骄人的成绩！如你所知，一到夏天，庄严肃穆的政法天平楼里闷热无比。有天晚自习后，大胖看着同学们留在桌兜里的矿泉水瓶眼睛就放光了。不得不承认，大胖就是有远见卓识，在她的带领下，我们宿舍全体克服害羞心理，发扬艰苦奋斗精神，克制提前下晚自习欲望，统一坚持到同学们都走了，阿姨打扫卫生的时候，捡起矿泉水瓶来。刚开始，我还很不好意思做这样的事，大胖义正词严地说：保护环境，自力更生，应当骄傲才是！到后来，我完全被大胖感染，只恨我们能力有限，不能把教学楼里的空瓶子都捡了。短短时间，我们的矿泉水瓶就在宿舍堆不下了，那时候，空瓶子收购的价格还是很高的，1毛钱一个，我们卖了好几十块钱呢！当然，舍费都由大胖保管，这钱怎么花了记不得了，但劳动就是美，这样认识的建立和执行，是大胖教给我的。

不能免俗，在大学大胖也收获了属于她的爱情，我们跟她学习了不少关于爱的知识，倾听了许多爱的感慨，分享了爱的甜蜜。毕业后，再没有和大胖见过面，我们分别建立了各自的家庭，在属于各自的世界里继续生活，我们的联系稀稀疏疏，却从未感到过生疏。那个娶了大胖的绥德汉子如今也起了啤酒肚，和大胖带着儿子四处旅游，大胖偶尔会在朋友圈抱怨绥德汉子的不是，但他们的幸福还是溢于言表，让人簇生出来一阵阵温暖。

相识十年，无论多远，我和大胖始终都有一个交集，今天十分想念她。人生本来就交织着千百种感受，遇见和离开千百个人，我和大胖平淡的相识相知，注定了只有平淡的感情。她是茫茫人海中与我携手同行过的一个，我是悠悠岁月里与她共饮过的一个，或许她只是在我的朋友圈点个赞，或许每当我看见她晒幸福的时候都要嘲笑她的身材，或许我们从未期待过再见面的时刻，尽管我们也曾一约再约……所幸我们共有的曾经如今看起来都波澜不惊，平淡又怎样，平淡才能长久。

大胖么，还是那样，身材维持得很好，配得起大胖这个名字。

作者：曹睿萍，2004级民商法学院，现供职于兴平市国家税务局。

那些年，那些事，那些人

刘智华

"人非草木，孰能无情"。四年政法，1000多个日日夜夜，不说身子，但就内心早已被一草一木一人一情一景一物一片段拿捏、揉碎、打砸、融化后重新塑造，法的精神、理念、信仰已潜移默化不知不觉地融汇到每一滴血液。只是一般情况下我属于后知后觉型的，一直懒于启笔，直到昨天吴晓栋同志说写写我们的王格平同学，才觉得是有必要连同那些事、那些人一块写写了。

那些事

信箱和信 "新生信多，老生事多"。刚进校门，办完入学手续在宿舍还没坐下，这句话就在楼道里被学哥学姐们灌输到了我们的耳朵里，可不，学校大门紧北边那个信箱室就成了我们这群新生最为牵挂的地方，为同学们接收信件的那个刘洋也成了同学们关注的人物。每天一下课，到宿舍后第一件事就是看有没有来信，晚上做得最多事就是写信，给高中的老师、同学、家人写，当然少不了好多同学是给女朋友写。一个学期下来，竟有厚厚一沓几百封信件，薄的厚的撂到一起甚是壮观。一到第二学期，对于信件的热度就遽然降温，写得也少了，收得自然也就少了。真应了前面那句话，但这个阶段每一个新生都会有，这也是众多新生远离家乡来到一个全然陌生环境下感情转换期的临时驿站。

篮球、NBA 和体坛周报　爱打篮球是我们这帮小子的通病，经常在下午的时候，一呼就应成群结队拿着篮球就到了学校南边的篮球场，通常都是打半场，偶尔也打全场。一蹦子地疯打，任由汗水浸湿了短袖。那个时候由于技术的原因，转播 NBA 都是通过香港的 ESPN 台转播，且往往都是录像，实况很少，记得很清楚是 1996 年的总决赛，那时乔丹复出后第二个三连冠的头一年，公牛和爵士，几个人相约就跑出去到录像厅看，看不上比赛，就到报刊亭购买体坛周报，拿到体坛周报最先看的版面就是 NBA，1997 年总决赛期间学校有一台镭射，在新教学楼的四楼，到 1998 年就好多了，中央台也开始直播了，但从 1996 年开始买体坛周报的习惯却坚持了下来，即使乔丹再次宣布退役，焦点却从奥尼尔、科比、艾弗森、邓肯，到王治郅、巴特尔、姚明，从 NBA 转而到世界杯，直到上班后好长时间里我还一直在关注体坛周报。

3 号公寓　想起入学的当年，背着一包父母早已为我准备好的日常物品，手拿入学通知书，跨进高大庄严巍峨严肃的大门，前行不远，就到了报到处所在的人头攒动的行政楼前。看看忙碌的人来人往，感觉自己是不是又到了火车站那边，正惶恐间，刚好 1994 级一学姐热情大方地招呼，然后带领我和李静明办完所有的手续。学姐不高的个头，齐耳的剪发，略显富态的脸庞，一脸的阳光。非常感谢她，到现在已经记不得她的名字，只知她本就是西安人，就是因为喜欢法律才考的政法。一到宿舍所在的 3 号公寓，所有美好的心情一下子就被现实冲刷得无影无踪，理想很丰满，现实却很骨感，宿舍楼与图书馆中间的垃圾场始终让人无法接受却又不得不熟视无睹。直到几天后同学们私底下流传的一个段子说什么"大门像国务院，行政楼是火车站，3 号公寓赛猪圈"，才释然一笑。

课桌文化　开学后好长好长时间，直到 203 室的某同学关于"课桌文化"的文章在校园通讯刊发后，我才逐渐注意到此事，在老教学楼上课前，看课桌上被其他同学刻写的词句，有的风花雪月，有的伤情离别，有的慷慨激昂，有的干脆刻写一些流行的歌曲的词句，印象最深的就是成龙与其他几人合唱的《真心英雄》，"不经历风雨，怎能见彩虹"这句最励志，不过聂胖子的

1999年9月西北政法学院法学三系成立合影留念

那篇文章最终的落脚是希望同学们保持理智，劝解不要再在课桌上刻画，大意是课桌也会喊疼。然而事情并没有发生可观的变化，课桌文化依然风采依旧，慢慢地风吹草长，流泪的课桌依旧默默地诉说着同学们的儿女情长。

<h1 style="text-align:center">那些人</h1>

老师和他们的课：

辅导员杨仑 永远都是那么一副娃娃脸，金丝镶边的眼睛下浅浅的笑时隐时现。没有具体的课，班会的时候很没有架子地和大家一起说说笑笑，气氛总是在欢快轻松的氛围中进行，只是抽烟的姿态令人销魂，点一支红梅或红塔山，深吸一大口，然后任由青烟一丝丝一缕缕徐徐飘出，弥漫整个脸庞，待其升腾至头顶，幻化为各种奇形怪状非常抽象的图案，临近毕业了才知道杨老师还有一手好毛笔字。

教《西方思想政治史》的王楷模 这是一门选修课，在选之前就已经听同学们议论，王老师的著作成果颇丰，治学严谨；还听说王是陕北绥德人，不免就想起"米脂的婆姨绥德的汉，清涧的石板瓦窑堡的碳"这句话来。米脂的婆姨印象中只有书中所描写的貂蝉的模糊样子，想象中绥德的汉子绝对可以和吕布媲美，以至于上第一堂课时我们都不敢相信自己的眼睛，低低的个儿，低低的声音，尽管他自己努力地说着普通话，但陕北方言和浓厚的鼻音让我们还是很难听得懂；倒是王老师的烟瘾特别大，一根接着一根，一节课下来，一包烟就不见了，至于抽的啥烟，那个时候真的没注意。

教《法理》的葛洪义　对于每一个涉足法学领域的学子来说，法理学是谁都绕不过去的最最基础的学科；葛老师1米80还要高的个头，圆圆的脸庞，十足的学者派头，稍微一丁点的秃给这个中年男人增添令人无尽遐想的空间；印象最深的是"法平如水"那堂课，整个一节课他就黑板上写了一个大大的繁体"法"，然后就滔滔不绝，至于讲的啥现在是一点也记不得了，倒是1998年校庆时，行政楼前雕塑中的水流却让我们想起了葛老师的那句"法平如水"，斯时，葛老师已经远调南方。

带烟嘴的杨小君　《行政诉讼法》是我们行政法系的必修课，杨乃典型的江南气质，一头卷曲的黑发，长方略显瘦弱的国字形脸庞，蓬松而茂盛的八字胡，话语中带有江浙普通话味，不轻不重也不抑扬顿挫却浑厚无比磁性十足。他给我们讲具体行政行为，讲抽象行政行为，讲行政复议前置，讲诉讼期间……总能把人引入一个氛围。值得一提的是他抽纸烟，瘾不大，却要用烟嘴，就是一看到他的烟嘴就让人想起卓别林，只是不知现在还抽不抽。

同学：

阁老王格平　世间有两种人最可怕，为"抬头的婆娘低头的汉"。挺胸抬头的婆娘天不怕地不怕唯老娘独尊，也难怪《美学》老师上课时总是提及"母老虎"一词；低头的男人总是在思索，他有思想，而有思想的人是值得敬畏的，"阁老"就是这种。"阁老"的真名为王格平，203宿舍，帝都人士，天朝来的，京派味十足，因而我们就给他起了"阁老"这个外号；一看名字，便知有底蕴。他的名字乍看平淡无奇但却不敢细祥，最为惊奇之处就是那个"阁"字。《礼记·大学》云："致知在格物，物格而后知至。"阁老不敢说学富五车，但绝对不是我辈所能匹及，尤其在哲学课上他才思敏捷思维清晰有条不紊而高谈阔论，大二就常常代表学校在《陕西电视台》参加一个什么座谈的节目。喝不了酒，一瓶汉斯啤酒就可以让他睡一天。

英语奇才李明春　在那个英语风靡的时代，加上学校的过不了四级拿不到学位证的规定，几乎造就了近一半的学生在一半的时间都抱着英语书籍在"啃"的校园一大风景。李明春则不，大一下半学期就过了四级，然后很快地过了六级，也没见她怎么学啊！她是东北人，黝黑的皮肤，敦厚而富态的身材，一头长发，不太说话，但在英语学习上绝对属于奇葩一个，看着她在英语学习上悠游的神态，不免常感慨自己是"麻袋绣花，底子太差"。

L和Z　处于青春萌动期的大学新生，对于爱情是最最敏感和向往的，虽然院方一再明令，在校期间不准谈恋爱，但无论你如何也阻挡不住同学们急切的渴盼。胆大的半公半开的，胆小的偷偷摸摸犹如革命党。L和Z属于第一种。他们是东北的老乡，L以一种大气凛然舍我其谁的霸气之势，慨当而慷当之无愧地阻挡了其他所有跃跃欲试的哥们；Z则小家碧玉似地投桃报李，并以"名花有主谢绝骚扰"的姿态捍卫属于自己的爱情，于是他们出双入对，一块儿上课、一块儿手挽手去食堂打饭、一块儿提上水壶去晚自习、一块去图书馆消磨时间。

阿飞和小姚 阿飞和小姚则属于前面所说的第二种。阿飞和我是舍友，如果不是临毕业那次聚餐一杯一杯地喝酒，喝得一个个东倒西歪后，他们的爱情是不会公开的，犹如"红萝卜调辣子，吃出了没看出"，谁都没看出。阿飞典型的云南白族"阿黑哥"形象，而家在北方的小姚则是班上比较活跃的一分子，平时很难寻觅到他们两个在一块的踪迹，然而却不可思议地成了。这分明就是"明修栈道，暗度陈仓"啊。

说实在的，我确实是误打误撞懵懵懂懂稀里糊涂一不留神给走进了政法的校园。那个时候，经历了万众厮杀过独木桥的黑色七月后，填报志愿时不知天高地厚地在行政管理栏目内一番搜寻，却最终踏入了行政法的大门，至此，畅游于法的海洋再也没有出去。

一直以来，我都以王小波笔下那只"特立独行的猪"自诩，在社会的大熔炉里常常是"未敢翻身已碰头"，被岁月这把无情的杀猪刀戳得遍体鳞伤而千疮百孔，所以也就只好随遇而安随波逐流，以期苟延残喘而苟且偷生于当下。

记忆中的政法在一个又一个庸常的日子里，如流水般已被冲刷、掩埋与尘封。难得今日驻足，拨开扭曲缠绕的丝藤，那些事那些人那些情才渐渐又被慢慢拉回到上面的纸上来，聊以为记。

作者：刘智华，1995级行政法系1班，现供职于陕西大荔县公安局。

政法往事之那些梧桐

聂武钢

从生长的西南到西北上学后，我在政法待了七年。

1999年毕业季，伤离别的大环境下，将离西安的我也被熏染了，以为政法的日子会很难忘，会历久弥新。然数年后再毕业，类似感觉就已显著淡薄。

真正10多年过去，发现难忘的是那些同学或老师，或者沉淀的校园时光，对西北政法本身，我似乎并没有密集的想念，它的身影、气息已变得颇稀疏。这样说，虽然不讨喜。

心底耿耿于怀、难以释然的，是校园里那些大梧桐树1998年左右被砍了，因为树，对人失望。

第一次跨进长安南路的校门，最喜欢的，或者说对当时很感失望的我带来慰藉的，便是大门和行政楼间道路两侧的大梧桐树，大多约莫两个人才抱得过来，高数十米，相连成荫，乔木苍翠。家乡县道两边，也种着许多的大梧桐树，连接着我和祖母家，初次远离故乡的不安，因似曾相识而有了安顿感。

初进大学，感受了一周只开三次的澡堂三天两头在"检修停业"，食堂饭菜寡然无味的素淡，某些行政部门的搪塞蛮横……毕业后在其他高校游历，体察出区别，当时却觉得习以为常（不了解现在情况）。因为大树，见识甚少的我于是认为西北政法还不错，至少有些大树，除了这两排迎宾梧桐，还有行政楼前的大垂柳，礼堂附近也有寥寥数棵大梧桐。

大树，让大学有了气场和生机，挡风沙、遮烈日、栖鸣禽，大学里除了大师，还必须要有大树，否则缺少灵魂。如一个家庭，大树如同祖辈、父辈，缺少老人的家是缺乏故事和传承的家，是过春节总有欠缺的家，不能叫作大家。而大学，须有大家，也须像大家，须有老房子、老教授和大树。

入校后，为考四级，我被迫天天早起背单词，总喜欢站或坐在大梧桐树下，树顶是小鸟啾啾，树下是笨我呱呱，相听两不厌。那些时日是我至今想来最充实的大学情景,虽然我不认为有意义。不久我即以60来分蒙混过关,是班上过得最早的一批。

当时伴我早读的,还有不少校园情侣,我是有压力,他们是有动力,故往往起得更早。到了晚上,树下、树后常常人影婆娑,保卫处、学生处还联合查过,我班一女班干被强光手电照到后,全校通报,哭了好几天鼻子,并被撤职。如今看来,似为政法院校里的人权诙谐剧。

但这不是树的错,菩提本无树,明镜亦非台。大树是庇护学生的,只是"敌人"有特权。毕业后,女班干和当时一同被照的男友结婚了,再也不怕被照,还到某直辖市干了公安,不知是否有想"复仇"的情愫,以及后来有没有照别人。

政法校园里潮汐般上演的迎新生、接老乡、送故友,聚散依依,故事永不变,主人轮流现。以及夏日傍晚在长延堡吃肉咪酒后,趿着拖鞋返校的同窗们,无不构成校园的温暖,挂满横幅、标语、气球的梧桐树与他们的青春相依相伴。

大概是1997年,为了学通社招新,我亦挺着略显胖乎的肚子上梯子,摔了一大跤,只为挂横幅,结果第二天没了,听说被学校某部门扯了。每年毕业送老乡、送学通社舍友等,大梧桐树也是必选的留影背景,然后会餐再返校,多有人抱着梧桐吐的无怨无悔,第二天秽物腐了就是好肥料,也算相互成全。

当时读到一段话,深以为然,大概意思是——判断一所大学的能力与水平,可以用

校园里的树作为参考。凡是树木年代久远且繁荣茂盛的大学都是不错的大学。有大树说明有时间的积淀，时间积淀是支撑大学成长的最重要的资源，看了国内外多所大学，这是一个比较普遍的规律。因为时间与积淀是决定大学能力与水平的关键因素，也是决定人的能力与水平的关键因素。

可是，约在1998年时，那两行迎宾大梧桐悉数消失。开始的时候是剪枝，我们以为是修剪树型，然后挖树根，我们以为是校内移栽，再然后就是消失，树坑里补种了孩子手腕粗的其他树种。听说老教授们联名写信抗议，可智者的建议抵抗不住权力的蛮横。

1999年前后，行政楼前的那些粗大的数十年的垂柳也悉数被砍挖，被种上肤浅的玉兰。一树春风千万枝，嫩于金色软于丝。折柳相送、临行折柳惜别始于长安，砍柳毁柳，弃视年华，则演于政法。

这些年，我陆续去了华东、西南、中南、中国等四所政法院校，发现它们都有比母校多得多的大树，包括梧桐，尤其是华东政法长宁校区，百年梧桐遍布全校，市级历史文物建筑"韬奋"楼周围和苏州河两岸更是，走在那些树下，顿觉远离世俗喧嚣，回归纯净质朴，即使身处繁华上海滩。那些个青春，那些曾经的理想，如苏州河的水气般，扑面而来。就更觉大树之珍贵，政法梧桐被毁之可惜。十年树木，百年树人，时任管理者们对大树若无爱心，对成长更慢的学生又会有多少耐心、爱心。

一个城市的历史深度和精神高度，大约可以从它的建筑上看出个眉目来，一所大学的气质和深度，则可以从它的大树上看出端倪。没有历史街区的城市没有文化，没有大树的大学则没有人文。所以，大学新区只能叫校区，不好叫校园，无大树则无园，更无传统也无往事，无回忆也无留恋。我看过母校长安校区建校时的照片，感觉更是如此。

考六级时，因为没有了大树，我失去了喜欢的晨读场所，也失去福地，至毕业，共考了四次之多，也没有通过。

再后来去武汉大学等，被珞珈山梧桐之多、之美深深的震撼，愈发怀念母校那些被砍的梧桐。心底那一簇簇大树庇护带来的母校温情因树的消失而变得突兀。"庭有枇杷树……之年所手植也，今已亭亭如盖矣"，古人叹树爱树之真情诗文，则反复缭现，与之衬映。

再再后来，我读了环保法的博士。

难忘的，终是那些梧桐，那些树下的青春岁月。

作者：聂武钢，1995级行政法系1班校友。

我无意知晓自己仍难过

沈亚洁

今天，2014年8月21日，星期四，是我到工布江达、到单位整整30天的日子。毕业离开大法西51天，离开紫阳第38天，到西藏的第37天，距离23岁生日还有202天。日子过得浑浑噩噩迷迷糊糊，重要的日子却也都要记得，我总是害怕不被人惦记不被人珍惜，所以，在心底，总是分外珍惜生命过往中的每一个人，每一段风景，这些都是经历，时时刻刻提醒我记住过去点滴的幸福还有那些不能忘却的情谊。

那是2014年6月30日。

我睡在宿舍的床上，现在是倒数第二个晚上，参加完毕业典礼，东西都整理得差不多了，快要彻底离开；再次回来，都只能是以一个旁观者的身份了。心里的感受很多，却不知道怎么用语言去表达。中午和之之拥抱的时候，想到或许未来若干年我们再也见不了几面，就特别特别想哭；能遇到合拍的人并不多，有些人或许也只是在某段路上能够结伴而已，想来就觉得很是伤感。

我放下自己所有对于感情的执念，期待在未来的生活会有个更好的结果，我固执冲动三分钟热度，说话不过脑子还越来越没有下限。但至少，我是向着一个好的方向在努力，变成一个更好的自己。明明白白的期待，让我膨胀让我想要炫耀，终于都戳破了，一个瘪瘪的气球是怎样也飞不上天空的，于是，更加低到尘埃里了。

看到10号楼前一群男生用床单抬着醉酒的同学回宿舍，我们用醉酒告别我们的大学，也告别我们的青春，这样放肆大醉这样不知天高地厚，以后也都不会再有了吧，撒有娜啦，我的大学！撒有娜啦，我的青春！

回头再看看毕业前写的这些零散的文字，越来越觉得伤感，想来在这个没有阳光的宁静的夜晚慢慢想想我的大学，回忆在我记忆中的那些温暖的人和事，算是一种温存也是留存的一种祭奠，也想在这个时刻安慰一下孤独的自己。选择来西藏工作是我梦寐以求去达成的愿望，熟悉的人都知道这是一直以来对我而言最重要的梦想，如今算是实现了吧，没有什么抱怨的但也没有大的欣喜。当一个自己期待已久的结果出现的时候，漫长时间的等待都已经磨平了之前那些期许，又或许，生活中有些琐碎的小事磨掉了等待中的幸福感。但好在，我还是我自己，也还在做着自己喜欢的事情，没有妥协到丢掉更多。

2010年我18岁，但现在已经22岁了，大法西承载了我的四年，如果这一辈子我们能有幸活到 80 岁，那么也就是只有 20 个四年而已，一点都不算多，我生命中非常重要的人陪着我一起过了四年，虽然现在我们也都天各一方，但在所有人的心里，我们也都还是在一起的。

2010 年高考结束，西政在线的新生群陪我度过了整个暑假，虽然一直没怎么说话，但开学后直到毕业后的今天，新生群的伙伴也都是很重要的存在，我们一起玩耍一起吐槽甚至闹到要打群架的地步，相互对骂生气到面红耳赤，但依然还是摆脱不了在彼此生命中的存在。我一直记得毕业前聚会结束坐在 10 号楼前相互对骂的场景，也记得和每个人之间留存的故事。

2011 年暑假，大兔哥、挫逼熊和他们学通的伙伴去紫阳调研，我跟着他们跑了两天，他们还在我家吃到了我做的饭；遗憾的是没有一起好好玩耍，但认识了好多学通的伙伴，也是一种收获吧，失去什么、会在另一处得到弥补吧。2012 年清明，我、挫逼熊还有歪爷一起跟随着超级超级大水货小红去了他在河南的家；三天假期，我们就去了博物馆还有水很清澈的公共厕所，要一块钱一次的黄河边，就窝在他家吃他妈妈做的土豆红烧肉粉蒸排骨看了三天的《甄嬛传》，外加帮他隐瞒恋爱史，一个对象一顿饭。截至目前，挫货还欠我们三顿饭外加阿瓦山寨、鸭掌门各一次，估计也就会欠到葬礼的那一天了吧。

中间偶尔都会相约一起吃饭，挫逼熊永远一路的熟人和电话，麦子和大兔哥发奋图强学习，也就我们偶尔还厮混在一起。2013 年冬，因为一个特么的香蕉派，好基友差点跟我绝交，这个事情到现在我依然耿耿于怀；2014 年春，小红、麦子、小太阳、歪爷还有挫逼熊一起去了平遥，开启了逗比友尽之旅，因为要面试没有去成的我也被他们黑得体无完肤。之后的"五一"，在汽车站排队一个半小时我、少博、挫逼熊一起去了大商洛，爬了腿都快要断掉的金丝峡。毕业前，所有人也只是聚在一起吃了顿饭而已，后来，大家越来越忙，没有再在一起。29 日晚上是我见好多人的最后一面，没有跟大家拥抱，更没有去送别，只盼我们以后还有机会相聚，还有新生群那群可爱的学长学姐学弟学妹们，珂珂，持妈，珀叔，风筝姐，奶哥，果果，容若，小贝，还有好多好多新生群的伙伴，请让我们还像 2012 年登船前聚会那样再次相聚。

我的大学，最最最重要的存在就是社联，不光是这个组织让我觉得充实，更重要的是在这里我遇到了一群超级合拍的小伙伴们，这一辈子他们对我很重要。虽然可能喝醉之后我说这一辈子再也遇不到像你们那么好的朋友了这话显得特别矫情，也会觉得幼稚又天真，但对我而言，你们已经是亲人一般了。从

宣传部王英、张舒茜、赵黎强、翟辉五个人一起的组合到后来这12个人的小团体，我们一起经历了很多，慢慢地这些感情都融入血液，变得再也无法割舍。我们一起组织过很多活动：社团辩论赛、社联迎新晚会、游园晚会还有素拓，在这些活动中我们加深对社联的感情，也慢慢加深对彼此的感情。

  陈骞曾经在一本书中看到一段话，是我们对于社联感情最好的诠释：狂热是什么？狂热就是你看到一群人默默地和你干着同样一件事情，却毫无抱怨，你恨不得跳进锅炉以表心迹。狂热也是你和他们说话，恨不得把心掏出来，甩他们每人一脸子的热血斑斑，然后哼的一声收回去。狂热是大家热火朝天聊着天，你体力不支睡着，睁开第一眼后不问任何问题，自然接着话题聊下去，没有人会因此而惊讶。狂热是一群朋友，可你会忽然忘记他们是你朋友，那分明是另外的一个自己。我们就这样一直一直坚持着，包括竞选，除了一部分原因是还想继续为社联这个家一样的组织做贡献之外，另外一部分，还都是舍不得离开一起奋战一起聊天一起吃火锅一起玩游戏一起疯玩一起吐槽相互嫌弃的战友。

  我一直都说，在社联，我最要感谢的人就是翟辉，他们都说他像爸爸一样照顾我，其实差不多也是这样的吧。我很容易情绪化，也会没脑子冲动地做决定。在大二当副部长的这一年中，还是因为他的无限包容才会有大三副主席的那个我吧，不然恐怕也不会一直能有机会留在社联吧。虽然后来他变成了我们四个女生的粑粑，也会在朋友圈状态中打击我！但就像他说的一样，虽然骂我脑残，但也都没有嫌弃我啊，知道你不好笨蛋一样但依然愿意照顾你跟你做朋友，这样的朋友就是好朋友吧，粑粑一定要加油好好工作！茜茜大三暑假去我家玩，回来的时候腿上被蚊子咬的全是疙瘩，半夜聊微信一起去厕所，在卫生间我唱儿歌给你壮胆，你陪我去医院陪我吃饭陪我聊天。后来有了碎碎就开始慢慢不聊天了，在一起的机会也不是那么多了，我们一起去了凤凰和重庆，虽然过程中也有些不愉快，但总归都是些美好的回忆吧。你和碎碎一定要好好的给我养个女婿，这是很早之前都说好的事情，一定都不要反悔。碎碎一直开导我，说了很多我并不知道的事情，也是所有人里面最能隐藏秘密的一个，和茜茜好好过日子吧，份子钱我一定不会忘。老黑广治总是欺负我，两个最黑的人还在同一个部门，也是离我们最远的人，不知道以后婚礼还有没有机会参加？一起在办公室门口的大台阶前玩谁是卧底，广治出了一个翟辉其余白板的题目，我现在都记得。还有跟老黑的二逼二人组，李哲永远在话题之外，睁着小眼睛呆萌地看着大家，永远抽离在话题之外，个子小小的栋栋，心里却拥有最强悍的力量，大四下我凑热闹跟着考研的小伙伴一起去自习室，栋栋每天都会给我打电话，我们一起去自习室一起去吃饭，后来就是我们几个女生在自习，老黑，胖凯，栋栋就去自习室隔壁开黑，大半天都不会见到人影，虽然我去自习室也就是捣乱去了，但那段时间，是我最安静最平和的日子。

　　胖凯大二暑假跟我一起硬座12个小时去了宁夏，我们一起看到了沙漠也吃到了好吃的涮羊肉，也一起看到了不一样的风景；以后当了老师，请好好教书育人不要浮夸，也要注意减肥。跟陈骞之间也不知道怎么样就熟了，大二招新的时候还把名字都认成了陈赛，后来可能都比较二逼吧，就经常一起吃火锅然后唱歌一条龙服务，一整天就这样废了，还废了一个又一个这样的一天，我们一起主持过六一晚会，每次见面都要互损对方，我、茜茜还有妍妍曾经在12号楼楼道在台阶上一边聊天一边和陈骞熬的绿豆粥直到半夜两点，妍妍，我和陈骞也经常三个人一起吃完饭满学校逛或者就找个地方随便坐着聊天，一起经历的事情太多，回忆起来总显得凌乱不堪让人觉得无力感到难过，不知道什么时候就跟妍妍熟起来了，我们在一起什么都聊，相互见证过对方失败的感情，也都陪对方聊天一聊聊半夜，在重庆最孤单的日子是她陪我挺过去的，还给我寄了好多家里用得着的小东西，我和妍妍还有珂珂曾经躺一张床上聊天到凌晨四点，一起逛师大路，一起相互陪伴，以后跟小陈陈好好在一起吧，还有轩轩，我们一起去吃火锅唱歌然后偶尔半夜聊天，也曾经为没有男票吐槽伤心过，但现在你也拥有了属于自己的幸福，妍妍一直跟我说，感情要不期而遇才会更美好，那我就慢慢等待，作为四个女生中唯一一个单身，在遥远的高地希望你们一定都要幸福，份子钱这个都可以不用担心，我等着你们可以来看我的那一天，所有人都能终成所愿，得到自己想要的，幸福地过好自己的日子，我们都会在更美好的日子里再次相聚，用更美好的样子。

宿舍的小伙伴，远在大洋彼岸孤独奋战的梦嘉小朋友，我们都很想你，早些回来吧，到时候我们还去你家吃火锅，琳琳和用用要好好复习考试，有个好工作，对于你们，我要说什么你们都懂，谢谢你们一直陪我犯二看我犯二，我们在一起经历了太多太多，语言永远无法描述这些情感，琳琳，走那天你送我去火车站，我一直怕自己会忍不住哭出来，大学这四年，跟你们一起，是我最最最幸运的事情，现在就特别希望我们每一个人都能得到属于自己的幸福。我还想我的闺密们，丹丹、璐璐和亮亮，我们一路走过来都已经第八年了吧，在大学这四年中，我们也依然还在一起，2014年元旦终于四人聚首，度过了愉快的三天。人生中还有多少个这样的三天我不知道，但感谢每一个有你们在的日子，让我无论身在何处，有多孤独，都觉得日子还可以过下去。

谢谢大学四年所有的朋友们，也谢谢曾经喜欢过我的人，谢谢我的大学，谢谢我的四年，慢慢向前走，也会回首，过去的岁月都是支撑着我义无反顾勇往直前的力气，伙伴们也都是这一辈子最重要的存在，永远不能丢失。终有一天，我们都会成长成令人瞩目的优雅女生和成熟男生，那个时候，不要忘记，彼此的青春中都有对方的存在。毕业了，我们也都还在一起，心在一起，走多远，也都还会在一起。

我只是害怕知道自己依然还在难过。看到这些字，想到这些伙伴，更会觉得难过，但成长，就是让我惦记着你们依然可以向前走，回过头，还可以看到你们一直都还在。

作者：沈亚洁，2010级新闻传播学院。

将进酒 杯莫停

谈 鑫

下了飞机,一个人走出高崎机场,南亚热带季风夹杂着淡淡的海腥扑面而来,吹走了一路风尘。一切都是熟悉的味道。

度过十余天的假期,我又被那张薄薄的机票所催促。"雁南飞,雁叫声声心欲碎,不等今日去,已盼春来归。"家是中国人心中永远的结,正因为如此,每逢佳节才上演着这个国度几亿人瞬间迁徙的奇观。妈妈的短信总是准时到达,这是我这颗惴惴不安的心永远无法安放的源头。

高堂渐白发,何日欲还家?身为儿女,却不能情长,这是我们这些漂泊在外的人共同的情殇。

但我也确实感谢上帝的恩惠,它能让我提早几个纬度先在这座"南国"小岛上享受这份四季如画,沉浸在三角梅、木棉和各色花朵所带来的长久斑斓中。此时的北国仍是初寒料峭,春意虽渐醒,但仍是一片灰色,只有一个个绿苞正勇敢地挤上枝头,在这个年味还未褪尽的冬末,默默地告诉大家,春天不远了。

回到故乡只见了个别相熟的朋友,大多数时间还是在家陪伴父母,这是不知从何时起明白过来的道理,也许是年龄进增更加理解为人父母的不易,也许是漂泊在外更加懂得与二老相处时日无多。以为在外打拼多年,早已无坚不摧;可回到家才发现,我们从未脱离一个孩子的内心。父母的默默付出让我们羞愧,不知何时才能报答尽这份恩情;但反过来又想想,只有在父母身边才能带给我们安静与平和,这是当今这个患上集体焦虑症的社会所给不了的。这种矛盾的情愫在离家时达到了顶点,一颗心被两个地方向相反的方向拉扯着,产生出撕裂的痛。

每次回到这座城市都心态复杂,面对这个生我养我的地方,既熟悉又陌生，既亲近又遥远，永远记得那几个刻骨铭心、留下青春背影的地点，但又为自己不能清楚地说出路名而捶胸顿足。

师兄发来邀约短信，我如约而至，人生有时候就需要一场因缘际会，这也让我这颗如苦艾酒般的心灵能有一次如沐春风的机会。一张张真诚的笑脸舒缓了初识的尴尬，是的，我们是第一次见面，但这并不妨碍我们都有一颗热烈的心灵。是的，一颗颗如烈酒、又爱做梦的心灵。此刻，我已经走到了"青春都在西北政法"的心脏，我面对的是"青春"的诸位编辑，好一个缘分！

总认为四年的政法园时光对自己而言是灰色的，总是一个人背着沉重的书包游走于校园的每个角落、每座教学楼，待到大家都去午休的午后，一个人坐在校园的草坪上，背靠着那棵茂密的法国梧桐，听着耳边婉转的音乐，书写着自己那些不大不小的心情……但政法的人却总带给我眼前一抹抹的鲜亮，让我终生难忘。这是关于青春的故事，饱含笑与泪；这是关于拼搏的记忆，尽尝苦与甜。法平如水、礼堂四周、三号楼的地下自习室、小操场的篮球场……校园四处回荡着我们彼时的身影，我们都是这部校园大剧的演员，书写的是成长，留下的是步履蹒跚、略带稚嫩的足迹。正是因为校园里的这一群人，才让这个校园变得鲜活，成为一代代政法人的永久记忆。

还是来介绍一下面前已落座的诸位政法人吧，因为我是来赴宴的。

景阳冈师兄的温文尔雅让我一见如故，之前因为一篇文章就能让素未谋面的师兄打电话过来，让我知道，我们的内心是相通的。而师兄所点的满桌陕西美食更是对我的胃口，我也是个吃货哈！

勇强师兄的博闻好学显而易见，因为即使来赴宴，我看到他的包中仍塞着一本书，真不愧大报主笔的美誉。而勇强师兄和景阳冈师兄对西北政法人心灵家园建设与付出的拳拳之心更让我感动。

还有远道而来、回家过年的刘鸿伟师兄、郭若愚师姐一家子及馨艺师妹，他们都对"青春"公号的发展做出诸多贡献。

我们的谈话当然离不开西北政法，从母校校园的每一处记忆到社团时期的精彩生活，不一而足却又都绚烂纷呈，每一个人对此都如数家珍。我们的笑声响彻包厢，我们的幸福写在脸上，这是一个个纯洁的灵魂在对话，这是一群西北政法人心灵家园建设的操盘手。也许正是基于对母校这份浓烈的爱，才支持着他们对"青春"的无私付出。"青春"的编辑排版工作完全由几位校友利用业余时间义务完成，这让人肃然起敬。

相逢意气为君饮，酒不醉人人自醉。生命的意义不在于行走，在于沉淀，当我们离开校园多年之后，我们仍然在用一颗质朴的心灵顽强地抵挡着外界的百般侵蚀。我们都是一群爱做梦的人，与现实的赤裸裸相比，我们的身上都或多或少地带有理想主义的因子，这已不是青春懵懂，这是青春的瓜熟蒂落，是有意为之，是明知山有虎偏向虎山行，这是一种记录，这是与历史赛跑；这，已与傻无关。

我们都经历过青春，既有欢呼雀跃，也有晦涩难言，可有多少只停留在我们的眼神？又有多少存留于我们的记事本？我们应该感谢那些记录青春的人，是他们让我们有了蓦然回首的机会，让我们因为青春而落泪、为了青春而追寻、感怀青春而举杯。我想我会一直记得，在这个即将过去的春节，在这年不太寒冷的长安，我所见到的这群人。在我们已经被时光打磨圆滑、被岁月削去棱角多年后，依然能保持如初生般的那份圣洁，跟随心灵的脚步，不畏世俗、不染凡尘，用文字记录下生命的点滴历程，给予一代代政法人以心灵的滋养。这，我想也是政法园精神的应有之意。

将进酒、杯莫停，让我们端起手中这杯酒，为青春干杯。

愿青春如花，四季繁华。

作者：谈鑫，2002级法四系校友，现在海关工作。

小吃院的那些人

李 源

既然是个吃货，必定要从吃写起的。

关于青春，关于政法，关于吃，我的记忆里 70% 以上的场景都在教工食堂西边的小吃院。说是小吃院，其实主要是提供正餐的——让包括我在内的一干穷逼大学生们在食堂的固定三餐和校外餐馆的偶尔牙祭之外能够进行的第三个选择，但也确实是这里让我这个外地人初识肉夹馍、凉皮、鸡蛋醪糟等这些西安的各色小吃。

小吃院经营的餐饮内容还是以扯面、拉面、炒面等各种面类居多，这也是西安餐饮的特色，在诸多面类的经营者中最负盛名的无疑是杨老板。在一定程度上，"杨老板的面"俨然已成为我辈口中政法小吃院饮食界的代表。杨老板的面在做法上主要是扯面和棍棍面，口味上则又有油泼面、炸酱面和西红柿鸡蛋面，做法和口味一经组合，至少带来九种不同的风味，对于学生食客们而言，已经是太过丰富的选择。我常吃的是炸酱棍棍面，面条筋道弹牙，配着洁白的、焯过水的莲花白和汪着油光、香气扑鼻的肉酱，解馋又管饱。杨老板身形瘦小，长着一张雪白的葵花子脸，头发自来卷，一双大眼睛时不时透出商人的小狡黠，长相上很有青年卓别林的神韵。上学时我见的世面少，听到老板这个词总是形而上地联想到大背头、将军肚、手上戴满金戒指的土豪 BOSS 范儿，杨老板显然不是这种。我常常想，杨老板之所以被称作老板，可能与他"老"是在面"板"前忙活有关，因为去他家吃饭永远看到他在面板前卖力地擀面——说卖力一点儿不为过，他擀面时绝对是从头到脚全身发力，难为这么瘦小的人竟能制作出这么有嚼头的面来。与杨老板不经意间即自然造就的朴实劳模形象不同，杨老板的夫人得算得上是小吃院的傲娇女王了。以我们的智商都看得出来，杨夫人才是真正的老板。除了偶尔屈尊收拾个碗筷之类的，女王的主要工作是负责收钱和招呼客人。其实我不知道用招呼这个词是不是恰当，因为她完全是在用一种高贵冷艳的姿态与食客们交流。每次去她家吃面，不像是照顾她家的生意，倒像是有幸接受了一场高大上宴会的邀请，要感恩戴德才行。好在学生们都好打发，就是这样也没挡住杨老板的面在一拨拨的学生中不断受到欢迎和追捧，只是后来我渐渐去得少了，面是好吃不错，但还没好吃到让我完全可以不计较服务态度的程度。

大学四年中，最常去吃的面还是另一家的，这家店应该是开业得比较早，铺位正冲着教工食堂与小吃院之间的要道，占据着小吃院的门户位置。我印象里他家经营的内容主要是夹馍、小笼包、油泼面、无锡排骨面，还有阳春面。对，就是在他家，让我第一次见识到了阳春面，让我知道了这种名称如此风雅的食物原来就是配了两棵小青菜的清汤面。这家店也是夫妻档，但两口子的地位却与杨老板家截然相反。做饭、招呼客人、收钱好像都是女主人一个人在忙活，我甚至想不起来男主人在店里的具体工作是什么。我也忘记这家店主人姓什么了，只记得老板娘忙里忙外、任劳任怨，说话低声细气，很温柔很贤惠的样子。不知道是不是太过贤惠的妻子总要不幸摊上一个过于强势的丈夫。这家老板对他能干贤惠的老婆经常吆来喝去的，还经常对她发脾气。记得有一次在他家吃饭，看到老板娘脸上有一块瘀青，当时还八卦的猜测是不是被她老公打的。不八卦人家的家庭生活了，话说他家的油泼面做得正经不错，油香、蒜香、辣子香结合得恰到好处，也是我时常光顾他们家的原因。

看来夫妻档是小吃院的主要经营业态。印象比较深的还有一家夫妻店，是小吃院中为数不多的只做炒菜的，老板兼厨师是四川人，所以店里主营川菜。老板娘听口音应该是陕西人，在店里负责招呼客人。老板娘骨骼清奇，高高的个子，长脸长眼尖脑袋，不知道是不是她的形象给了我心理暗示，现在回想起来，好像我在他们家吃得最多的菜是鱼头豆腐。老板娘脾气很好，每次去吃饭总是笑脸相迎。最有意思的一次是他家开业不久，去了一入座老板娘就呈上一本华丽丽的大菜谱，结果连点五个菜一个没有，老板娘倒是一直在旁边陪着笑说"换个菜，换个菜"——我说姐姐，您家这菜谱是借来的吗？

小吃院因为选择多样化，价格便宜，更主要的是基本没有食堂三餐时间的限制，所

以在学生中拥趸无数,生意火爆。这也一度让承包了隔壁教工食堂小炒部的老板十分眼热,于是曾有一段时期,在经营小炒部之外,又在午餐时间推出快餐外卖,加入到与小吃院的激烈竞争中。承包小炒部的老板是陕北人——我经常把他说的"炒青菜"听成"炒芹菜",雇来卖快餐的伙计自然也是从陕北老家找来的。一次我和我们宿舍的建华去买他家的快餐,恰逢当天值班卖饭的是一新面孔的陕北姑娘,黄黄的头发黄黄的牙齿,脸上还有两坨高原红,气质淳朴自不必说,美丽与否就见仁见智。建华素来口无遮拦的,不由就嘀咕了一句"不是都说陕北出美女嘛"——潜台词当然是说"为什么不是那么回事";但朴实的卖饭姑娘显然误会把建华的话当作了对自己的赞美,低头娇羞浅笑,还顺手"吧唧"多打了一勺菜到我的饭盆里——哎,拜托,赞美你的不是我好吧?

  小吃院的那些人们,曾给我们提供了各色吃食,营养了我们的身体,也永远成为我们脑海深处的闪亮片段,滋养着我们关于青春的美好回忆。工作后第一次回母校,就失望地发现小吃院已经不在了,取而代之的是图书馆后看上去更为整洁有序的美食街。在那里,售卖的食物似乎还是那些,但卖食物的人们却已不是那些人。也许是失望的情绪影响了我的胃口,我取消了在美食街吃一次饭的计划。本来在去之前,我是很想在小吃院再吃一次饭的,哪怕只是一碗简单的阳春面。

作者:李源,1994级经济法系4班校友。

悼念我的同学小夏

陈锐杰

夏军林，甘肃省临洮县人，汉族，生于1965年，卒于2011年，享年46岁。

1983年至1987年，我们共同就读于西北政法学院法律系，同在二班，且在一个组，一个宿舍，是我的上铺。

军林身材瘦小，一米六多点吧，脸也瘦，微黑，头发很好，黑亮而长，爱梳分头，偏分，总穿一身稍大的军装；史泰龙的《第一滴血》上演后，他很快买了件兰博服，宽大，耐穿，于是就一年四季地穿，直到毕业。所以，印象里，至今他还是穿着兰博服的形象。

因为都来自农村，我们有很多共同习惯，比如蹲着吃饭，一起在食堂打了饭，却不在餐厅就座，而是到餐厅外的空地上，老槐树下，在槐花的清香和绿叶的凝碧里，相对蹲着，手里抓着两个或三个馒头，将各自的廉价菜嚼得活色生香；当然我们会买不同的菜，那样我们便有两样菜吃了。

我们还有一个习惯，是在不愿意上课的时候，不是往西安的闹市区逛，而是到郊外的田野塬卯上溜达。那时的校园周边开阔，出门便是田野。在新西楼住时，外边一墙之隔，有一个水塘，每当池塘生春草的时节，便会传出阵阵蛙鸣，我们的郊游非常方便。

几年里，我们在溜达中到了西安植物园，柳青墓，王宝钏的寒窑，杨虎城和小萝卜

头的纪念馆以及唐三藏、杜少陵、李商隐们活动行走的所在。"向晚意不适,驱车登古原""西风残照,汉家陵阙",记忆中遥远的意境都成了眼前景象。《创业史》中蛤蟆滩的汤汤流水,后来陈忠实的《白鹿原》的茂草长树,那时便已经为我们所至所知了。一次我们在城南一个村子里走得正渴,恰恰就看见一个青石垒砌的井台,几个村姑忙着汲水洗衣,旁边几树桃花开得正盛。我们相视一笑,不约而同地想起了谒浆的崔护:"去年今日此门中,人面桃花相映红;人面不知何处去,桃花依旧笑春风。"还有一次,我们顺着一个塬坡走了好久,都是直立的陡壁不能走下去,终于坡下出现一个村庄,我们便攀着一户人家窑洞侧旁的几棵树跳下去,哪知是人家的厕所,一个如厕的妇女吓得大叫,我们也一溜烟逃之夭夭。

我们不算是好学生,但还不失农家子弟的本色,节俭是必需的。我们基本没几件衣服,又懒得洗,换下来叠整齐放到枕头下,压几天换上身,感觉就是洗过了一样。饭菜拣最便宜的买,三角一份的排骨难得吃一次,大多以二角以下的菜下饭,而觉得比在家已经好了很多。因为缺油水,大家都能装能盛,曾经有打赌的,一顿吃过十个馒头。我和小夏都享受一等助学金,每月十九元五角,省着吃,往往还能节余,就可以买几本喜欢的书,少向家里要钱。毕业前夕我们曾在小寨书店买了不少打折书籍,要知道那是1987年涨价前的书啊,那种价位的书我再也没有遇到过,而当时我们确实没有多余的钱买更多的书。影印的《唐诗别裁》是几毛钱买的,海雅达尔的《孤筏重洋》也是几毛钱买的,几年后看纪念海子的文章说,海子卧轨时带着四本书,其中就有《孤筏重洋》,不禁为之一震。为省钱我们还买过一捆大葱,放在床底下,只需买几个馍,菜钱便可省了。但大葱更没油水,我曾一顿吃过5个馒头。

刚进校时,我们宿舍是8个人,其中一位是来自青海冷湖的王晓明。晓明原籍陕西城固,他父亲是支边的知识青年,在中学教美术,晓明自幼受了熏陶,却不表现。一天我借了本外国画册,随手扔在桌上,第二天却见桌上一幅水墨人物,淋淋漓漓,粗率而生动,原型显然是画册中的一幅名画,一问居然是晓明画的。过了不久,我又看到晓明写的一篇文章《啊,吴家坟!》,是感慨学校南边吴家坟的一家精神病院,并担心自己有一天会不会住进去。文章大有鲁迅风骨,读了真是对晓明佩服不已。不幸的是第二学期返校途中晓明突然发病,居然是精神病,居然住进了吴家坟的精神病院。晓明的父亲从青海赶来,请假陪护了一学期。期间我们不时去看他,晓明似乎也恢复得很好,之后随我们下一年级插班就读。但很快他又复发入院,这次他没能治愈,终于被再次从青海赶来的父亲接走。临走时,军林和我商量,能不能把晓明欠的团费补上,让他保留团籍。于是我们凑了几块钱替晓明交了团费，将晓明的组织关系转回了冷湖。人来自哪里，还要复归哪里。如今军林也复归了他的故土。

军林的父亲是复员军人，我想这可能是他名字的由来。到校报到时，他带着父亲给他的一个硬壳笔记本，有铁人王进喜钻井队故事插图，是他父亲退伍时战友送的。四年中他一直没舍得用，毕业时，他送了给我。二十多年了，我将这个本子放在书架上，和《毕业纪念册》一起，看到它，就如同看到了军林，以及从未谋面的军林的父亲。

毕业后，军林分配回临洮县司法局，我则回了开封，各自忙忙碌碌工作着、生活着；他曾两次到开封看我，每次都是联床夜话，作竟夕谈。我记得洮河产砚，让他替我觅几方好砚，他爽快地答应了，然而之后他没有再来，再来的是他离去的消息——就在2011年清明后的第二天。兰州的同学们约好去送别他，当天却突然发生事故，道路不通，军林便这么寂寞地去了。

静夜里，翻开毕业纪念册，军林的照片便笑着看我了。他给我的临别赠言是李白的诗："风吹柳花满店香，吴姬压酒唤客尝；金陵子弟来相送，欲行不行各尽觞。"军林兄弟，你还能为我再尽一杯吗？

（又：夏军林出生于1965年，属相是蛇，生日为正月十三；他女儿夏妮娜，出生于1989年，属相也是蛇，生日也是正月十三。他毕业是1987年，是兔年；去世是2011年，也是兔年。）

（又：军林去世的消息，我是听党琳讲的，不知如何与他的家人联系；第二天，收到了用军林手机发来的短信，是军林的女儿发的，下面是夏伊娜发给我的短信："……您打我父亲的这个电话就可以了。我会替父亲一直保留这个号码，直到我成为律师的那天。我就是我父亲生命的延续，我要替他完成他所有的遗憾，他在临洮一直活着的，夏律师一直都在……"）

吊军林三首

（一）

清明无雨春转深，
陇上无端传悲音。
平原阡陌纸蝶起，
纷纷西去共吊君。

(二)

四载立雪政法门，

长安城南翠华阴。

我出潼关向河洛，

君自秦向更西秦。

(三)

少年西入秦，长安识夏君。

慷慨太华壮，意气泾渭深。

寻经罗马法，攻书汉唐文。

一朝悲音至，西望泪满襟。

作者：陈锐杰，1983级校友，现在开封市法院工作。

"211" 纪事

李梦洁

最近好像很流行怀旧。

或者是我们一夜忽老。

于是开始怀念那个给了我们无限快乐和悲伤的四年象牙塔。

随便想想，随便写写。

一

2002年9月11日或者12日、13日，西安。

我坐在鸽子笼一般的寝室里，无限悲伤地哀叹，姑娘的四年青春难道就要在这筒子楼里度过了？忽然，眼前一亮——哇哦，帅哥……

帅哥走过来问我："请问这张床没人吧？"哦，听声音才发现原来不是帅哥是美女……后来经过深入观察，我发现，这个留了一头毛寸的美女，其实性格温柔，女人味十足，最重要的是——前凸后翘，比春哥不知要强上多少倍。

于是在此后的若干年里，我总会偶尔小哀怨一下：该死的头头，没事打扮的那么帅干吗？

而此后帅帅的美女——头头，在回忆对我的第一印象时，往往会用一个很让我吐血的形容词"一双毛茸茸的大眼睛"……毛茸茸……还眼睛……怎么听怎么别扭，不过看在这是在夸奖我的分上，就不计较了。

当然，有个帅帅的美女同住也很不错，很养眼。最深刻的记忆是，梁头头——考神啊！平时翘课不比我少，居然回回考试都在前几名，还有奖学金拿。2006年公务员考试，大家昏天黑地地做题，她昏天黑地地睡觉，临考前一天跟我要了份真题，然后错了一大半……然后豪气冲天地宣布："明天早上要是起不来我就不去考试了！"然后很牛气地以我所知道的最高分进了专业笔试，然后回家度假，途中很紧急地打来电话，边诅咒考试边托我买专业英汉词典快递过去，然后又很牛气地进了面试，然后穿着运动鞋就把西装革履的各色人等踹开，直接进入了国家级别的行政机关开始人模狗样的公务员生涯……

于是我总结出一个真理——光脚的不怕穿鞋的；同理，穿运动鞋的也不怕穿皮鞋的。

二

211有一对连体儿，头头和COCO。

COCO同学和我是伪同年同月同日生的关系，注意，是"伪"。因为COCO同学的生日是按阴历记的。但这也是一种了不起的缘分了，我认为。

可是，亲爱的COCO把连体的缘分给了头头……

在我的记忆里，COCO是个很善良很贤惠很可爱很温柔很××××（以下省略若干类似形容词）的女人。大学四年，在宿舍做醪糟、煮火锅、半夜煮面等都有COCO忙碌的身影——而且还管刷碗……

至今还记得那年冬天，我和头头都感冒了，其实不是很严重，但是为了理直气壮地翘课，都叽叽歪歪躺在床上做弥留状。晚上，亲爱的COCO居然端了一小锅姜汤回来！是在一楼的小铺里借炉子熬出来的。那个感动，我不知道怎么形容才好，总之现在想起来眼泪还哗哗的……

一直以为COCO是个很恋家、感情很柔弱的女人，可是至今都没有想明白，为什么这么多人，单单是这个女人，为了一段在当时看来很缥缈的爱情，毅然决然到一个没有亲人、没有朋友的千里之外的城市，把自己完完全全交付给一段不知道有没有结果的感情，我想我做不到。那个男人，不知道上辈子积了多少德，才把这么个温柔贤惠的女人拐到了昆明。

蜜月旅行的时候，在昆明见到了COCO，比念书时更加漂亮、坚定了；离开昆明那晚，在酒吧门口相拥而泣，不知道下回什么时候才能再见，不过，总算放心，这个女人的爱情，并不盲目。

如今，已嫁做人妇的COCO又给了我们一个惊喜，开了家很不错的服装店，下回见面，寇老板？寇总？嗯，听上去都不错，很摆的样子。COCO你说什么？哦，摆是什么意思啊？就是拉风，很拽，很威风，总之就是说COCO你很棒的意思啦！

三

前面说过，211 有一对连体儿。

其实，211 还有一对连体婴。

婴和儿的区别，我也是有了宝宝以后才搞明白的——三岁以下为婴，三岁以上××岁以下为儿，这个××岁可以自行定义。

所以，这对连体婴，嗯，忘了介绍了，小鑫和小丫，大致是个什么思想状况大家应该比较清楚啦！

其实小鑫同学在我们寝室是理论上的老大，因为她年纪最大……之所以说是理论上的，是因为，我们觉得，小鑫同学的出生日期可能是改大了的，心智怎么看怎么像"小新"同学……连寝室老幺蓝小丫妹妹都比她要成熟……爱看《蜡笔小新》和《樱桃小丸子》的家伙……

真的，在寝室见到小鑫第一眼，我确实没想到这个丫头比我年龄大，更没想到是个东北妞，（东北人不都是高高壮壮的吗？）唯一的感觉是，白，非常之白！（仅指肤色，不涉及其他）瘦弱，比较之瘦弱！人家说，一白遮三丑，可是这姑娘怎么看怎么觉得，就算是一非洲妞也绝对是美女一枚啊，干吗还长那么白？浪费资源啊，给我多好……

蓝小丫妹妹最大的特点是一双圆圆的大眼睛和一头浓密的棕发，相当招人喜欢，用我奶奶的话说就是长得可喜庆了。

小鑫和小丫分开看，是没有喜剧效应的；放在一起嘛，德云社都相形见绌了。举例如下：

小鑫：我要省钱我要省钱，小丫咱们逛街去吧。

小丫：你不是要省钱吗？

小鑫：我不带钱，光看，不带钱就不会花钱了。

逛街中……

小鑫：小丫这个真好看，我想买。

小丫：那你就买呗。

小鑫：可是我没有带钱……

小丫：##@￥%&*#@￥%*……

N 小时后，小鑫带着一大堆东西和钱包瘪掉的小丫高高兴兴回家来……

如此种种，不胜枚举，以后想起来了再一件一件往上贴。

如今，211 的姑娘们四散于不同的城市，分头经营着冷暖自知的人生。无论怎样，我们都一如既往地真诚面对生活，美好着，坦然着，千里迢迢地彼此信任着。

虽然聚首不易，但好在，我们曾共同拥有一个温暖的过去。

作者：李梦洁，2002 级法学一系 13 班校友，现就职于陕西省汉中市食品药品监督管理局。

老王这厮

郑 智

我们常常称彪悍的人为"这厮",老王堪称其名。先说外形的彪悍。老王长相生猛,但非海鲜,而是产自新疆石河子,却又生得一副蒙古人的面皮;身材不算五短,但也算不得高大,应该归之于壮硕;大奔头,圆脑袋,眯眯眼,出言犀利。喜极裸奔,泣极裸奔,不喜不泣也爱裸奔。宿舍经典装束是什么都不穿,只有一个红裤衩。肥白的肉体在人前晃得眼晕,有时候忍不住说他,他就抖得更厉害,一副挑逗的神态,让人觉得开心却不恶心。其次,当说其语言的彪悍。实指其出言犀利。话说其同舍舍友的女友初次造访,身倚门侧故作很有耐心的甜美样子等待男友一起外出,老王这厮搭眼一瞟,出言道:"GY,你女人很野性耶!"据多年之后的当事人回忆,说犹记得听这话时脸红心跳的感觉。

说起老王这厮的彪悍,当说他与其另一舍友江×东的"床戏"。西政研究生宿舍是四人一间,两张床上下铺,王、江也算千年修得共枕眠——只不过是上下铺。但这二位却是用恶战来诠释这份来之不易的缘

分。顺便说下江×东这厮，明明是江西人，却叫江×东。细胳膊细腿细脖子——整个1米8左右的细高个——连嗓子都很细，声音极具穿透力，这使得二人口舌大战时能让一整楼道的人大饱耳福，何况我就在隔壁呢！江×东也是一个极具个性的人，他的最大特点就是"细"，不仅是长得"细"。我经常看他聚精会神趴在书桌前，面前一本摊开的书，一支铅笔，一把尺子。书本上凡是目力之所及，必是笔迹之所过，而且是把着尺子一路画过去的——可见其心思之"细"。心思过细之人往往只专注自己，易忽略旁人。江×东恰是这号人。他精力超级的旺盛，从不睡中午觉，晚上睡得晚起得早，这使得他跟同宿舍其他人的作息很难保持统一步调。其他人能忍，老王不能忍。于是王、江床战势不可免。老王虽彪悍，但个子不占优势，于是老王常跃到上铺，以居高临下之势与江舌战。有天老江终于抵挡不住老王的利舌，负痛（心）住到了外面。当晚的老王酒兴回来，惯常的姿势，一手搭着床栏，欲一跃而上。结果因江×东不在，下面失去重心，整个两层铁架子床被彪悍的老王硬生生拉倒，自己也就势彪悍地跌倒在地上。——什么叫欢喜冤家，王、江的床战就是！

要说老王最彪悍的，还是某日醉酒归来后的情事。那日归来，老王一定是喝了不少，平时婀娜的身姿前后左右地晃荡着，步态凌乱，眼神迷离，一股酒气直冲人的脑门。我当时背对门坐着，正跟他们另外几个兄弟谈天说地聊得正浓，没有意识到胖子泽林先悄不声地溜走了；郭×一直都在旁边走来走去，这时眼神迅速瞟了下门外，然后背着手，溜着墙边踅摸了出去，表现得相当从容镇定，但一看就是装出来的；紧跟着小蔡也随老郭踅摸出去了。等我转过身来，迎面被老王堵在门口，血红的眼神里透着一股杀气，劈头盖脸地问道："你，告诉我，人为什么要活着？"我们之前讨论过关于什么"人无本质""人是碎片"这样的后现代哲学话题，而这个档口我却一个字也说不出来，只觉得心被一把揪到了嗓子眼。老王不等我开口，转身将门"哐"的一下关上，对门就是一拳，那门应声被砸了一个洞，我们这才知道，原来我们宿舍门的材质竟是三合板的，完全没有抗击打能力；心里不禁暗自庆幸，这拳幸好砸在了门上，而不是我的身上。我在宿舍的里面，想出又出不来。老郭跟小蔡打了个寒噤，同情地看了我一眼，走得更远了。我趁老王一侧身的工夫，从他后侧旋风般逃了出来，顾不得狼狈了。等老王平静之后，大家兀自看着门中央那个新增的洞，不知如何是好。第二天，我惯常的中午11点起床，准备去水房洗漱，走过隔壁感觉有些异样，回过身来一看，发现门上贴了张"午休勿扰"的白纸告示。我推门进去，发现门后面贴着课程表和研究生通讯录的纸张——前后一贴，老王昨日醉酒破坏公物的罪状就被掩饰过去了。老王又给我们上了一课：彪悍的人生从不需要解释，但是需要智慧的掩饰。

老王好书，据说其本科四年，基本就是在西政图书馆度过的，也因此，他跟图书馆的管理阿姨就有了很多业务上的来往。老王经常感叹西政图书馆的书好，可又感叹这些管理人员的脸太难看。老王的口头禅："真想把图书馆的这帮子人干掉！"——恨归恨，可图书馆还是每次去得很勤，而图书馆这帮子人的脸依然是吊着，但并没有一个人被老王干掉。

我读研时喜欢买书，老王喜欢到我这来借书看，刚开始我有些踌躇。老王保证有借有还，而且保持原样，于是我勉强答应了。没想到老王不仅说到做到，每次还用画报精心给我的书包上书皮，而且嘴里还叨念着："以后你买书，我包皮，就这么定了！"这话让我哭笑不得，但如此彪悍的外形干这么个细活，不由得我不感动，于是我们结下了书缘，并通过经常一起讨论，进一步结下了学缘。

我们读书都没有章法，涉猎的问题也毫无体系。有段时间我们迷恋信息经济学上的博弈论，英文是 game theory，也可译作"弈棋的理论"或"游戏规则"，或许这套理论就是从下棋或游戏中总结出来的。于是，有天晚上，我们四个牌友打 80 分升级，老王就站在外围不停观摩，时不时地问："你为什么出这张牌？"我笑着说："你自己过来打几局，就知道了！"老王说："我不会。"另外一个兄弟说："这可比你的博弈论容易搞懂得多了。"老王还是摇摇头说，这太难了！另外一天晚上，我在下象棋，他也是问同样的问题，但我的专注力都集中在棋上，而他一个根本不懂走棋的人，竟在旁边聚精会神地观摩了半天。

跟老王接触多了，难免会有些诗酒的应酬。那时候我刚刚有手机，于是经常晚上荷尔蒙激发得诗兴大发，每即兴一首诗，必写在手机上发给老王。三年临近毕业的时候，老王说："我手机上尽是你的诗了。"而老王三年就给我看过一首他写的诗《分手》：找你／你不在／就等你／为了和你说再见！全诗加题目 17 个字，让我三年所写的全都黯然失色。我写的诗，老王可能已经全忘了，而老王的 17 字诗，却印在了我的心坎儿里。

老王的嘴里有很多趣闻。他说他大学宿舍舍友有次想做个克服羞耻心的实验：两两一组，跪在地上互扇巴掌，互相喊爹，互吐唾沫，直到另一方坚持不住败下阵来。听得我目瞪口呆。老王最经典的口头禅是："别惹我啊！再惹我，我就跟母鳄鱼交配，生一堆小鳄鱼，满世界地追着咬你！"

老王这么喜欢读书，却没有像我们这些人一样，毕业了找个高校，或者考博。他跟我说，他将来的志向，想做"西北油王"。他很神往地描述自己未来的生活：有一个私人海岛，不要太大，和一只随时通往海岛的渔船，可以在船上享受晚霞和星辉。海岛上建一座自己的房子，有私家花园和游泳池。身上没有电话，重要事务由秘书组转达。永远不以读书谋生，并且用自己的闲钱养活一群读书人。

这个当年立志要做"西北油王"的老王，后来据说考了乌鲁木齐银监会的公务员。毕业后，我们再也没有一丝音信。这么多年，说实话，我一点也不关心他的愿望实现或没实现，(多半没有实现)我只在乎那一时、那一刻、那个人。

那时那地的老王，尝试着各种方式打破和树立自己，也因此使自我有了充分的张力和无限的可能性。他爱书，追求思辨上的自我挑战，但最后却又要远离书的围城；他醉酒时的疯癫之举，也无非是对自我生存可能性的迷惘和执着；他将身遭的一切人和事都看作未解之谜，费尽心机地设置很多边界来测试每个人的底线，也不放过测试自己。他寻求答案，却又不耽于任何既有的答案，他永远将自我置于不安定之中，这也使得青春期彪悍的老王远远走出了周围生活环境所设定的平均值，使他在我们众人的记忆中显得锐利、光芒和深刻。尼采说：想知道自己活着吗？那就到火山口上去睡眠吧。尼采还说：就像那直上的炊烟，在寻找那更加寒冷的空间。——尼采是老王喜欢的角色，我想尼采的这两句诗所描述的生命状态，也是青春期的老王所努力践行的吧。

我有时候想在课堂上对自己的学生讲讲老王，讲讲我们的青春，但转念一想，老王和我们自己的青春只属于那时那地，我们无法告诉今天的孩子们，读书只凭兴趣的指引而不受实用功利的引导；也无法要求现代的孩子们，不要太早地设定自己的轨迹，给自己充分的时间去延展、去发酵，毕竟我们那时所面临的竞争者，全国一年才几万人；而今天的孩子们走出校门之际，身边的人海洪流六七百万。新的时代已不容他们有更多的转圜，他们从进校门的第一天起，就被告知要为走出校门的那一天做准备，找定位。从这一点来说，2001~2004年的西北政法研究生生活，的确是不可复制的。老王，恰是我们青春记忆的一束珍贵的光。

作者：郑智，2001~2004年在西政读研，现在高校任职。

施瓦辛格 + 伍佰 = 政法的福贤

刘鸿伟

一

《终结者》是我们都爱看的大片。片中的男主角叫施瓦辛格。施瓦辛格是个强壮的男人，强壮的男人往往粗野，但施瓦辛格是个例外。他来自奥地利，奥地利是音乐的故乡。所以施瓦辛格不但肌肉线条优美，而且笑容非常有绅士风度。于是，强壮而绅士的施瓦辛格往往成为青年人的偶像。

二

政法学院里，凡是有点肌肉的弟兄，在向众人摆个健美比赛自选姿势的同时，都用直白的表达或自得的眼神，把自己向施瓦辛格靠拢。但能让我承认的没有一个，虽然这种弟兄经常在我眼前轮番进行视觉轰炸。见多不怪之后，我从环境决定论出发，抱定了世上没有国产施瓦辛格的观点。就在这时，福贤出现了。

三

福贤，像极了施瓦辛格，来自福建。那是个山川众多的地方。有个很规律的现象，凡是山川众多的地方，总有习武的民风。山川众多，交通就不便。因为交通不便，山民就容易拥有持久的脚力。山川众多，就可能物产丰富。物产是山民的生存依托，但价值高的物产，往往在悬崖深谷，不会出现在唾手可得的地方。于是，这里的人就容易在攀山越岭的过程中，拥有超人的臂力。有了持久的脚力和超人的臂力，就有了武功产生的基础。山民有武功，也就成了很自然的事。很自然的事就往往成为民风。民风的聚集，就造就了威名天下传的南少林。民风有辐射效应，少林也有传播功能。福贤是福建人，在辐射和传播范围内。

还有个很规律的现象，凡是山川众多的地方，总有歌唱的习俗。山川相连，峰峦叠嶂。

男人们劳作来回,都面对着空静曲折的山路。山路的曲折,延伸着漫长的寂寞。空静与寂寞,需要长啸排遣。长啸的婉转低回,就成了原始的歌声。听到传来原始的歌声,遥遥相望的佳人就放下了沉甸甸的牵挂。轻轻地拍着怀中的婴儿,轻轻哼出了深情的歌谣。竹排在长篙的支撑下,顺着弯弯曲曲的流水,将原始和深情的歌谣传到了大江大河,顺着滋润万物的大江大河,传遍了天下。

福贤在福建歌谣中成长。定然会唱歌。并且能唱得质朴无华,感情充沛。而这样的人有绅士风度,是很自然的事。

四

夜。月明星稀。

这样的夜晚,恋人最好是去电影院,而不是在校园里散步。22:30,电子工业部213所电影散场。电影很经典,名字是《罗马假日》,格里高利·派克和奥黛丽·赫本主演。我和小郭(现在的妻)看完电影回学校。夜里的校园里很安静。树叶随着风发出轻轻的声响。当我们静静地经过中楼的时候,听到了"砰、砰"的声音。我很好奇。就在送小郭回到宿舍之后,回来一探究竟。我探询着声音的方向走去。走进了中楼南边的那个小树林。

看到了一个人。他背对着我,正努力击打着什么。星光下,他的背闪着青光,那是汗。从身形看,感觉他像是福贤。我慢慢走近了。他正扎着马步,用手背奋力击打一个横在石台上的沙包。等我转过去面对他的时候,也就印证了我的感觉。

吴福贤

他很专注。我点了一支烟，只是看着。他又击打了一会儿，停下来了。我问：这是什么功夫？他说：瞎练。风吹起来了，卷起了树林中的落叶。福贤站在风中，任凭那些树叶从身边飘过。当时呈现在我脑中的，是《新少林五祖》中洪文定背手而立的样子。很让人肃然起敬。后来找了个机会，仔细注意了一下福贤的手背，全是老茧。

秋天的日子。天高云淡。

政法学院举办一年一度的散打比赛。报名的人很多，有汉族的，也有维吾尔族的，其中也不乏外校的各路高手。那天的报名现场是挤破头，参赛的个个器宇轩昂，都是一副要争先恐后、一展身手的样子；来围观的也是人山人海。很有武侠小说中武林大会的样子。福贤是不会错过这个机会的。我想，他苦练铁砂掌，等的就是这一天吧。

比赛是在学院的室内体育馆进行的。现场气氛非常热烈。选手们的每一个漂亮的身手都得到了观众的热情回应。而在我们的眼中，这前面的几场比赛都是垫场的。我们几个弟兄都在期盼着福贤的出场。眼前的比赛，与泰森和霍利菲尔德决斗前的几个"小咬咬"现眼无异。终于，福贤出场了。与他决战的是一名维吾尔族选手。

政法学院有维吾尔族班。班里的学生都很彪悍，由于语言和生活习惯不同，其他人也不容易与他们沟通。很多汉族学生对他们都是敬而远之。

弟兄们都为福贤捏了一把汗，我想，他好歹还有铁砂掌护体。但出乎意料的是，比赛的过程却波澜不惊。在我们的助威声中，福贤在第一局只是很有风度地用了几个摔法，就占据了明显优势。在第二局、第三局中，早早确定了优势的福贤表现得很有武德，主要以防守为主。最终的胜负结果也是在情理之中。后来，不容易沟通的维吾尔族班与福贤成了朋友。

五

福贤一直坚持练武。练武容易出汗。福贤也就一直坚持洗澡。凉水澡，春夏秋冬，四季不改。

福贤的宿舍在四合院的西边，我们在北边。他洗澡很有派头。他往往是选择在夜里快熄灯的时候，23点多，一手捏着盆，一手向肩膀上搭毛巾，只穿一件红色短裤（也许是有特别的感情，他经常穿那条红色短裤，松紧带有些松了），高声唱歌从宿舍里走出来，还有时向我们几个圪蹴在宿舍门口没事的人打个招呼。

福贤唱歌很有特点。他只唱歌里最高潮的部分。如《涛声依旧》，他只从"月落乌啼总是千年的风霜"唱到"能不能登上你的客船"。绝不从头唱。我曾经问他问什么？他说：去其糟粕，取其精华。

福贤的歌声非常沧桑，有时还带有声带干裂的声音。但是他非常投入并且饱含深情。虽然一开始不好接受，感觉噪声可达76分贝，但听常了，反而能令人动容。

我一直在找寻他的声音和哪个歌星相像。但是一直都没有答案。直到四年之后，我在济南的一个卖磁带的地摊上的录音机里听到了一首《挪威森林》，唱歌的人叫伍佰。那是我听得最认真的歌。当时我就想，要找一个比伍佰的声音更像福贤的，恐怕只能等下辈子了。

福贤洗澡很有程序。他走到水龙头前，拿盆接水。高昂的歌声随着水盆慢慢涨满而变成低吟浅唱。水接满了后，端起来，兜头浇下。然后一边哆嗦着唱，一边开始洗。最后打肥皂，搓，然后再兜头浇。直至浇得满意。擦干回营。

六

那年夏天忽然兴起建立联谊宿舍的高潮。还互相攀比。当然，是男生宿舍和女生宿舍联谊。我不否认有些弟兄动机不纯。但他们也没有什么罪恶的想法。只是想多交些朋友。最好那些漂亮的能成为自己的女朋友。

周六。夏天的夜。

当时我们的宿舍里有几个女生来玩。是周钢引见的外院的女生。大家的谈兴都很浓。像小叶等平时不善表达的，也是巧言令色，令人刮目相看。我为了弟兄们的未来也使劲掺和。女生们笑得花枝乱颤。这样的状况往往聊得就比较晚。不知不觉已经到了福贤洗澡的时间。

　　福贤依旧很有派头的出场了。依旧是穿着那条红色短裤、歌唱着来到水龙头前。那天福贤换了一首很流行的新歌：《让你靠》。他高昂地唱着歌曲的精华部分：我让你靠，让你靠，在我的怀抱。很明显，他不知道我们宿舍在这个时候还有女生来玩。

　　我们宿舍的几个外院女生看到时间晚了，想回校。我们就出来送。福贤当时背对着我们。他一边看着慢慢涨水的盆，一边听着水龙头哗啦哗啦的声响，一边沉浸在低吟浅唱之中，早已陶醉得将芸芸众生置之度外。那几个女生急于回校，也没注意到福贤。但当我们和那几个女生经过水龙头附近的时候，很戏剧化的场面出现了：福贤兜头将满盆水浇下，他短裤的松紧带已经松到了无可救药，水的压力太，所以就顺溜地把短裤冲了下去——

　　这一幕成为我们延宕20年的一个永恒的爆笑点。

作者：刘鸿伟，1994级经济法系5班，现供职于山东海洋集团有限公司。

楼管大爷黄善学

李 轶

大概是1994年吧,我们进校第二年,礼堂北面的新教学楼投入使用了。楼内一层有个值班室,里面值班的是个60多岁的老人,不胖不瘦,慈眉善目,负责打铃和维持教学楼内的卫生。上课下课经过他的值班室,经常看见他戴着老花眼镜,坐在桌前看报纸杂志,或者用笔在写写画画,人多的时候,他站在门厅里,笑眯眯地看着进进出出的学生。夏天,学校规定不让男生穿短裤、背心和拖鞋进教学楼,他就守在楼门口,严格执行规定。西安夏天的那种闷热使得一些自由散漫、不修边幅的男生如我之类对这种规定嗤之以鼻,吃过晚饭照样一副短打扮进去上晚自习,被老人拦住了,我就指着旁边那些穿着吊带、短裤、凉拖的女生理直气壮地质问:凭什么他们能进我们就不能进,老人被问急了也不生气,只是指着正对门口的柱子下的小黑板上用粉笔写的告示,笑着说:学校有规定呢,男生穿短裤、拖鞋就是不能进!我们只好绕到楼后边,从一楼过道的窗户里翻进去。

说到长年立在那柱子下的小黑板,老人似乎非常看重。刚当上楼长的时候,小黑板上只是写些通知、告示或者警示性规定,时间不长,上面的内容就开始丰富起来。最常见的就是用黄颜色粉笔写的"诗"。说是诗,其实连打油诗都算不上,因为基本上一点也不押韵,无非就是"学生一定要惜时,大好时光好好学"之类字数一样的几句大白话而已,既没有文采,也没多少趣味。但是这些句子几乎每天都要换,字迹不算很漂亮,但一笔一画很工整,有时候甚至还要在起笔收笔的时候加点花样——看得出,是老人精心写上去的。印象最深的一次是一年寒假前期末考试期间,进了新教学楼,小黑板上赫然写着"父母操心挂念你,吃饱穿暖才放心,期末考试要认真,回家早点见父母"(大意),一股暖流一下涌上我的心头,善良的老人让我想起了家,想起了父母。

后来我注意观察老人,发现他每天坐在桌子前写写画画,其实是在练字,同时可能也是在"构思"黑板上的诗作。还有几次,我甚至看到他在桌前认真看学生们用的专业课教材，我想八成是谁把书拉在教室里被扫教室的大嫂拣到交到他这里来的，可是他能看得懂吗，看这些有什么意思呢？他那么认真，挺令人疑惑的。

再后来，我在值班记录上看到了他的名字"黄善学"，才有一种顿悟的感觉，怪不得老人那么认真、那么好学，原来是名副其实啊！

现在想起黄善学老人来，我总觉得有些惭愧，为他好学的那种劲头。与他相比，我们这些拥有那么好的年龄条件、身体条件和学习条件的后生们，当年是多么的浑浑噩噩、蹉跎岁月，又是多么的狂妄自大、自命不凡。

这种惭愧，让我有一种迟来的感动，也让我至今一直记得他——可爱可敬的黄善学老人。

作者：李轶，1993级法律系校友，现就职甘肃某省级机关。

刘海先生留下的不解之谜

王学堂

2010年春节前夕，84岁高龄的西北政法大学退休教师刘海先生突然与世长辞。刘先生的一生戛然而止，但他却留给人们许多不解之谜。

刘先生20世纪40年代先是考入了北京朝阳大学，后转入中国人民大学。再后又进入外交学院攻读研究生。毕业后他服从国家分配，到了大西北，在古城西安度过了他的大半生。尽管其间有机会重回北京，或者与在泉城的妻儿老小团聚，但最终没有成行。

刘先生长期从事外国宪法研究，但他为大多数西北政法的学生所知悉却是因为实践中国的宪法制度。刘先生20世纪80年代末就退休了，所以许多知道他名字的西北政法学生并没有亲自听过他的课。

我在20世纪90年代初见到的刘先生是清瘦的。但刘先生在大学里是体操单杠大回环和马拉松学校纪录的多年保持者。说来你也许不相信，我亲见当时60多岁的他，竟然仰卧起坐一气能做100个！俯卧撑能做300个，稍息片刻，再做两次，总共能做1200个！

刘先生走路喜欢靠路边，给人以谨小慎微的感觉。但谁知道新中国成立前夕，出身农家的刘先生竟敢独自一人第一次坐飞机到北京去考大学。更让人佩服的是，考试结束后，由于身上的钱所剩不多，他是从北京走回济南的。

刘先生一直与家庭分居两地，许多人不免对他的家庭生活颇有联想。岂不知刘先生与夫人是高中上下级同学，夫人出身富裕人家，门第的悬殊让家人不同意他俩的婚事，两人黯然分手。没想到几年之后意外重逢，于是成就了一段爱情佳话。

退休后的刘先生依然忙碌，从事一些社会工作，最著名的当属学校所在地的雁塔区人大代表职务。记得每年区人大会开幕前，在政法学院、西安外语学院(刘先生是该选区选出的代表)的公告栏内，总有刘先生那从右向左像斜刮风一样的"刘氏字体"的大红公告，题头是"尊敬的各位选民"，落款是"您的仆人刘海"。这是选区的一道亮丽风景。

刘海老师

刘先生的家里摆设很简单，除了几个大书架，就是简单的用具。没有电视机、没有钢琴，只有台收音机。但他家里却有一台自购的复印机，这在90年代初的家庭里殊为少见。他为了研究需要，自费订阅了《人民日报》《法制日报》《中国检察报》（《检察日报》前身）等法律报刊。有些报纸内容复印下来给需要的学生，他自己留原件。去世前，两室一厅的住房里，除了书还是书，还有堆积如山的报摘资料，这便是刘先生的全部家当。

刘先生尽管掌握了宪法的前沿理论，但哪怕到了晚年，他仍然拒绝使用代表现代化通信手段的手机。何止手机，就是学校统一装配的家庭电话，他也自己拆除了。他长期保持着与学生通信的习惯，把每位学生的来信分门别类，整理得井井有条。尽管后来有了电话、手机、网络，他却执着于这种传统通信方法，几十年不变。

很多人都记得刘老师家中的墙壁上有一张警示条：谈话请勿超过十分钟。但他对待上门求助的学生，却从来不动用此标准，而是娓娓道来，不厌其烦，真正的两重标准，体现了他对学生的慈爱。

刘先生的生活是清贫的，似乎也没有为儿女们留下什么珍贵的财富，但他却长期资助一些贫困生，且从不宣扬。

因为时代局限，刘先生没有在法学界留下巨著，也没能形成自己的传世理论；但得知他辞世的消息，许多学生纷纷以自己的方式表达了一个共同的敬意，因为"刘老师对我的一生产生了重大的影响"。

这样谜团式的悖论在刘先生身上还有许多许多。

谜一样的刘海先生是老一代知识分子的写照，他们经历过许多，却不愿意诉说，随着他们的离去，这些谜也随之成了永远的不解之谜。

作者：王学堂，1991级校友，现任职广东省佛山市禅城区政府法制办公室。

西北政法大学

NORTHWEST UNIVERSITY OF POLITICAL SCIENCE AND LAW

P278	大学"墓志铭"	刘 炯
P284	政法情缘	杜 晶
P287	情系政法	周 琦
P291	岁末光亮	张艳华
P294	这些	司 雨
P296	七年政法情	孙 杰
P299	毕业了,好好的	霍文妍
P304	《查与你收》	李春英
	——写给1994级法二系一班15周年聚会	
P307	天赋奇缘 八三四班	吕晓晶
P309	长安夜未冷	郭 佳
P312	20年的风云际会	刘怀峰
P314	西北政法人的特质	薛兰锁
P316	法九五·二毕业15年聚会散记	张廷发

政法情缘

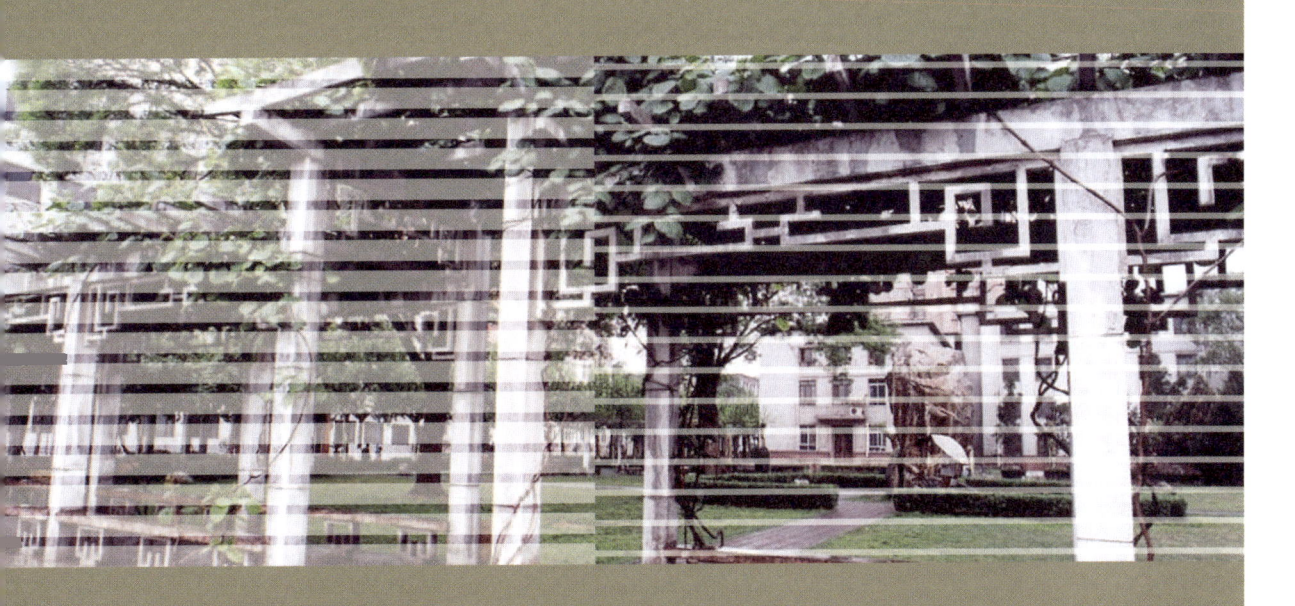

大学"墓志铭"

刘 炯

一、骂

什么是母校?
就是那个你一天骂他八遍
却不许别人骂的地方。
　　　　　　——佚名

你骂过这个与你格格不入的时代。
你骂过你置身其中的各种制度。
你骂过把你卖了还替他数钱的所谓朋友/哥们/知己。
你骂过逃课总是被点名的倒霉的自己。
你骂过食堂比板砖还硬的馒头。(不知现在有没有好点?)
你骂过全身抹完香皂后无故停掉的热水。
你骂过具有锻炼年轻人耐心之神奇功效的学校网速。
你骂过以最为不齿的方式转移你的手机/钱包/其他物品的第三只手。
你骂过你深信不疑的爱情。
等等。

你当街痛骂或内心暗骂。你大声骂或低声骂。你汇集祖国各地方言粗口版本运用自如。不过这些都不重要。因为大学里能骂的事物实在是太多。

而你需要的，只是这样的一种合理宣泄。这并不说明你素质低下，更不能说明你人品恶劣，你照样毕业，照样为人民服务，照样不妨碍你为全面建设小康社会作出贡献。所以，骂骂更健康。（想想当年"骂"这"骂"那，不就是"吐槽"吗？）

有了不平，骂。

有了愤恨，骂。

有了牢骚，骂。

尔后会心一笑，继续生活。

二、离

> 想留不能留 才最寂寞
> 没说完温柔 只剩离歌
> ——信乐团《离歌》

离者，分也。除去物理上的位移，更多是心理上的剥离。

面对行将逝去的大学时代，你需要做诸多你情愿或者是不情愿的告别。

你要离开这个滋生过你四年喜怒哀乐的校园。

你要离开陌生城市这张容纳你的床铺。

你要离开一个以学分为量化标准的体系。

你要离开让你又爱又恨的他／她。

你要离开一起踢球的队友。

你要离开一张张比你朝气蓬勃的面孔。

你要离开专业课本、课堂笔记及其他。

你要离开饭卡／图书证／学生证。你要离开大学生这个身份。

等等。

或许你试图重来，或许你心含不舍，但是，这都无济于事。

倒计时。数到毕业那一天。一切归零。

管他是毕业那天一起失恋，还是毕业那天一起失眠。再见了，大学。再见了，我的那些花儿。我们就这样，各自奔天涯。

就算流泪，就算心碎，离别时间到，我们一起来祷告。故作洒脱地挥挥手，来一个狠狠的熊抱，然后 THE END。

三、恋

相信爱的年纪
没能唱给你的歌曲
让我一生中常常追忆
——老狼《恋恋风尘》

悄然回首，就算你是个对大学失望透顶的人，也会心存眷恋。它再多的弊端，再多的过错，都在这个时刻，让你细细回想它的点点滴滴。

你会留恋任汝芬教授的考研辅导讲座。（当时你很好奇为什么男的叫这名？）

你会留恋与你在湖边畅谈人生理想的刑法老师。

你会留恋为你挺身而出的患难友人。

你会留恋图书馆靠窗的那个位置。

你会留恋你战斗过并从那里准备日后在考场上幸存或是牺牲的BJ33。

你会留恋你和他/她用脚步丈量过的林荫小道。

你会留恋不用打卡就能洗澡并且愿洗多久就洗多久更难能可贵的是它还是杨贵妃同款的温泉。（不知现在还有没有？）

你会留恋食堂偶尔为之的热米饭。（现在应该保证热了吧）

你会留恋你失恋时喝过的啤酒。（汉斯9度，久违了）

你会留恋出示学生证就能买到的优惠火车票/电影票/门票。

你会留恋为了第二天的考试在寝室过道狂背笔记的通宵。

你会留恋南腔北调争论不息谁先睡着谁请吃饭的年度总结卧谈会。

你会留恋学位证上那个不怎么微笑的你。

你会留恋这个你能用任一金属（青铜、黑铁、白银、黄金）命名的时代。

等等。

趁着乳房还没有下垂到肚子，趁着门牙健在说话尚不漏风，尽情地、纵情地、绝不矫情地抒发一下我们的春春情怀。

因为，青春都在西北政法。

当这些日子无处寻找，让这些回忆跟着你奔跑。

四、梦

我的未来不是梦
我认真的过每一分钟
我的未来不是梦
我的心跟着希望在动
——张雨生《我的未来不是梦》

你始终有梦。

跨进大学校门时有。离开时亦有。

黄粱一梦。人生美梦。这样梦。那样梦。梦梦俱到。

现实中无法抵达或暂时无法抵达的，就在梦里逐一完成。

你梦想在这一路的寻觅中得到你想要的风景。

你梦想你是万众仰望的焦点。

你梦想成为一名"白骨精"（白领／骨干／精英。）

你梦想四处游走。

你梦想开一家自己的酒吧／书店／凉皮店。

你梦想读更多的书，做一个有趣味的人。

你梦想将来也有一天能像你的老师一样在《法律科学》上发表论文。

（呜呜呜，虽然现在也成为一名青椒，但到现在这个梦想仍未实现！）

你梦想开着车只是为去吃一碗羊肉泡馍。

你梦想有一天能够从容不迫地逃离这里。

你梦想自己是命运的宠儿。

等等。

有梦就有希望。

无论你是一个梦旅人，还是一个织梦者。梦的尽头是不是出口？这不重要。只要你有梦。这就很好。

怀揣梦想。

展开你手中的地图，带上收割的镰刀和你的年轻。凭着自己的良心和勇气，从大学走出去并坚持走下去。

五、路

> 这是一段很长很长的旅程
> 用尽所有的时光永无止境
> 我不停地奔跑呼喊着追寻
> 在我的路上寻找我生命的意义
> ——汪峰《我的路》

对你来讲，路是一个不错的比喻。

你走过的，是来路。你未走过的，是去路。

你的路在哪里。你自己问自己。

大学，只是一站。就像603路中的某一个站点。而你需要一直行走。

你走在通往未来的路。

你走在人生错综复杂的路。

你走在你自己的路。

你走在被生活默认设置的路。

你走在有时无法辨明方向的路。

你走在要么鲜花怒放要么荆棘遍布的路。

你走在北上/南下/西行/东去的路。

你走在无法想象难以预期的路。

你走在时间铺成的路。

你走在孤单的路。

等等。

走过大学，青春散场。你还得在路上。打包，整理，告别，待发。左转，右闪，上仰，下看。如此，一路上的泪与汗，一路上的风和雨，都在瞬间变得无怨无悔。记住，年轻人，JUST ON THE ROAD。

六

是此为记。

玛丽莲·梦露是一个尤物，性感得恰到好处，可惜她已经死了。

玛丽莲·梦露是我们的大学，让我们如此感慨，它也早结束了。

我们应该惋惜还是什么，不得而知。

时间：365×4=1460。

地点：随机。人物：随机。情节：随机。结局：随机。

然而，这一切的"随机"实则都早已注定。

我们的青春注定与一所大学相连，它的名字叫西北政法。

它以大学录取通知书为起点，但绝不以毕业证为终点。

以此纪念你的／我的／他的／她的大学与青春。

作者：刘炯，2003级法学四系校友，现在厦门大学法学院工作。

政法情缘

杜 晶

再甜蜜的回忆，也不免伴随忧伤。不轻易回忆，便成了习惯。日日关注"我与西北政法"，遍览校友佳作。他们笔下的旧友、故事，昔日校园的朴素底色上，辉映多少动人的笑容，舞动几多斑斓的倩影，流淌涓涓属于青春的清丽音色。那些我错过的年月，读来如同经历般鲜活。往昔四年岁月，不由纷纷逸出。摩挲着老照片、旧书签、成绩单、笔记本、试卷、证书，如同折叠的贺卡，甫一翻开，那些日子便蹭地站立起来，在散发着旧时光气息的柔柔光晕中，诉说昔日情缘。

该从哪讲起呢？笔下的疑问难抑脑中的疾速流转。

留情秋千架

许是幼时乡村生活的烙印，村头高大却不笔直的粗壮大槐树上，常常缀着一挂秋千，飞扬的发丝和裙角是畅快的欢乐童年。在政法深邃悠远的校园，我竟找到这么一个所在。柔软的草坪边角，矗立一架钢制秋千，我从此爱上充满生活气息的老旧校区。郁郁时我

独自前往，晃晃荡荡许久，直到手被铁链硌的生疼；闲暇时约上室友同去，爱动的有健身设施，爱静的可并肩闲话，度过悠悠时光。印象最深的，是四年级下学期，一边漫不经心地找工作，一边心不在焉地准备公务员考试，毕业季在打印简历和消耗试卷中一日日临近。时有烦躁，时有不安，时有期待，时有恐慌。那些日子最爱流连于低低矮矮的秋千上，草坪上孩童嬉戏，家属们喁喁私语，随着秋千缓缓摇摆，踢着脚下的细沙，如此消磨一个下午，直到黄昏，往往有同伴来寻，这才起身。后来，侥幸通过招录考试后，变得清闲，更是常来常往，偶尔有活泼的孩子秋千两处都占据了，我以超双十之龄，竟厚着脸皮请求，让姐姐玩一会儿好不好。往往得逞。

花下日月长

颇具 20 世纪中叶苏式风格的礼堂边，有小小一方花圃，遍植些冬青、月季之流。花圃一边，围绕着半周长廊，灰白水泥梁柱，褚红水磨石条凳。留意这里，源于热心又勤奋的高年级学姐们。语言类专业的关系，系里学习氛围很好。每日清晨，都看到本系学生捧着广播，在校园的各个角落寻找信号，接收 BBC 或者 VOA 的消息，练习听力。某日兴起，循迹加入晨读行列。怎奈我对学习语言并不十分热衷，晨读于我而言有些名不副实，慢慢忘却了。然而几次下来，却对这处绝佳的所在，深深迷恋。也许我并不是一名好学生，在大学里，读书的时候多于学习。纵览四年的图书借阅记录，除了毕业论文所需，竟再无与专业相关的书籍。而大学时光，缓慢悠长，似乎可以无尽挥霍，恣意享用。

如果只是冰冷坚硬的长廊，并没有长久留人的理由。可攀着柱子，偏有几架藤萝，沿着柱，顺着扩散开来，枯而遒劲的老藤，不知名的小花，夏日午后，绿荫满树，暗香浮动。于是，经常携了杂项书籍来此，闲闲寻一干净处，慢慢读来。往往翻开书读些时候，盯着身旁的老藤看几眼，一会儿工夫神游千里。坐在那儿时，常会想起《红楼梦》中，宝黛花前读《西厢》的情景。芳菲万千的园子里，如花美眷，似水流年。

秋来满园香

行政楼两旁，有几十年树龄的桂树静默伫立，毫不起眼。长安暑气长，晚自习后，走出灯火辉煌的教学楼，惧怕寝室的闷热，不由得到操场徘徊一阵，或绕着法桐掩映的马路晃悠一段。密友相随，凉风习习，也颇为惬意。忽然一阵香风，鼻子都没来得及分辨，那味道已在口中打转，清冽甜香沁人心脾，禁不住在树前反复路过，贪婪地吸入甜丝丝

八月桂花

的气息，留下整晚甜蜜。

时有老师或家属在楼前空地跳舞，歌曲旋律轻快，舞者身材纤侬有度，风采斐然。路过时暗自赞叹，果真有眼光，这处地方两旁各有一株桂树，可不是要甜入心肺了。

秋千无言，偌大校园中静谧的陪伴我的闲暇，使心境平复，思绪沉淀。藤萝无骨，柔软枝条缠绕着坚硬水泥梁柱。给廊下读者一蔓雅致，一缕香芬，一抹芳姿。金桂无华，满树细碎弥漫了整个校园清甜，每年秋天都美好的无以复加。我在政法的四年里，就这样被斑斓、清冽、悠闲宠爱着。课堂间的奔波，考试的烦乱，饭堂的食不知味，这些每日上演的重头戏，倒像是诗意生活的点缀，一些并不烦冗的必需。

也曾数次去往大气现代的南校区，那里高大巍峨的教学楼，广袤优美的环境，颇具水准的四人间搭载24小时温泉热水，都让人无比艳羡；可徒有一腔热血，对于连新图书馆门禁都无法通过的北区人来说，望着满目繁华，那感觉不啻初进大观园的刘姥姥。返回北区的路途中，或许还有些许不平。待校车驶入老旧经典的校门，缓缓通过不长的甬道停下时，一腔愤懑早已不见踪影，类似回家的亲切感，提醒着归来的喜悦。曾经的乡野之地矗立着都市感极强的现代化新校区，而城南繁华处闹中取静掩映着古旧的楼宇，很难说哪里更好，各花入各眼，生活在其中的人，各有偏爱罢了。如若重新选择，我还是对小巧温馨的北校区更钟爱些，毕竟，那里留着我四年最美的时光。

作者：杜晶，2006级法律外语系1班校友，现为西安市公安局雁塔分局民警。

情系政法

周 琦

对于很多40多岁的人来说，回忆起多年前的高考会战，无疑是一件痛苦的事。百分之二三的录取率，残酷的拼杀，对于现在动辄全校百分之八九十的一本上线率，简直是无法想象的事情，因而对于我们那一代人来说，当年的高考无疑是一场噩梦，直到现在，仍时时侵入梦乡，梦见自己在考场上，梦见自己落榜，惊起一身冷汗，在黑夜里悚然坐起，心悸而久久不能入眠。

我是一个农家孩子，我们的村子坐落在秦岭北麓的小山坡上，百户人家，傍山而居，半边盖的关中厦房错落有致，房檐下挂着成串的红辣椒，院中垛着高高的苞米棒。我是家中的长子长孙，家里唯一一个正在上高中的学生，全家人拼尽全力在供我，希望我考上大学。第一次冲刺，可以上大专，我却执意不想去上，宁可补习再考，然而第二次却更加惨淡，可怜的分数只能上个中专。两次的高考落榜，严重地挫伤了我的自信，父亲也打了退堂鼓，还供到什么时候啊？但是我还是毅然而然地决定复读，而且填报志愿时，仍然填报着自己三年不变的志愿：西北政法学院。

当时写了一篇感受至深的散文《守望春天》，记录了我当年苦闷而期盼的心情："……我一个人躲在小屋里，呆呆地坐着，屋子里没生火炉，很冷，我缩着脖子操着手。外面的雪景很美，我却没有心情去领略，高考的失意，像一条无情的蛇噬咬着我的心，我无法排遣这苦楚，只能将其郁积在心底……窗台上那丛水仙正在悄悄地含笑开放。这是一个月前，我在集市上买的，摆在窗台上，却再也没有了心思去管它，不想它默默地积蓄着力量，潜滋暗长着，此时活泼地展示着生命的美丽与骄傲。……我就那么无言地坐着，直到子夜的钟声荡去沉沉的夜色，我在心中默默地对自己说：春天来了。"

就在那年的7月，经历了一场高考的大战后，我终于接到了西北政法学院的录取通知书。在捧着那庄重的通知书的一刹那，眼泪不加掩饰地涌了出来，那洁白的录取通知书上泪痕斑斑。转户口，开证明，凑学费，怀着满心的期待，父亲领着我坐着公交车辗转来到了位于西安市南郊的西北政法学院。学校门口悬挂着迎接新同学的横幅，校门里侧有专门接待新生的咨询台，热情的师兄师姐忙不迭地给你解释指引着，办完所有的手续，我们来到了宿舍，新北楼304室。里面已经有几个报到早的同学，看见有人进来，湖北佬操着浓重的湖北口音打着招呼，小广东则瞪着眼睛躺在床上，恐怕还在想念刚刚分别的家人。父亲安顿好我就回家了，我顿时有一种长大成人的感觉，和他们说话也和父亲在时不一样了。

就像我前一阵给一个今年刚考进政法的孩子说的，那时的天还是很蓝，学校也是搞学问的，学校非常注重政治思想，专业教学也非常严肃认真，学生老师都很刻苦努力。我们的辅导员段兵老师整天和我们在一起，真的是和学生打成了一片。我们组织马列学社，请教革命史的张老师来宿舍给我们讲课，想当年啊，真的是意气风发，指点江山，挥斥方遒，呵呵，感觉有点不知天高地厚！我最爱上高在敏老师的民法课，他几乎从来不带课本和讲义，但却是古今中外，旁征博引，纵横捭阖，妙趣横生，引人入胜，可惜就是因为高老师没有出版著作，所以迟迟评不了教授，我们临毕业时好像才当了副教授，至今还替他鸣不平！

专业课就不多说了，说多了都是泪，因为我早已脱离了法律行业，把老师教我的东西全还回去了！说一件事吧，因为入学时英语成绩好，英语老师让我当课代表，可是我的口语水平让我失尽了颜面，上课时老师让

领读课文，看到我结结巴巴的样子，老师一周后就找我谈话，我也知趣地自动请辞了课代表的职务，反倒感觉一身轻松了。前两次高考失误就是因为英语，所以后来拼命专门补英语，但只是为了应试，应试水平可以，但实际运用尤其是口语极差，后来我使劲儿地去补，英语还是差，没办法啊。

我们那时还没有实行军训，在我们后一级才开始军训的，看着操场上穿着绿军装的学弟学妹们，我激动了，我曾经的一个梦想就是穿上绿军装，于是写了一篇《羡慕啊，穿着绿军装的你们》，投稿到院报信箱，感谢院报的编辑郝蒙老师，这是我人生发表的第一篇稿子，看到自己的文字变成了铅字，我心里那个兴奋啊！拿着微不足道的稿费和宿舍的哥们到外面吃烤肉喝啤酒，高兴得忘乎所以，听着大家恭维的话几乎要飘飘然了。

就是这篇稿子，宣传部的高霄老师看到了，他让人把我叫去，问我愿不愿意到学生通讯社，我当然愿意了，在这里开始了我真正的文学爱好的漫漫征程，写了不少通讯稿件，也写了一些小说散文，这也是后来毕业时那家单位选中我的原因。最感动自己的却是，写给喜欢的一个女生的情诗（那时的我们还是环保纯洁啊，连手都没拉过），后来陕西广播电台黄土地节目把这首诗配乐朗诵播出了，恰巧那个她躺在床铺上听了，据说哭得一塌糊涂（呵呵，不知是真是假），但最终这段所谓的感情或情绪无疾而终。虽然我们现在还经常联系，甚至还开玩笑说起过去，却已经是那么淡定释然，好像是在说别人的故事一样，她到我们家来做客，老婆还做丰盛的菜品招呼她，谈笑风生，一切已经烟消云散，时间确实能够改变一切。

在大学里，我是学业以外社会活动参加比较多的，在马列学社慷慨激昂，在学通社写稿子编刊物，在法律服务中心为农民工讨要工资跑几十里路，和同学在外面包电影包录像挣点外快（至今还记得波姬小丝演的《青春珊瑚岛》，当年自己设计印制的宣传单子至今我还保存着），联系二十多家书店在师大外院政法几家高校搞书展（外院派出所把我和仑子误认为是偷自行车的差点抓起来），可以说，那些年热门的经商活动我都尝试过,而贩卖袜子运动服的经历最有意思。

我挎着绿军包到外院男生宿舍卖袜子,一个很娘炮的男生问我:"卖袜子的,你光知道卖呢,阿迪达斯啥意思,你知道不?"我谦卑地一笑:"我咋知道呢?你是大学生天之骄子,你给我说一下?"那个娘炮抬起头乜斜着我骄傲地说:"你记住了,阿迪达斯是三叶草,代表的意思是幸运幸福,以后别人问起你就会说了。"说实在话,我从康复路批发来假冒的阿迪达斯,确实不知道这个品牌是啥意思,别人再也没有问起过我,但从此阿迪达斯的含义深深地刻在了我的脑海里,永远也不可能再抹去了。20世纪90年代初,正是大学生经商下海风起云涌的时候,我也算是个小小的弄潮儿,落了不少课程,但是也增长了许多社会经验,大学四年的学杂费几乎都是我自己挣的(刚参加工作的大弟也支持过),我老家盖房子的时候,我慷慨解囊(用词不准确啊)拿了500元,父母很是惊讶震撼。

岁月如白驹过隙,大学四年很快就过去了,当我还想再留恋地看它一眼时,已经被跌跌撞撞地推入了社会的洪流之中,当时还想着做律师,不愿意进党政机关(前些年是千军万马挤这个独木桥,而现在公务员热也在慢慢消退),但是拗不过父母亲友的劝说还是进了机关。我绝对不是矫情,前几天还和一个政法校友聊起来体制内的困惑,感慨于他的勇气,四十多岁了从一个地级市的通讯公司(国企)纪委书记职务上辞职下海做了律师,我估计是没有那个勇气了,温水煮青蛙已经把我煮的没有跳出去的能力了!自己坚持考了三年终于念了法律专业,却最终没有从事这个职业,这不能说不是一个遗憾。

怀想政法的大学四年,母校给了我太多的东西,不仅仅是法律的知识,还有公平正义的理念和爱憎分明的秉性,我永远牢记着"有法可依,有法必依,执法必严,违法必究"的法治社会的方针,我也深知法治精神还没有充分贯彻到一切社会事务中,严格依法办事还没有普遍确立为人们的一种生活方式、一种社会习惯,人们对法治还缺乏足够的信任,法治的权威还不足,它保障民众权利的效力还不足,权势凌驾于法律之上的一些现象仍然存在,能够伸张正义,纠正这种现象的,又往往不是司法的力量,而是领导的重视或者舆论的监督,推进法治建设尤其是人们法制观念的普及,仍然任重途艰其修远兮。而对于小小的我,受了政法四年教育熏陶的我,一直在努力坚持自己的良知与底线,法律知识给老师交回去了,但是法治的精神不能丢,有朋友说我身上有一种理想主义的东西,我想,人如果没有了理想算什么东西?这种精神也是我在政法学到的,也是我秉承和引以为自豪的。

作者:周琦,1991级法学系1班,现供职于西安市碑林区政府。

岁末光亮

张艳华

这一年，
你们过得怎样？
多少理想飘散了，
多少寄望越来越远？
多少现实
让你失去一部分坚守，
又有多少失望
让你
甘愿在孤独的角落
黯淡自己的光亮？

在柴米油盐的围攻中，这个岁末匆匆复匆匆地低调遁去。狠狠心要为这一年砸两个字，打开电脑枯坐半天，竟然一个字都没憋出来。

心间有几分懊丧，于是颇为不悦地跟我的"合伙人"说："日常生活这些油盐酱醋，其实特别阻碍才思。"这时合伙人的灵感就决堤了，陈起词来气势如虹："一过上正常人的生活还不会创作了，这是什么狗屁文艺青年？！艺术不是源于生活高于生活么，连生活都不会还奢谈什么艺术……"吧啦吧啦……

"好吧"，我说，"CNB 八级的人果然霸气！"

"注意"，他煞有介事地纠正："是 CNB 专业八级。"（注：CNB= 吹牛逼）

于是我又开始没心没肺地狂笑，差点没背过气去。

就在刚才，在我戴着塑胶手套玩着拥挤在锅碗瓢盆间的泡沫的时候，毫无征兆和来由地想起大一那年的某期《学生通讯》组稿，粟粟姐矢志不渝地一定要去做校门外那家书吧老板的专访。可是这段记忆太过模糊，我甚至用了半分钟时间去回想和确定，这究竟是真有其事，还是我冥思发作时虚妄的幻象？

书吧的名字，好像叫"旅人日记"。具体方位早已忘记，大约是在"中田豆业"北向的位置。是二层很大的一间，应当要爬一段悠长曲折的楼梯吧。

记忆里，仿佛四壁一周全都是书架，暖黄色的灯光温吞吞地洒下来，使人有些懒得动弹。书架前的地板上零落着许多大红色的木墩子——那种暗哑而浓烈的红。这样的氛围和气场，居然使我想起了儿时的幼儿园教室，或者，现在我根本分辨不了：大脑沟回里这个图景，是来自这间"旅人日记"，还是我的幼儿园记忆。

老板是个年轻男孩，20岁出头的样子，清秀白皙，五官精致，面部的线条和轮廓都很好看，会很善意地笑，笑起来会脸红。聊了些什么也早忘了，唯一能确切回想起来的，是他对自己所想所为的那种固执的劲头。知道自己想做的，相信自己所想的，期冀自己所盼望的。那天晚上我窝在柔软的很不舒适的沙发里，唯一记住的就是这张柔和的、倔强的脸，还有这双清澈的、羞涩的眼。

后来这间书吧就不知所踪了，店铺不知是被谁家占领，粟粟姐的稿子也胎死腹中。我们那时几乎都忙不迭地吃喝玩乐，谁也没有认真讨论过他夭折的理想和夭折的书吧，甚至连一声惋惜和一句嘲笑也没有，什么都没有。

这个晚上，当我想从旧年日记里寻找有关上面这段记忆而未得的时候，却意外被另一段记录触动，是2004年11月的一篇。

那个阳光分外明亮的冬日的午后，在学通社读大家练笔，不知是受师夏、程还是冲儿虚构的青春故事的折磨，（没有详记，但不外乎是这"萌芽"风格的三个人吧）居然莫名忧伤起来。

在玻璃窗前呆坐许久，竟然没去上当时被政法女生无比热爱的许志老师的刑侦课。(这个BUG至今仍令我感到懊悔)情绪黯淡地起身说："我出去走走。"任小皮居然以共处三年里极少见的严肃态度回应说："听完这首歌再去吧。"然后他趴在透亮的玻璃窗上唱《晴天》。

曲终时我打开小屋的木门，行政楼三楼走廊里醇厚而深邃的阴影，竟带给我莫大的体贴和安慰。小皮在身后问："华华你去哪儿？一起去吧。"没回头也没应答，把他和那片天光一起关在了屋里。

今天看来觉得好笑，学通小屋里那么多生动鲜艳的往事都没记，偏偏在一个庸常的不能再庸常的片段上，浪费这样多的镜头和笔墨，大有为赋新词强说愁的意味。可悲的是，除了这段做作而矫情的记录，学通小屋里那些珍贵情绪的细节，几乎在记忆里遗失殆尽。比如那些飞扬的猖狂，倔强的自负，对文字的激扬和争辩，对戏剧、小说、微电影的信誓旦旦……没有细节为它们曾经的沸腾描述和佐证。很多情绪在短暂的岁月里平息，我甚至怀疑它们是否真的存在过，或者，是否真的应该存在过。

三个片段回忆完，回到当下。

这一年，你们过得怎样？多少理想飘散了，多少寄望越来越远？多少现实让你失去一些坚守，多少失望让你甘愿在孤独的角落黯淡自己的光亮？

也许，这些潜隐的忧伤，才是上面那些故事触动我的因由。

梦想还没灌溉就要铲除，该是多么不体面的事。在学通社马作家《刘备不是传说》中记住一句话："即便不能证明我能行，起码也得证明我不行。"

很多希望，是你相信它就会存在。即便折戟沉沙，也是与有荣焉的一件事。

新岁，共勉。

作者：张艳华，2002级法学一系刑法专业，2002级学生通讯社社友，现任某出版社图书编辑。

这些

司 雨

这些

不知为何,总是在相伴时挥霍珍惜;
不知为何,总是在离开后追悔遗憾;
不知为何,总是在孤单时分外想念;
不知为何,总是在重逢后泪眼婆娑。
那些早已规划的相遇,便从你的名字开始——西北政法大学;
而那些早已设计的离别,便是我们脸上定格的微笑。
感谢所有的相遇,
我遇见了一间宿舍,那里有我最暖心的舍友和温馨的氛围;
我遇见了一个社团,那里有我志同道合的伙伴和青春的时光;
我遇见了一个班级,那里有我携手进步的同学和活跃的课堂;
我遇见了一个图书馆,那里有我无穷无尽的老师和静谧的沉思;
我遇见了一个天平楼,那里有我们拼搏奋斗的身影和肆意挥洒的汗水;
我遇见了一个操场,一条小路,一阵桂花香;
我遇见了一个人,一个故事,美好的回忆;
我还遇见一个你,西北政法大学。
总是在离别的时候才发现没有好好道别,
总是在分开的时候才遗憾曾拥有的可贵。
拥抱所有的遗憾,
我遗憾没有好好对舍友说一句,很高兴遇见了你;
我遗憾没有好好对社团伙伴说一句,感谢身边有你;
我遗憾没有好好对同学说一句,谢谢帮助过我的你;
我遗憾没有好好对老师说一句,这些年辛苦了你;
我遗憾没有再去安安静静翻看一本书;
我遗憾没有再去走走那些年走过的路;
我遗憾没有细细数过天平楼的台阶和点亮夜晚的路灯;
我遗憾错过的毕业典礼和本应合照的你;

我遗憾没有好好说一句，谢谢有你，我的大学。

这个时候，我笑了，感谢所有的相遇；

这个时候，我哭了，拥抱一切的遗憾。

我答应你，做到严谨、求实、文明、公正；

我答应你，牢记法治信仰，中国立场，国际视野，平民情怀；

我答应你，过上知行知止，追求理性的生活；

我答应你，懂付出，办实事，怀揣梦想；

我答应你，不犹豫，不怀疑，不停步；

我答应你，应君所盼，圆君所梦，忌君所忧；

离歌声声，别情款款；春蚕吐丝，彩蝶出茧。

母校所盼，吾等所企；母校烦忧，吾等共担。

愿吾学校，凤翥龙蟠；盼吾学校，康泰宁安。

祝福吾校，金樽共邀；天佑中华，举国梦圆。

作者：司雨，2011级经济学院校友。本文转载自学生通讯社微信。

七年政法情

孙 杰

每年这般时候,充斥于耳的多半是各种高考讯息;即便在毕业11年之后的今天,我依然会很主动地加入到人们对此大学与彼大学种种差异的讨论行列中去,也经常会很乐意地给需要填写高考志愿的学弟学妹们提供一些参考意见,这个时候的我自然少不了要对自己的母校——西北政法大学做一番深情回忆。

依然清晰地记得2004年金色的7月,当收到西北政法学院寄来的录取通知书时,家人悬着的心终于得以释然,更让我为之动容的则是85岁的祖父母脸上皱纹堆起来的幸福之花,至今难忘其情其景。

在父母的陪同下,19岁的我显得青涩,报名当天跨进位于长安大学城的新校区时,那时的政法新貌只能用"荒凉"一词来形容。车在空旷的校园里漫无目的地开着,一切都是新的,崭新的建筑群与水泥路面,甚至有几段是未成型的土路,土堆也是分散于各处,杂草随处可见,可以看出这是一座尚未建成的校区。

为了找到早已分配好的宿舍,已经记不清在校园里跑了几个来回了;最终在一学长的指引下好不容易进了宿舍,这才发现同一个宿舍里出现的全是一张张陌生的新面孔,有点紧张的简短招呼后,便是家人忙前忙后地

铺床整理；大到办理入学手续，小到购买各种生活必需品，都是父母亲力亲为，等一切安置妥当后才发现夜幕早已降临，好在自己有过3年的高中寄宿经历，目送父母离开学校后，跟新舍友的接触并没有太多的紧张感，只是说惯了宝鸡方言的我在普通话的发音上经常引得舍友们捧腹大笑，被我谓之"宝普"的腔调也成了我们熟知后偶尔会被提起的笑料。

也就是从2004年9月3日起，来自全国各地的50位兄弟姐妹们组建了西北政法学院刑法19班这个集体。从此，不论是上课自习，还是逛街爬山，乃至进网吧都是同宿舍几个结伴而行。每天晚上熄灯后的卧谈自然是"必修课"，而谈论的话题无外乎是自己的家乡、成长经历、明星八卦，最后便会以评价某个女生作为结束语。更多的是嬉笑打闹，但不可避免地也会有语言上的激烈冲突，但这丝毫没有影响我们的关系；即便旷课，签名时自然会有舍友的代签，即使当场点名，依然会有舍友变了声的应答，却很少被发现。

值得一提的便是刚进政法新校区时全天候免费开放的地下温泉，宿舍随时都能冲澡，这对于隔壁的两所大学来讲是奢侈的。一直庆幸宿舍的学习氛围与环境，记得起初有一位舍友在宿舍抽烟，在被我们5个集体声讨无效之后强行推出了宿舍，竟然戒掉了烟瘾，此刻想起来依然能够让我笑到流泪。宿舍几个人的学习成绩一直在班级居前，英语四六级过关率在男生里更是领先。2008年6月毕业时宿舍6个人中有4人考上了研究生，一人进了法院，一人进了国企，算得上对各自有个好的交代。

大四的时候，我继续选择报考已更名为西北政法大学的刑事法专业研究生，这其中不乏自己恋家的因素，并有幸考上，随即开启了我在西北政法大学的第二个学习阶段。从崭新的长安校区搬往老旧的雁塔校区，虽然在硬件上远不能比，但是学习氛围有增无减。攻读研究生的法律人来自全国各地，在这里，大家一起为了梦想而翻着一本又一本厚重的法律书籍，参加着一场又一场知名学者的法学讲座，也曾为了复习司法考试而早早地在教学楼前或者图书馆前排队占座位。回想当时的盛况，足以用"热闹非凡"来形容。

记得为了能够在自习室谋得一座而提前一天在相中的桌子上贴一纸条，上书"本人已占"或者"占座"，现在想起这种做法真是好笑。大多数的日程是"三点一线——教室、食堂与宿舍"，虽然也曾疲惫过、迷茫过，但最终还是被充实与希望占据了内心。晚上会隔三岔五地跟几个同学在不能再简易的操场上锻炼几下，会在宿舍楼下的小卖部里买几瓶汽水而仰头猛灌或逗逗他们家的小狗小猫，同时也会在各种夜市小摊前买各种夹馍当作夜宵，也就是从那个时候起，我的体重不断增加，以至于最后有了"二胖"这一绰号（"大胖"已另有他人）。

三年的研究生生涯更多的是在司法考试及公务员考试的各种自习中步履蹒跚地度过，

好在还算顺利。我们刑事法专业98位研究生，其中山东籍与河南籍人数占据了本班人数的半壁江山，而真正让我佩服与敬仰的是他们永远遥遥领先的成绩与饱满自信的精神状态。

如果要问西法大的哪家食堂饭菜可口，哪位楼管大叔或者阿姨亲切，哪位教授授课方式风趣幽默，这些对我们来说是再熟悉不过的。无论是在新校区东西两湖边的背单词，还是老校区"苏楼"前背民法概念，抑或自习室里做着艰涩而又充满乐趣的法律题目，七年里走过的足迹总是深深地刻在脑海里，挥之不去；不管是新校区对门的西崔村，还是老校区隔壁的杨家村，都有着曾经的记忆，尽管在买东西时被城中村的老板"宰"过，抑或被小偷扒窃过。

七年，从19岁到26岁，从2004年9月起至2011年6月止，整整七年的青春岁月在西法大度过，太多的记忆留在了这里。在这七年的求学生涯里，西法大送走了一批又一批的本科和研究生，成就了一拨又一拨法律人的梦想，帮助一个又一个政法人实现了人生价值。

记得曾经给别人讲过，自己在西北政法大学本科学习四年，研究生三年，早已融入到了西法大的生活中去，即便在毕业后，也一直留意着西法大的种种变化。我要感谢这所学校，在这里认识了那么多来自全国各地的兄弟姐妹，并与之结下了深厚友谊，睿智的教授们渊博的学识让我们时刻受用，并形成了法律人的思维与价值观。如今的西法大学子们无论身处何地，身居何职，从事何种职业，总有一条主线将他们与西北政法大学紧紧地连在一起，这条主线便是——政法情结。

作者：孙杰，陕西宝鸡人，法一系刑事法专业2004级本科、2008级研究生，现就职于陕西省扶风县人民法院。

毕业了，好好的

霍文妍

其实我一直想写篇长文，但又觉得矫情，又想还是等我彻底走出校门、再也不会回来、再也回不来的时候再写；但是，很多情绪好像根本等不及。

我一直以为我一定是那个在宿舍住到最后一天的人，因为我是西安人，待我送走她们所有人，然后，由我来锁住空荡荡的宿舍，OVER，那将是一个苍凉又遒劲的手势。可是没想到，因为工作原因，我居然提前走了。

四年前我初到学校，家里好多人送我去，我完全就是在温室里被宠坏的小朋友。与舍友见第一面的时候，觉得然然是特别柔弱的南方妹子；小珂好美，说一口流利的陕西话；珍妮腼腼腆腆；毛毛胖到没脖子，还总爱说我们听不懂的方言；最后见得小怪，感觉她好难打交道。但军训两周不到，她们全部本性暴露。

大 一

大一时候我乖乖巧巧，连一节近代史课也翘得胆战心惊；后来进步了，专业课也翘得心安理得。我记不起大一那么多空闲时间都用来干吗了，也没有谈恋爱啊。说到这里，真的很感谢大一时候喜欢过我的人。我一直不觉得自己有值得被喜欢的地方，也许是一种自卑吧，感谢你看得到我闪闪发光的一个又一个点，让我知道自己也在别人的世界里耀眼过。

我的大学生涯应是从大一第2学期才有了质变。那次空前盛大的社团巡展，让我找到了自己的存在感，我开始主动做事、主动承担。那年六一，我开始和社联变得紧密，从陈骞、许文茜、杨建伟、王琼璘开始，我们渐渐有固定的12人组合；四年过去，你们已成为我大学生涯、甚至是一辈子最难割舍的人。

大 二

时光辗转，第二年我们哭天抢地地变成了学校最年轻的学长学姐。我在班里当宣传委员很久，但觉得没什么大事需要做。这一年我在社联当了副部长，我变得外向。很喜欢很怀念和茜茜一起做策划的日子，那时候12号楼的中间还没有封起来，我们俩串门频率相当高，遇上写策划，两个人待在宿舍一整天都是有的。茜茜，你一直是我最好最好的拍档。

大一下学期开始有选修课，大家上课时间开始不一样，全宿舍一起出去吃饭也变得很少，我慢慢地就跟陈骞一起厮混在各个小饭馆。前两天喝酒的时候陈骞说他以为那段时间我喜欢他。我大二恋爱过，他是一个很好的人，我后来一直觉得很对不起他，马绥绥说过我很多次，我都认。有时候认真理一理，觉得那个时候的自己真的还不会爱，现在也还不会爱。但是我很感谢老天，给我这个无敌龟毛的处女带来了那样一个细心包容的金牛。每一段过往都会带给你不同的恋爱感觉，即使最后分手，也应该学会珍惜，学会更好去爱。后来看到他有了自己的幸福，我感到心理负担一下子变轻了，厚着脸皮说，自己也是个善良的人吧。

好像自己大二的时候才醒悟过来，既然有这样多假期和可以翘掉的课，应该跑出去多浪一浪。所以大二就跟闺密和男闺密分别去了重庆和成都。那时候分分钟都想把大一浪费光阴的自己掐死，现在也是。

作为英语专业的学生，我很怂地在大二成功挂掉了人生中只能考两次的专四。考完之后还特别嗨地跟班里同学去农家乐玩了一天。那天我用我的渣相机渣技术为每一个参加的同学拍了单人照，也记下了每一个同学的名字，我希望很多年后我想起你们，都还能记得那天我们每个人脸上，没有负担和压力的笑。

大二清明，哥哥叫我和姐姐一起骑车去丰裕口，兜兜转转一天下来腿都快断了，也从那时候开始知道哥哥想要骑行去西藏，也第一次知道骑行这个酷炫又苦逼的旅行方式。后来我哥出了点情况，返回了成都，和去成都玩儿的我一起待了一个星期。

有那么一天，成都的雨下得很大，我窝在同学宿舍里，除了吃饭一整天都没有出门过，只是静静地听雨写着多到要死的明信片。那时候我也不知道有个人和我一样，在听着成都那一周唯一的一场雨。后来从成都回来很久，看到人人上有同学说要寄拉萨的明信片，我记下来他的手机号码，让他寄给我哥一张明信片。我知道他会寄的，因为他跟我哥一样都爱着骑行。

大　三

继续走，就到了大三。仿佛一切都还是昨天的样子。大三当了社联副秘书长之后，我就不再担任班干部了，总想把这一颗心完整地交给社联。我和小珂在大二、大三都长期单身过，也前前后后一起吃过回头草。不过小珂成功了，我失败了。在无数次的夜聊中，我们的尺度也越来越大，仿佛每个人都完成了一次蜕变，再也不是那个傻乎乎的小女孩儿了。

我和然然终于在大三努力过了专四，这下可以没有负担地毕业了。专四结束，社联新一轮竞选又开始了，这一次我们只能乖乖交出钥匙。那天正在上基英课，我看着学妹发的短信，在课堂上流下眼泪来，这三年的感情，仿佛都装在那扇门里，交了钥匙，关上门，再也无法得见了。当时伤感到不行，可是后来发现朋友们还能在一起，完全超越了社联的范畴。我们一起吃过西安大大小小有名气没名气至少十家以上不同品牌的火锅，一起在办公室门口的台阶上玩过杀人游戏"谁是卧底"，一起喝酸奶喝奇异果沙冰吃DQ，一起在操场的草地上分享过秘密。大三的时间过得太快，好像都还来不及细细回忆，脑海中的时光就不见了。

大　四

大四就是考研，找工作。考研的时候我和茜茜、绥绥、栋栋、胖凯、老黑都在一个自习室，我们分享资料，一起啃玉米，在楼道吃夹馍，在六楼吃咖喱饭。每天午饭晚饭后都有半个小时各自追剧，看到停不下来还会互相骂着要不要复习要不要考研了。每一个冻得要死的夜晚，跺着脚缩着脖子跑回宿舍，每周三还是周四还要六点多去图书馆占领被清掉的座位。还有我和茜茜一人一个的灰色大抱枕，有了它，饭后追剧的半小时总是变成一个小时的睡眠时间。

不用多说，考研失败了。考完那天在一堆复习期末考的学弟学妹中间，默默清理自己的复习资料，那种感觉很难描述，怪惆怅的。其实我也不知道什么时候跟小雅关系变得那么好了，开始什么话都说，大三实习的那个暑假，就因为我不开心，跑出来陪我喝东西在咖啡馆坐一下午。后来也有过很多个不眠的夜晚，陪我聊陪我熬夜。瓜女子找工作跑去了重庆，我以为她就在那边定居了，买了好多家里用得着的小玩意儿快递过去，谁知道后来她又撤回大西安。

大四大家总是各忙各的，我找工作又不够积极，常常觉得无聊，毕业季分离的气氛提早启动，漫长又煎熬的三个月，时间拉得太长，反而没味道了。我常说，我很勇敢，在这个分手的季节谈了恋爱。

还记得我前面提过那位给我哥寄了明信片的男生吗？他成了我的男朋友，谁能想到呢。在一起之后，我们聊天，才知道我们共同在成都待了很多天，感受了同一场雨。缘分总是这样，默默地就来了。

这么久了，一直没有说到题目里写的"好好的"。我写下这几个字最主要的原因是想到了茜茜。上周六我们借了别人家喝酒聚会，本来是说着每个人的秘密，结果却说哭了即将异地恋的茜茜和绥绥。有那么十几分钟我搂着茜茜，看着她哭，安慰她的那些话说的我自己都很没有底气，我不知道该说些什么。那就祝你们好好的。

还有小雅，去西藏是你一直想要的，那就把它当成一个新的开始，把过去那些乱七八糟，处理得不清不楚的事都留在这里，潇洒地去西藏展开新生活吧。爱情不是你向老天要就能要来的，不期而遇的缘分以后想起来才会觉得更美好。人生总是分分合合，不是除了我们就再也找不到更好的朋友。在西藏，好好的。

陈，那天你喝多了在厨房边吐边哭，李吓坏了急忙叫我去看你，我去的时候你默念着我的名字，问我在不在你身边，那一刻我很想哭，你该是把我放在心里什么位置，才会在意识不清醒的时候叫着我的名字。这好像说得好暧昧，可是你懂的，尽管我后来脾气暴躁很多总是发火，可是我一直，都很爱你。说把你当闺密太忽视你的性别了，可是我也找不到别的词语形容。你也要好好的，要身体健康。

胖子、凯凯，大三时候每个周末都是我陪你开例会的，你今后也不要忘记，你那把主席座椅旁边，被默认的属于副秘书长的我的位置。当了辅导员要减减肥，清正廉洁别收贿赂，不要被学生鄙视。也要记得我说的，今后周末要经常一起吃饭。

轩轩，恭喜你终于在四年的最后找到了自己的爱，减肥也好成功，一学期变女神。灰灰、明明是同班同学，却因为社联关系反而更好。莫名其妙地变成了我们四个女生的粑粑，就真的像粑粑一样照顾着大家，尤其那时候我在等那个男生的时候，你特别认真回复了我，一定会有一份合适的工作让你能够为你的粑粑扛起家里的一片天的。

老黑，广治，俩社联最黑的，也是家最远的，以后再见真的不知道是什么时候了，东北和山东，可以给我包吃包住吧？

绥绥，想跟你说的话，都和茜茜有关。其他的，就是因为你能看出来很多大家的事，不需要别人告诉你，太敏锐了。我到现在都很好奇你一直说的那些大家不知道的事究竟是什么，看来你要把很多的秘密带去榆林了。这几年心里一定不好过，异地恋有多难大家都知道，可是慢慢来总会有办法的，好好的。

还有栋栋，最深刻的印象就是你不好好吃饭总是吃零食和辣条，好像上次生病之后你就改了很多了，要好好吃饭好好照顾自己身体，这样才能找到女朋友嘛。

李，永远的话题之外的萌神，小眼睛呆萌起来连眼珠子都看不到。以后在西安，多叫唐老师跟我们一起吃饭。让他请客。

每当看到你们，我就想起那句一被人提起，我就会瞬间哭出来的话：聚是一团火，散是满天星。

毕业了，都好好的。

作者：霍文妍，2010级校友。

《查与你收》
——写给1994级法二系一班15周年聚会

李春英

年年岁岁花相似，岁岁年年人不同。

当春风再次吻上脸颊的时候，整理电脑，李健的《当你老了》飘过耳畔，不期然发现那份曾认真写就的十五周年同学聚会后"作业"，完成这份"作业"，一为纪念，二为祝福！

愿散若满天星辰的我们在他日还能聚成一团旺火！

我们都写过许多作业，但又有多少是自愿写就呢？对我来说，这篇绝对是例外。在李龙、春党的诗歌体以及洪果的微博体之后，我推出我的"散"文体，这可真不是一般的散啊！作业的名字就叫《查与你收》，同学们，没收到的请举手啊！

曾经无数次地憧憬同学们再次相遇的情景，梦想着有一天能全班相见。当这一天真的来临，当梦想之光照进现实的时候，那份浓烈还是超出了预期。从老轧"半立之约"的发起，到聚会QQ群的建立，我们一路走来，每个人的热血恐怕都沸腾了很久。

终于再次踏上那曾经深爱的土地，在政法的角角落落里遍寻青春的足迹。毕业十五年的相聚，让我们仿佛远离了喧嚣的尘世，走入了一片净土，所有人澎湃在温情的海洋里连觉也舍不得睡。品尝时光的味道，重温那些青葱岁月里的片片花絮，细数这许多年别离中的人生际遇……毕业后的顺利成功、挫折坎坷，还有那一家一户的安宁和谐，在一起慢慢共享。既有爆料的刺激，也有坦陈的真意，更有别样的祝福。如振庚所言，要精神健康，身体快乐！殊不知这个倡议多么重要，平时竟被人们说反。

虽然许久不曾相见，虽然很多人差点失去联系，虽然你的样子有些变化，决不妨碍我认出你时的惊喜，更不影响我呼唤你时的亲切，还有叫你小名和绰号时你的那份受用。那其中竟没有一丝陌生与疏离（包括小悦悦在内的小童鞋们），仿佛我们只是昨天刚刚分离，又好像是一瞬之间完成了某种穿越。"从来不需要想起，永远也不会忘记"是最好的注解。

十五年的积淀让我们的情谊如陈年美酒，清冽甘醇，厚味可口，我们那曾经说话脸红的腾腾跟每个女生热烈拥抱不撒手就是最好的明证！还有那么多可爱又让人感动

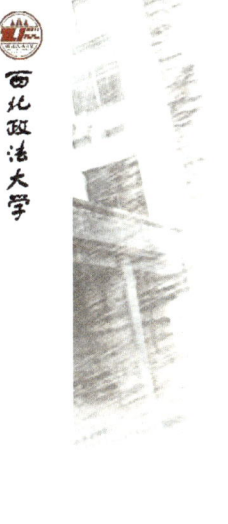

的他们:"大嘴"先飞那河南口音混同福建普通话的主观色彩浓厚又"不甚准确"的画外注解音;成平的"坐着站着都一样",何尝不是一种胸怀;张剑竟公开宣布银行卡、QQ等重要并极端私密事项的密码,那密码却竟然就是他大学的学号;家里外头整天被美女包围的亚军也有苦恼,他的苦恼就是——老婆寸步不离呀!还有被先飞称为带着"自己的老婆孩子"来的当年曾深情款款柔情演绎《春水流》的二班帅哥齐世龙的到来。

此外,还有洪果的演讲、霖杰的告白、吕珂的经历、老朱的违反国策、金大侠的新关注、芳芳的山东情结、晓晨的广西邀请……恕我不能一一列举,但的的确确每个人都带给我们无法言说的感动。那是同学、亲人般才有的交流,激动、感叹、调侃、回应……

有些事除了这一方集体还真是"不足为外人道也"。老师们似乎驻颜有术,神清气朗风采依旧,除了变得更加亲切慈祥。于满园桃李中还记得我们的存在,本就是让人感动的所在了!

也许我曾经矜持,也许我依然没有放开。但我的心是真挚的、是狂跳的,我用目光追随着你们所有的热烈,看你们酒酣耳热中的熊抱;我用耳朵聆听着你们所有的欢乐,甚至连听男同学们的粗话连篇也成了一种享受……不言而喻的是,那份真情呵!那份拼命表达却总也表达不完的真情呵!有时心里有眼里有嘴里没有,就我们这一个以含蓄著称的集体来说,也许太有了会矫情,连洪果都说他不善表达。其实那喝酒唱歌拍照加胡说中岂不是什么都有?!我们还奢求什么呢?置身其中本就妙不可言啦!

写到这里不由得发现也许我的"作业"太过散了,有点语无伦次,可能是心的激动,手的颤抖所致吧!也许蹩脚的文字难以贴切地表达,也许我还有很多话要说,也许我说得已经够多,也许什么都不说也是一种状态,也许有了太多也许……一切尽在言和不言中吧!虽然我画的不是蛇,但我忍不住还想添几只"足"。

足一：感谢母校！感谢所有的老师和同学！感谢人生岁月里有你的相伴，感谢安放了我们的青春并促使我们成长的法二九四(1)这个集体，祝福everybody前程似锦路通畅(干吗不)、岁月静好人安乐(一定要)！

足二：耳边萦绕的还是那两句话：世间所有的相遇都是久别重逢，而所有的分离都是为了再相聚。期待并祈盼下一次的相聚！

足三：特别致谢：感谢每位同学的倾情出演，包括没来的同学，估计你们都在急切地关注着。更要感谢杰杰源源、萍萍果果、平平军军等人的精心策划、周密安排和辛勤付出，给了我们这么棒的聚会，让我们十九年的情谊有了一次浓情献映的舞台。谢谢！

足四：附送文艺老青年们一首席慕容的诗吧，让我们就此作别……

渡口

让我与你握别，

再轻轻抽出我的手。

知道思念从此生根，

浮云白日，

山川庄严温柔。

让我与你握别，

再轻轻抽出我的手。

年华从此停顿，

热泪在心中汇成河流。

是那样万般无奈的凝视，

渡口旁找不到一朵可以相送的花。

就把祝福别在襟上吧。

而明日，明日又隔天涯……

作者：李春英，1994级法二系一班，现居南京。本文写于2013年5月16日。该班于2013年5月10日至12日在母校举行毕业15周年聚会，全班46人，33人从各地赶回，还包括3位二班同学的热情参加。

天赋奇缘 八三四班

吕晓晶

天赐奇缘者，八三四班也。

遥忆三十年前，青葱岁月如幻。改革开放初肇始，细雨迷蒙笼长安。绿荫幽覆南郊泥泞小路，田舍环抱西北政法校园，青瓦砖房错落，小楼点缀其间。

有法律系八三四班，自华夏西北五省及豫鄂两地，集合五十一少年风华之莘莘学子，其中或恬静或俏丽之美眉一十有八，亦健硕亦儒雅之帅哥三十再三。

汇聚陆海潘江拔萃之俊秀，决意刺股凿壁书香之梅寒。感三生有幸倍至，为初结同窗之缘。

四载学涯共生，五彩青春斑斓。

杜老师的逻辑学陕北腔悠扬绕梁，谢士彬外国刑法说得一口京片儿。

清晨未闻鸡但听诵读英文单词，黄昏正冲凉声传过道被子床单。

曾记否？圆号提琴锦瑟和谐，诗社学会思想闪电，校刊书写华章，板报奇文大观。

皆曰：人才荟萃者，唯我八三四班，或歌声琴音驻凤鸟，或投篮短跑如飞箭，或翰墨晒遍政法，或唱演响彻校园，或话剧激昂群情，或演讲松涛听澜，或起舞翔鹤翩鸿，或赋诗雁阵惊寒。

仍眷恋，似闪念。苦乐酸楚，历历在目，同窗梦影，宛若昨天。旱冰场群架，新西楼搬迁，女生宿舍暖气微热，男士住所跺脚取暖。三角金肉夹馍犹飘奇香，五毛钱羊肉泡今仍垂涎。

还目睹，临考前路灯下临阵磨枪不快也光，党史考核答案藏桌里还是被发现，广场上看露天电影扛板凳，图书馆占自习座位放坐垫。

充耳仍有，温元凯报告法律专业今后前途远大，李德伦阐释奇妙交响喜儿命运多舛；足球场边吉他弹唱，南操场内情话悄然。居田病重幸大家一同集资，女生饭票送男生不用偿还。

睡懒觉未知白驹过隙之弥足珍贵，逃大课常悔老师点名无同学假伴。追班花的传说凑足八大金刚，学老师的方言不止水牛仓健。

毕业前的学潮惊心动魄，晚会上的告别泪洒心田。感三生之幸，结同窗情缘。

四载弹指一挥，叹逝者如斯又三十年。

岂释怀，楚地天之炎炎，难及共娱欢聚之火热，东湖水之荡荡，不抵砚席情愫之溢满。黄鹤高楼耸立，长江奔涌东迁，感兴高之不冠，念心悠之无边。

今武汉重聚，依稀如梦；觥筹饕餮，同咒逝川。交杯换盏，仿回初识之日；相拥潸然，已在昨日校园。

面红耳赤者，争一七年聚会主办权；嬉笑哽咽处，释万千语岂堪挚诚关。胸含盈月重洋，赋得只语片言；红尘看破世态冷，唯剩同窗手足暖。

憾同窗之日难再，晓同窗之情深结奇缘。顿醒，感三生万幸者，结同窗奇缘。

于是有感，欲告天下知之，天赋奇缘者，我八三四班。

作者：吕晓晶，1983年入校，法律系。

长安夜未冷

郭 佳

  清早，上班，公共汽车在拥堵的城市中蹒跚前行，好在，出门的时候天刚放亮。

  有了时间，就自然有了时光；我从车里望着车外，路边的木棉树与叫不上名的藤蔓植物遮天蔽日，叶下斑斓的光带抛洒在往来如梭的行人身上，像是一卷刚刚录制的胶片；猛然间，我又想起毕业时政法校园内梧桐树下的光影，那些曾经的光与热，那些炙热的年少与轻狂。

  人总说旧照片会让人回想起过去，我觉得这只是人对物质的认知和记忆；而于我，回到故地，特殊的日落，草长莺飞，湖面上泛起水波，所勾起的心灵上的颤动，才算得上回忆，因为在不知不觉间，总会热泪盈眶，就像是时光给你开了一扇窗，而这扇窗里的人和事带着偏黄色的光，和你只隔了一扇窗。

  西北的烈日，梧桐树下穿梭的光影，那些似于往昔的电影胶片，散发着岁月的味道，带着尘土，在光中飞舞，却又仿佛如昨日，清晰得连味道都能闻到，如草的味道、阳光的味道、食物的味道、奔跑的味道等。现在只要在脑中一浮现就自然地跃于心头，现在品咂着，才尤觉滋味自来，那时候却感知甚少。

  这时那个校门出来的他又浮现在眼前，车窗的玻璃上，伸手可及，却又泛着那种光。

尘土飞起，光影随行，长安夜未冷。

我是政法人，从大学毕业，应祖国的召唤，怀着扎根西南的梦想，离开生我养我的三秦大地，一路南下就来到了国门的最前哨。迎朝霞，伴星空，伏击，追逃，在一场场打击走私的风暴中历练与成长。

在这里有一条河，两条线，奔腾而去的北仑河，漫长无边的国境线，无影无形的经济战线。这就是我的工作内容。

大学读书的时候，总是对所学所感没有深的理解。总觉得老师的唠叨，辅导员的电话，黄的、白的、灰的教科书，就像食堂里吃了许久的味道让人觉得乏味无趣。当真明白了宿舍里的友情就像一个小社会，班级之间的事情就像一个小单位的时候，自己已不知不觉间从一个少年过渡为一个青年。

刚离校的时候，奔赴工作岗位，犹如脱笼的小鸟，更像是开车穿越隧道，两边的光影伴我电掣而过；工作多年后，总是喜欢在安静的时候，闭上眼睛用心去体验那种感觉。这时候读书的时光，才如陈酿的老酒，让人在千百次的品咂中回味。回味之余，更多了感悟，像是左手故去，右手现实；对照之间，让无形的光影多了年轮，也让岁月沉淀其中，长了皱纹。

这时的我，举起右手，看着布满老茧的他，他剪掉了学校时原有的中分发型，脱掉了学校时穿过的运动装，制式服装笔挺的棱角，让他也多了棱角，也多了责任；第一次上勤，面对国境线对面的异国，他摸到了头上银色的国徽，内心油然而生的自豪与庄严，让他自愿扎根奉献；崇山峻岭中那些漆黑的边境小道，山水潺潺流过身躯时的彻骨，他在草丛中设伏抓捕。毕业这些年，湿热的汗水，发腥的血液，惊喜、惊险与太多的第一次已让此时的他，如激荡的山泉，奋进不止。

此时的我，猛然间又抬起左手，这是满是纹路的他，他离开父母，离开故乡，来到了政法求学，偌大的校园，师长的关爱让他在四年的岁月中成长，认知；阶梯教室中，一眼望不到头的书山文海，图书馆自习室门口排起长长队伍等待自习的同学，他也在其中；辅导员老师在鼓励的电话，让他坚持奋斗；煤渣操场上，深夜中互相竞跑、谈天说地的挚友。求学那些年，欢乐的笑声，校园中往来穿梭的求知，往昔志同道合的同学的声音已让这时的他，如宽阔江河，平稳却又厚重。

一棵树，有根有叶；一条路，有始有终。根是过去，叶是未来，始是迈步初,终是回望首。如果让我再看,政法,就像一棵树,在你逐渐成长岁月中,她也在用她的枝蔓开始包裹着你,起初的你,会叛逆、会抗拒,慢慢地当枝蔓长粗、根扎住,你会发现她在用不经意的温暖,给你力量,给你抚慰。

她是无言却又和蔼的长者,教你咿咿学语,教你走路前行;她也是随时张开怀抱等你的母亲,在黑夜中温暖的扶着你前行。

长安夜未冷,太多的过往于对当前的记忆,只因此刻的回望,又到了那班清晨的车上。

青春都在西北政法。

作者:郭佳,西北政法大学 2006 级经济法学院。

20 年的风云际会

刘怀峰

我如一个多情的愁客，越来越喜欢《诗经》了！"蒹葭苍苍，白露为霜，所谓伊人，在水一方。"灵动的句子，不羡爱情，只慕友谊！携裹着 20 年前的记忆，如潮水般，日夜冲击我封闭已久的胸堤。

亲爱的同学们！20 年的分离，非但没有淡漠我们的情谊，不厌其烦的相思梦，反而做了一遍又一遍。是相聚的时候了！不知谁的一声吆喝，让我们解脱羁绊，抖落裤角的露水，脚踩满地黄花，不远千里，从四面八方，汇集古都西安，回味那金子般的岁月。

从踏上古城的那一刻起，我感觉自己如一只迷途的羔羊，孤孤单单，陷身于这座熟悉而又陌生的城市。同学们，真的好想你们！我一次又一次地呼喊，急切地催促沉睡的记忆赶快苏醒。那光阴的故事呀，可曾记录下我的行迹？为什么，我找不到回来的路！乌黑的云在天上奔跑，微微的细雨自空中跌落。人流、车流，散向四面八方；人流、车流，复又滚滚涌来……

我记忆中的城市，消失了。好在，我肩膀上背负着美好的期盼，激励我去寻找你若隐若现的坐标。

当年，我们是一枚青涩的果子，结满西北政法大学这棵大树，春夏秋冬，四个轮回。我们是一粒粒籽种，被命运的青鸟衔撒在关东大地上，这些破土而出的小苗呀，也曾稚嫩娇气过！我们这些来自东西南北的游子，操持着不同的口音，羞涩的目光里，蕴含着纯真和质朴。共同的嗜好，青春的萌动，相异的思想，让我们有过携手并肩，有过彻夜长谈，有过争论不休。我们是溪流里的朵朵浪花，在同一条河道里汇集，一起攀上知识的巅峰，然后乘着阳光的翅膀，飞向天的那头。

此后的 20 年，许多人彼此再未谋面，生活的浓云把我们分割包围。那相思的弓箭呀，终于被拉开，弦催箭发，化作风云际会。

不讲排场，摒弃虚伪，只为真诚的友谊。一家普通的宾馆，成为同学们临时的家。先来的，等候在大厅里；后来的，受到热烈欢迎。每一个相逢，就引起一次轰动，如闪电，似奔雷。幸福的感觉盈满宇宙。相互的问候，犹如刀剑相击，铮鸣悦耳；琴瑟相和，叮咚入心。你拉着我的手，心脉相通的感觉犹如溪流穿行于香径花圃；我聆听你的笑声，情真意切的话语恰似松涛轰鸣于幽谷。我们徜徉在重逢的喜悦里，有骏马驰骋草原的洒脱，

有春笋破土而出的舒坦，有雄鹰飞翔九天的惬意。

执手相看，整整 20 年呀！我们走过人生最精华的时段，你还好吗？我们由少不更事的学子，变为成熟的男人、女人。无情的光阴哟！淘白了发梢，吹皱了眼角，掬弯了原本笔挺的腰杆。但从你的眼神里，我看到了自信、平和。

亲爱的母校，我们回来了！您变得更加高大，更加丰盈，让我们充满自豪。我们急切地寻找记忆中的元素，教室、图书馆、操场、宿舍楼、餐厅、幽径小道，甚至草坪的一珠草、一棵树，都能打开一段尘封多年的故事。亲爱的老师，我们回来了！即使您花白了头发，但从您有力的手心里，我们感受到了温暖。我们在脑海里搜寻您上课时的点点滴滴。看您还如当初儒雅严谨，我们无比欣慰。您记不住我们每一个人，但我们每个人早把您烙印在心灵的最深处。

别笑我们空手而来，其实，我们每个人心里都载满了感恩。感谢上苍，感谢母校，感谢老师，感谢每一位同学！相逢不是做戏，却处处有舞台；没有主角、配角之分，却总能发现优秀的男女主人公。没有人刻意谋划，却有跌宕起伏的剧情！短暂的相聚，再次播下情谊的种子，并迅速在心灵的土壤里扎下根！我们手挽着手，共同攀上了幸福的珠穆朗玛峰！醇香的美酒，醉了；曼妙的舞蹈，醉了；欢畅的对话，醉了；精彩的恶搞，醉了。我们全醉了，醉于眼前，醉于目光可触及的一切。久违的童心复活了，我们突然间变得天真无邪。我们忘却了生活中所有的烦恼，忘却了世俗的混浊与不堪，浑然如一群快乐的精灵，在童话中才有的森林里游玩，乐不思归！

作者：刘怀峰，1987 级法律系 3 班校友，先供职于宁夏回族自治区公安厅。

西北政法人的特质

薛兰锁

在工作和生活中，我特别留心观察身边的西政校友，也关注毕业于兄弟院校的同事，视野所及，深为西政人而自豪。无论是河北的政法系统、律师界、教育界以及工商界，西政人都以自己的努力得到了广泛的认可与肯定。我懂得，这其中有大家各自努力的成分，但更多的是母校所赋予我们西政人的特质，成为我们的人生之魂、事业之基，让我们无论在什么阶段、在什么岗位、在什么职位，都能顺风顺水，风生水起。

不背初衷，与时俱进 不背初衷，用书面语说就是不背离最初的理想、信念和追求，用口头语说就是不要忘了自己是谁。新中国成立后不久，毛泽东主席得知自己的警卫员要回乡探亲时，就谆谆告诫他：不要认为在我这里工作就了不起了，要注意听听老乡们对咱们政府的意见和反映，别在群众面前装"老子"。话语虽然平常，含义却深长；现在听起来，仍令人警醒，发人深思。现在一些人，稍微有点本事、有点出息、有点地位，就自以为是老大、老板、老子，就昏天黑地，不知道自己姓谁叫谁了。我们西政人永远牢记自己是农家出身，永远牢记自己是学生本色，在单位敬业敬人，在社会上低调谦逊，对自己严格要求。有本事，没架子；有修养，无事端，是对西政人的一致看法。肯吃苦、有担当，踏实可靠为自己创造了广阔的干事成事空间。与时俱进，就是在工作生活中不

断充实自己、提高自己，不仅跟上了时代前进的步伐，有的还跑在别人的前面。同在一个庄里，但是同学们联系不少，但是聚会不多，大家把别人喝酒、打牌、唱歌的时间用在了学习提高上。不背初衷是常，需要的是坚守；与时俱进是变，需要的是创新，在西政人身上两者很好地结合在一起，既肯定变又强调常，人生有自己的根基，事业不断实现新的发展。

每临大事有静气 有人跟我说，和你们西北政法学院出来的人在一起，感觉特别有底靠谱，不慌不忙，有板有眼，不像有的成天像热锅上的蚂蚁。我告诉他，这就是静的境界，静的定力。在大局的把握上，高屋建瓴，纵横自如，始终有方向、有章法，有轻重缓急，有节奏力度。在分寸的把握上，无论是处世上的进与退、交往中的亲与疏还是情绪上的宣与压，都恰如其分恰到好处。在对时机的把握上，条件不具备时，慎重从事，从长计议，持重待机。条件已经成熟或是基本成熟时，就毫不犹豫地下定决心，当机立断。我们西政人能够从局部看到全局，从当前看到长远，善于从全局和长远的角度观察问题、分析问题、解决问题。善于转化，面对复杂局面，善于化复杂为简单；面对困难，善于化大为小；在谋求发展上，善于化劣为优。

平和中养无限生机 平和，指心态平和、言语平和、行为平和；生机，指人生、事业有自信、有热情、有活力、有希望。平和是人生事业的平常状态，生机是人生事业的发展前景，二者对于人的重要性不待多言。我们西政人很好地把握住了这个"养"字，很好地挑起了当下与今后，贯通了现在与未来。养者，打磨也。磨掉了惰性，磨掉了浮躁，磨掉了狭隘，磨掉了功利。养者，涵养也。涵养稳重，涵养热情，涵养从容，涵养活力。养者，历练也。在历练习中考验自我、战胜自我。在顺风顺水、风生水起时，居安思危，防止得意忘形，盛极而衰；在云遮雾锁时，坚忍不拔，愈挫愈奋；在平凡的工作中，沉下心来，埋头苦干，孕育出伟大，打造成卓越；面对急难险重工作，以科学的态度应对困难，以无畏的精神挑战困难，以顽强的拼搏战胜困难。

25年前，我有幸考入西北政法学院行政法系学习。离开校园已经七千多个日子，每每回首，千里之外的母校总给我温暖，给我方向，给我力量。谨以一得之见，感谢母校，感恩老师，与校友共勉。

作者：薛兰锁，1988级校友，现就职于河北省委政法委研究室。

法九五·二毕业 15年聚会散记

张廷发

我们回家"省亲",没有衣锦还乡的尊大,没有怀才不遇的菲薄,有的只是对母校的依恋,有的只是对求学生涯的怀念,有的只是对各自职业那份坚定的执着……

引 子

2014年夏秋之交,政法园迎来一批普通的游子,说普通,他们像千千万万毕业于西北政法的学子一样,19年前,他们背着行囊,坐着中间箍了半截的"水蛇腰"三路车,听着售票员半土不洋的"上快!"的陕普,迷迷瞪瞪上车,又听着售票员半土不洋的"下快!"的陕普停靠在一个叫作"西北政法"的地方,开始了他们人生中短暂却又奠定一生的求学生涯。

15年前,他们行囊空空,脑子里却装满了"正义""自由""权利""法治"……"水蛇腰"已经换成了双层的603,政法园虽则不舍,却也不得不忍痛割爱,留下两个"滞销品"看守庭院,其余的,带着满腹半生不熟的法学理论和满腔"法治信念"奔赴了各行各业……

今天,他们又一次回家省亲,没有衣锦还乡的尊大,没有怀才不遇的菲薄,有的只是对母校的依恋,有的只是对求学生涯的怀念,有的只是对各自职业那份坚定的执着……

老校区怀古

8月2日清晨,他们叽叽喳喳围在了外教楼的大厅,开始了北校区怀古之旅。一切都变了,又都没变,喷泉前头的女神像依旧庄严神圣。一号教学楼依稀还能听见当年师长们的谆谆教诲和同学们面红耳赤的争论。

"熊猫馆"（老研楼）旁边起了一座更高更大的"熊猫馆Ⅱ"，有人想起了当年上自习为抢座位跟"熊猫"那场旷日持久的战斗……

四合院在高楼大厦的包围中，略显孤独，但这里最能勾起大家的回忆，水龙头还能冒出汩汩的清水，但这些习惯了平日里包裹在庄严的法官袍、检察官服、律师服、警服里的人，再也没有勇气光着膀子冲一遭凉水澡了……

三号公寓门前，看门的大姐客气地回绝了我们登楼的请求，这里的住户已经换成了一群叽叽喳喳的女孩子……楼下卖方便面的老杨，已经由行商升级成了坐商，正在三号楼跟研究生宿舍楼间夹缝的狭小铺面前的竹椅子上打瞌睡……有人试着摇醒他，问当年他卖给我们的"双沟"是不是兑水了，他睁开惺忪的睡眼，"嘿嘿"两声，言外之意——商业秘密。

女生公寓一如十几年前神秘，只是当有人试着走进去的时候，再也没有阿姨喊："干撒滴？"有人趁机好好过了一把瘾，还有人摇头叹息，十几年前要是有这样的宽松政策，那束八里村打折的玫瑰花也不用干死在宿舍的洗脸盆里了……

三号教学楼的一间教室里，团支书点着名，有人不自觉地往教室后面的座位上挪，有人善意提醒，往前吧，今天没有考试……

新校区展望

当车驶入新校区，大家都发出了欣慰的感叹，雄伟的天平楼，明净的湖水，挺拔的银杏树，大气的广场……虽然我们没有在这里亲身求学的经历，但校门口那几个醒目的大字，把过去、现在和将来联系在了一起……对于我们，希望复杂而简单，学校越办越好就是我们的寄托。

张汤墓前，这群坚定的唯物主义者惊叹上天的有心之作，冥冥之中，历史已有所托付……透过玻璃门，看见安静宽敞的图书馆，有人已经做起了重回政法上一回的打算……

结　语

两天的行程匆匆开始，匆匆结束，就像这19年的剪辑……他们只是千千万万政法学子中的一分子，只是各行各业执业者中的一个小小的群体，但也正是这样一个个的群体，正是这些群体的执着和坚守，我们的社会、我们的国家才得以在众多合力的作用下稳步向前。

我们有希望，政法园才有希望，政法园有希望，国家和社会才有希望。

作者：张廷发，1995级法学系2班。

西北政法大学
NORTHWEST UNIVERSITY OF POLITICAL SCIENCE AND LAW

P322	悠悠桑梓心　深深画乡情	刘亚谏
P330	一个纳西族家庭的春节聚会	李学凤
P335	同学二三事	刘贵俊
P338	孙少安的"理智与情感"	朱　锐
P345	岁月断流	雷雪霞
P349	梵高的耳朵	杨　伦
P351	杭州与西安	黄　震
P354	读书记	吕　峰
P357	想起父亲	李学军

岁月断流

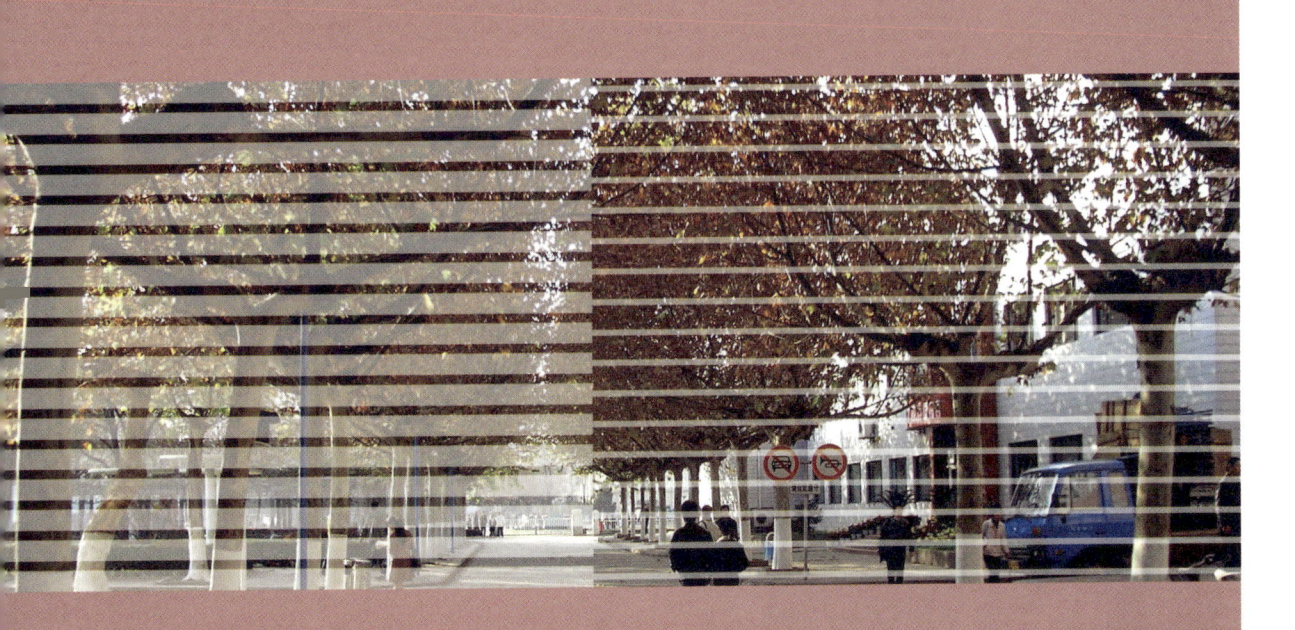

西北政法大学

悠悠桑梓心 深深画乡情

刘亚谏

自1979年离开家乡户县,岁月如梭,晃过了30年。几十载沧桑,虽然漂泊于天南地北,却始终眷恋生我养我的这方水土,情系育我教我的画乡父老。春节前王西平老师来电话,约我写一篇当年画农民画及坚持业余创作的文章。我欣然答应,借此回忆我学画和业余从艺包括收藏的过程,更主要是对帮助我的老师及朋友们表示感恩之心。

感恩园丁 授我以"艺"

1976年2月15日,是我难忘的日子,我第一次以户县农民画作者的身份,到县城报道,参加县委召开的"农业学大寨宣传工作会议"。几天会议,印象最深的是文化馆领导和老师组织农民画作者讨论,老师与大家如父如友,农民画家们如兄弟姐妹,有一种大家庭般的温暖。我当时因家庭成分不好,求学不得,招工不要,参军不行,属于社会地位低的"黑五类子女"。而农民画组织召唤了我,扶持我进入这个让人羡慕的行列,参加隆重的县级会议。虽然在以后的岁月里,我曾在北京人民大会堂参加过几次会议,但似乎并无第一次在县城开会那么激动。那时是久旱逢甘霖啊!

会议刚结束,文化馆下文通知我到宋村农场报道,参加"太平河美术学习班"。我太惊喜了!能有短暂时间脱产学习创作画,是农民学画者梦寐以求的事。文化馆的刘群汉老师,担任我们的辅导员。为期24天,刘老师夜以继日地辅导,我们夜以继日地创作。从选题材、画草图、定稿、勾线、上色、修改到完稿,无不渗透着刘老师的心血。

学习班有十七八个人,大家同吃同住,新老作者都有。发表不少作品的人有樊志华、高智民、刘瑞兆、刘栓琴等;范致有版画不错,韩长水线条很好;新作者有李广利、邬亚莉、贾君正、刘群田等。刘群汉老师要求大家放开思路,大胆创作,一手伸向民间艺术,一手伸向社会生活。我们互相学习，切磋创作，集思广益，气氛和谐。那时已到三月天，有时大家到工地画速写，到高冠瀑布画山景，坡下杏花吐艳，麦苗青青，春风拂来，一群风华青年好不畅快！七八天后，省群众艺术馆派来画家高民生老师帮助辅导。刚见高老师，觉得省城来的大画家甚是威严，但一天不到，已和老师很融洽。他才华横溢，指导我们创作认真而精到，嬉笑朴实亲如兄长。我和高老师同住一室，晚上加班已很晚了，躺在床上仍海阔天空地聊。他谈艺术，使我获知不少；谈社会问题，其忧国忧民之情令我感动。

二十多天的美术创作，我处于亢奋状态，画了好几幅作品。《晚会归来》刊登于北京连环画报，《姑嫂上工地》发表于延安画刊，同期还发表几幅太河工地速写；还有两幅创作参加了省美展。我第一次参加学习班，可以说收获颇丰。

好事接踵而来！太平河学习班结束后十多天，又参加了化西美术学习班。记得有刘知贵、周文德、杨志贤、陈广飞、陈延安、韩百年等。一星期时间，我画了两幅创作，题材反映修黄柏水库，以《爆破手》《山峡起高坝》为题。我在水库干过两年，抬石砌坝、拉车运输、打钎爆破等活都干过，画熟悉的工作场景，颇有激情，画得也顺手些。

农民画家刘知贵和我同村，他在村里组织美术小组，有十多个人，经常晚上学画。村里办黑板报、画壁画、唱戏画布景都叫上我们美术组成员。焦西是户县美术典型村、文化先进村。那时古老的城楼城墙还保留一部分，戏楼、残庙古色古香，丁字街中心两边山墙办起大黑板报，许多家门两边是艳丽的壁画和大幅标语，装扮得村庄极有民间艺术气氛，吸引了不少参观者。刘知贵画农民画、壁画、漫画、版画、水彩画样样精，是高产作品的农民画家。这样近水楼台，自然使我在美术多方面得以学习和进步。在"文化大革命"中，时任村党支部副书记的刘知贵，不因家庭成分歧视而让我参加村里写写画画的宣传活动，对此我感念不忘。

专业画家对我有很大影响。陕西省一群画家常来户县指导。如刘文西、陈光健夫妇、苗重安、杨建熙、高民生老师等。中央美院1975年在我村开门办学，与他们相处大半年，版画家杨先让、油画家孙滋溪等老师带一群高才生，讲课时我去旁听，观摩他们创作步骤。著名老画家黄均，连讲三天课，他边讲边画，深入浅出，一幅幅小写意山水神奇地展现于画稿。当时，我为黄均老师精湛画技而倾倒，从此深深喜爱山水画了。对我收藏古玩，他们也有无意中的鼓励作用。那时，我从翻整土地工程中捡来陶罐用作写生标本，老师们说这些陶罐是汉代文物，是珍品。于是，我开始了收藏。

户县农民画乡在全国名声很大，吸引了各种美术人才，可谓百家云集。我在不同风格的辅导老师、专业画家、农民画家的指点帮助下，有幸博采众家之长，画技和创作有了提高。农活之余，苦练基本功，画画常到深夜，速写本集了一大摞。配合农村宣传，壁画、版画、水彩画、油画、漫画都涉猎过。办壁报、宣传栏、黑板报，要求编写、排版、插图、书法综合进行，这对我诗书画全面发展是一个启蒙。

难忘1976年，我有五六次短期脱产农民画创作的机会。太平河、化西学习班、化中创作组、陶官年画复制班、文化馆创作提高班等，约有10幅作品问世。这些画作在县展览馆展出过，有的参加了省美展、全国美展及出国展览，多幅作品得以发表。

对我业余从艺并取得的成绩，我感谢给我提供机会和帮助的领导和老师们，感谢辅导过我创作的刘群汉、丁济堂、王志杰、刘知贵、高民生老师，感谢讲授过我画技的黄均、杨先让、刘文西、苗重安等老师。

感恩画乡　启我以"德"

画乡的社会氛围，学画过程所接触的人和事，对我的道德水平、观念行为有重要的影响。

当时农民画家被视为户县文化英才，"要画革命画，先做革命人"是对学画者的基本要求。当时我初中毕业回家乡劳动，十五六岁正是成长的重要时期。我参加村里美术组的宣传活动，党团支部要求我们思想品德好、劳动要带头。那年头正值农业学大寨，农活很多很重。虽是少年，我在生产队已干强劳力活了。有一年管理猪饲料粉碎机，机器轰鸣、尘土飞扬，人在灰尘弥漫中难以呼吸。最紧张的是在太平河工地，工程口号是"脱皮掉肉拼命干，白天黑夜连轴转"。有次办"战地黄花"壁报，和同乡穆来水通宵写画制作，早上照样下工地。那时，一边奋力拼命干活，一边抽空写画宣传和速写，村里人对我多有赞扬，我成了"教育好了的'黑五类'子女"，被吸纳加入共青团。一段艰苦的日子，培养了我逆境中吃苦耐劳、自强不息的精神。

17岁那年冬，我到黄柏山沟修水库。600多人在峭壁、半山和谷底干工程，苦累加危险，而且寒冷。我在坝上抬石，脸上冻出疙瘩如蜂巢。上了高中的昔日同学到水库支援劳动，见了满身灰尘、一脸冻疮的我竟认不出来。那时我涌上自鄙、委屈和失落感。初中毕业时我学习优秀，因成分不好被拒高中门外；画乡的文化气氛逐渐给我以自信和追求。黄

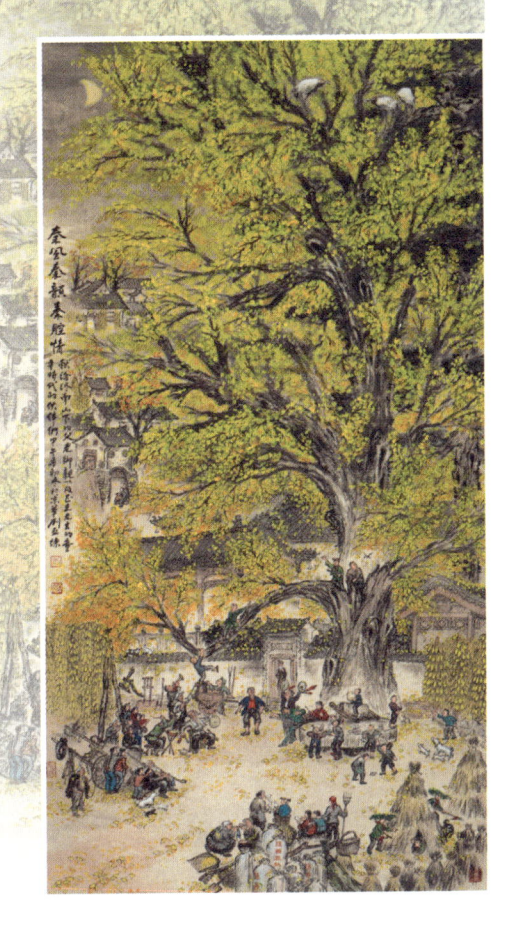

柏水库副总指挥位振兴，安排我兼管黑板报宣传。工余时间，我整理资料、编工程进展及好人好事，每半个月抽一天时间，在山沟口的黑板报上写写画画。虽然一天写画手臂酸疼，在高台河沟旁爬上爬下挺危险，但比起抬石头轻松多了。当文图并茂的黑板报获得大家夸奖，我似乎找到些做人的尊严，使我增强了自信心和进取心。

与县文化馆老师接触，使我受益良多。德高望重的谢志安老馆长、才华横溢的马宏智馆长，带领一群文化精英干事业，使户县民间文化为全国所瞩目。初见丁济棠老师，他在我村打谷场画速写，风度翩翩。我这是第一次见现场速写，惊奇和崇敬油然而生。从此我也开始画速写了；和刘群汉老师交往多些，他辅导我们为严师，关怀我们如父辈，平时说笑如良友。他内聚才气，旷达朴实；王志杰老师惜语如金，辅导我们画作见解精彩。除画画外，我喜爱文学，王西平老师当年负责文学创作，我常将学写的诗歌请王老师指正。文化馆聚集了一批文学爱好者，大家在王老师的影响下，文学水平有了提高。在"文革"中，不少部门不干正事，明争暗斗。而户县文化馆老师们干事兢兢业业，吃苦耐劳，任劳任怨，团结和谐的道德品质，对刚走向社会的我，教育可谓深刻。

与农民画家在一起创作和生活，不仅向不同风格的画家学习画技，也学他们为人处世的长处和品德。刘志德的谦和使人如坐春风，刘知贵的直率幽默令人开怀，周文德老成持重，张林憨厚朴实，马亚利温婉勤快，杨志贤精明爽朗。在县北陶官大队画画时，我和樊志华、郑志军于地震秋雨中同吃同住20天，他们的严谨、勤恳、认真令我印象颇深；在文化馆复制年画时，和张选正、杨献民为吃饭屡屡争付结账而记忆犹新……农民画家的众人之长，对我影响可谓不小。

这个充满学习风气、和谐干事的农民艺术大家庭，对于20岁的我，如春风化雨，使我从失落寂寞的束缚中破茧而出，伴着青春萌动，我的艺术创作欲和事业心意气风发起来。

1976年12月3日，公社举办文艺美术创作学习班，聘请我为美术班辅导老师。我第一次走上讲台，几十人的教室里，有许多农民年长于我。神圣的讲台使我激动，更多的是责任和压力。一星期的辅导结束后，我们挑选了十多人进行创作。省和县派来高民生老师强化辅导。这是一年中第三次和高老师结缘。半个月的创作，我完成了三幅作品：两幅门画和《凯歌又震万重山》。隆冬时，简陋的创作室，寒风从不严的门窗中灌进，大家手冻裂，水粉画颜料和水洗结冰，在火炉旁边烤边画。其情其景，至今难忘。

我感谢画乡——这方积淀深厚文化的热土，使我在磨炼中成长、艰苦中励志、逆境中奋发；我感谢文化馆老师们——这群户县文化的精英，他们强烈的事业意识、执着的艺术追求、和谐的工作态度令我感慨不已；我感谢农民画作者——这一特殊的艺术群体，大家热爱艺术、吃苦耐劳、富于创造的精神对我常有启迪。

感恩生活益我以"智"

业余学画及创作的生活经历，对我的智慧、理念及人生观有很大影响。生活在户县这块人文荟萃之地，她既有周秦汉唐京郊的深厚传统文化，又处古典文明和现代科技最为融合的西安近郊，灿烂的农民画之乡以其独特的文化影响了我的人生道路。回想起来，我每10年的生活经历，所发生的变化，离不开学画和业余从艺的影响：

1966年至1976年初，是我在"文革"磨难中借课余和劳动之余，勤奋学画打基础的阶段。

记得"十年浩劫"之初，我刚上小学五年级，不仅父母在县文教系统被批斗，年迈的祖父母在村里也屡被批斗。可笑的是，我因当学生干部保护老师也被批为"保皇派"。学校停课闹革命，在无学可上的肃杀气氛中，画画是我最大的慰藉。临摹小人书、描年画、临读抄家幸存的《芥子园画谱》，同时，按祖父的要求练习毛笔字。初中毕业失学后，劳动之余学画仍是最大喜好。参加村里的宣传活动十分认真，生怕干不好让别人说用心不良。生活中的荒诞，有时可让人增长学问。公社组织大型"评法批儒""批林批孔"展览，让村美术组制作系列漫画，为此我有幸读了《论语》。大家私下说：不批不知道，一批才知孔子讲得妙！孔子有句对我影响至深的话："志于道，据于德，依于仁，游于艺。"按我的理解，这句话的意思为：要立志于行大道讲人道，做一个思想品德高尚的人，做一个仁义爱人的人，做一个有技艺有艺术才华的人。"革命大批判"使我无意中学了些国学精粹。于是，"游于艺"从此指导我一直业余置身于艺术活动之中。

1976年初至1986年初，绘画对我求学、工作、婚姻等人生大事有很大影响。

我正式加入农民画作者行列，是1976年初，20岁开始了新的人生。经过一年的农民画创作和到处画壁画，我在当地小有名气。1977年初被焦将小学聘为民办教师，我从一个"可教子女"去教别人，实在出乎意料。感谢温士儒校长的信任。我每周上二十几个班的美术课和教一班语文，课余组织校学生美术组创作，不少同学的作品参加了县展览。当教师一年后，我被评为先进教师，出席了省先进教师代表大会。高考恢复后，我和穆甲地等爱好文学的朋友，互相鼓励备考大学，大家虽未上过高中，但凭着一股拼搏热情，业余备考，虽屡败而屡战。记得1979年临高考前几月，我住在县文化馆刘知贵的房间突击学习，隔壁的谢馆长、刘群汉老师等经常勉励。考入西北政法大学后，我担任系团总支宣传委员，负责黑板报、壁报等宣传活动；为校饭堂大厅制作多幅丈余大画；学校运动会，宣传画由我组织校美术组同学完成。临毕业时我入了党，以品学兼优的成绩分配到陕西省委宣传部。说起来，我的婚姻也是以画为媒。1977年元旦刚过，太平河工程营请我画壁画。壁画完成后，营部留我当工地通讯员，工作是汇总情况、办专栏及为广播室写稿。知青贾秀珍为广播员，我写稿，她广播，有时我办专栏画画，她帮我调颜色。短短月余时间，彼此有了好感。5年后我们相爱，1983年底结婚。1986年初，我被招聘到珠海特区工作时，儿子半岁，我算"三十而立"了。总之，我人生的重要关头，和绘画有千丝万缕的联系。

1986年初到1996年初，是我全身心研究和参与特区改革开放实践的十年，同时形成了我的山水画风格。

我到珠海市委政策研究室工作后，创办了《特区探索》双月刊，担任主编，同时兼管政治体制改革科。在中国改革开放的最前沿特区，我发表过近百篇理论性政策性文章，出版了《现代企业制度》等几本论著及《变革的思考》论文集。在办刊过程，除编审组织稿件外，还经常亲自画插图、编排，以增强可续性。后来调到市外

商投资中心负责招商工作,还兼任市外资企业党总支宣传委员。珠海赴港澳大型招商活动,我负责编制《珠海投资指南》《招商手册》等材料,使之文图并茂。下海创办股份公司后,专门设一子公司,进行文化艺术经营活动。这期间,和各地来特区参观的书画家常有接触。我的画转向以泼墨山水为主。师传统,师造化,师民间艺术,师多彩生活,作画不墨守成规,大胆创新。这段时间,我创作了不少作品,如《清流出深山》《秋声赋》《高原牧歌》《野渡》《黄山飞彩霞》《神游天地》等。虽然我的画不属农民画了,但我贴近生活、坚持速写、无拘无束的艺术态度根植于农民画的沃土。有一次我携妻去王景龙家,老农民画家高兴之际,顾不上吃午饭为我一家三口每人画一幅。他不知我们年龄,但给每人的画都含有各人属相,我诧异老画家艺术创作的"通灵"和"画道",借鉴他敢于创造的返璞归真境界。在特区办公司后疲于奔命,忙于应酬,我仍坚持挤时间画画。1994年春节,我将自己反锁于办公室,一连几天沉浸在创作中。我作画不为发表,不为卖钱,朋友喜欢有缘则赠,以画会友。业余习书作画,为享受艺术之美,于滚滚红尘中沉静一下浮躁的心灵。

1996年初至今,我主要从事古玩书画艺术品的鉴赏、经营及鉴定工作,同时对诗书画艺术综合探索研究。

我业余一直爱好收藏。随着收藏热的兴起,1996年初我和朋友发起筹建珠海收藏品广场,创办"鉴珍堂""宝艺苑"艺术馆。我将绘画、审美及艺术灵感运用于古玩书画艺术鉴赏之中,对经营研究有很大帮助。到北京后分别在亮马收藏广场和北京古玩书画城创办"宝艺苑"。兼职从事《收藏界》执行董事、《中华人物》名誉理事长、全球华人书画院常务副院长、国家文化部艺术品鉴定评估工作委员会副秘书长等社会文化事务。抽时间游历了许多名山大川,画了不少速写。同时研究书法,综合进行诗书画创作。于千禧之年,出版了《岁月如歌》诗书画散文集;2006年,出版了《岁月如梦》诗书画集,算是对我50周岁的一个纪念。遗憾的是,我没有保留当年的农民画作品,在画集中只残留当农民时的一些速写。

50载春秋多有感叹,虽为农民画作者不足两年,却影响了我至今30年。即使生活中有不少辛酸苦辣,但将其还原为艺术之美,可用"岁月如歌如梦,人生如诗如画"来形容。2006年春节,我怀着感恩之心,为家乡西焦将村捐薄资,帮助贫困学生、贫困家庭和抢救千年银杏树,大年初一给村中80岁以上老人拜年,聊表对故乡父老的一点心意。

现在，我作为国际注册高级古玩书画鉴定师，担任中华民间藏品鉴定委员会副会长兼秘书长，经常和国家一流鉴定专家为广大藏友、收藏机构鉴定古玩书画铜器玉器等各类艺术品，有时参加中央电视台举办的《寻宝》活动。诗歌方面，旧体诗词和新自由体诗歌都写些，并担任珠海诗歌学会名誉会长。平时有空以诗书画会天下友，交流探讨艺术。2009年春节前后，我被中国书协、美协邀请到钓鱼台国宾馆两次参加笔会，同许多书画名家与国家各部门领导欢聚一堂，在几十张画案前，我们现场挥毫，创作书法和绘画作品。

总之，在生活中，在工作之余，从事诗书画及收藏活动，使我"艺""德""智"方面收获良多。千里之行，始于养育我、教化我的户县农民画乡。因此，我怀着虔诚之心写就此文，并以感恩之情向家乡人民和老师们深深鞠躬。

作者：刘亚谏，国家一级美术师，收藏家，北京宝艺苑艺术馆、宝艺苑会所董事长。毕业于西北政法大学，先后在陕西省委宣传部、珠海市委政策研究室工作，曾荣获"2009年影响中国收藏界十大人物"称号。自1976年创作美术作品《凯歌又震万重山》并参加全国美展之后，几十年来多次参加书画展览并获奖，书画作品被国内外广泛收藏。

一个纳西族家庭的
春节聚会

李学凤

> 我们的生活，
> 就这样充满了高原浓烈又明媚的阳光，
> 忽而一冬，
> 忽而一年，
> 忽而一生。

大年初四，2014年立春前日。

照老辈人的习惯，立春日起进入下一个属相，也就是马年，从这个角度讲，年初四是蛇年的最后一天。选在这一天，我们丽江李家，一个纳西族家庭，进行家庭聚会。名为聚会，其实就是一个家族一年的年终总结。虽然大家平日工作生活都相间甚远，大都在外地，近的昆明，远的美国，但风流云散这种事情，在纳西人家是不可能发生的，无论多远，每年这个时候，大部分人一定回家。

一大早，东山的太阳才刚刚照到玉龙雪山的皑皑白雪上，父辈八人，我这一辈十八人，再小的一辈七人，就全部点到完毕。地点就在我家，一个典型的丽江纳西院子。

纳西民居大多都是土木结构，有三坊一照壁，有四合五天井，也有一进两院。我家的"三房一照壁"，听长辈讲，祖祖辈辈已经住了四百来年，其间无数次翻修，但格局仍在。正房一坊最高，坐北朝南，面对照壁，平日是家里最年长的老人居住之所，今天长辈们就在这里围炉聊天，妈妈早早地就生起火塘，把圆圆的立炭烧的红红的，茶罐随意放在火塘边，不一会儿就咕嘟咕嘟烧开了，茶香弥漫了整个屋子。

我在昆明工作多年，每当冬天冻得手脚发冷的时候，都特别想念家里的火塘，一个不大的火塘，丢进几颗立炭，不紧不慢地燃着，整个屋子就这样暖

上一天。我常说，现在大家用的油汀，设计灵感肯定来自丽江的火塘。

进出正房，我等小辈得小步轻声，不可放肆，这表示对长辈的尊敬。用小表弟一出正房的门就嚷嚷的话说，过去端茶倒水，是低着头进低着头出，舅妈外衣颜色都没看见。小表弟说话夸张，纳西人家虽讲规矩，但扶老爱幼，用句台词就是"以德服人"，家庭内部也是如此。不过，一贯好动的小表弟一副低眉顺眼的样子，一下子把长辈们逗乐了。孝顺孝顺，可不就是想办法让老人平安喜乐。

东西厢略低，今天这样的家庭聚会，小辈们就得在东西厢这两坊。不过，丽江的阳光有多诱人，但凡在这里停留过的人都知道，于是大家一致推举最年长的大姐姐，向长辈们申请，今年的总结，我们这一辈在院子，也就是天井里进行。

天井是纳西人家的主要生活场所，用鹅卵石铺成各种图案，图案四角一定各有一个蝙蝠，取"福"之意。院子里种上花花草草，纳西族东巴教的传统哲学把人和自然的关系看成一种兄弟关系，所以家家院子里都种各种植物，每家都一定有的是兰花、桂花、苹果、海棠，还有香橼。香橼现在已经很少见了，但纳西人家特别喜欢种，大概是因为香橼只能嫁接佛手，其他一概不亲和，寓意了不随波逐流的人生态度。至于兰花桂花，我一见到，就总想起《红楼梦》里"兰桂齐芳"的说法，于是总跟大家嘀咕，看吧，甭管古今甭管民族，生活越过越好，那是人同此心，心同此理。

获得同意，大家一起动手，把八仙桌搬到院子中间，各种瓜果零食堆得满满的，集体烤起太阳来。丽江的冬天，阳光无处不在，就像今天这样，搬把椅子，背朝太阳，或看书或喝茶或发呆或聊天,是很舒服的时光。晒太阳,在丽江往往被表达成"烤太阳",一个"烤"字,把高原阳光的明媚和浓烈,形容得又生动又贴切。很多纳西人,就在这日升日落中,从容淡定、舒舒坦坦地度过了一年又一年。

李家在丽江算是书香门第,李家子弟以读书成器著称,很受人尊重。有走马帮一辈子往返在茶马古道上来回带书籍的书商,有参加滇西抗战再未还家的学子,有著书立学著作等身的学者,也有开立书塾教书育人的。

纳西族虽是西南蛮荒之地的少数民族,但素来尊重文化,这里人人高看读书人一眼。过去,东巴是最受尊敬的人,因为他们是整个纳西族群里受教育程度最高的人。家家的孩子还没上学就开始练习书法,会写字比会读字早。读书的孩子考上了大学,这不仅仅是家里也是亲朋好友左邻右舍的一件大喜事,都是要前去祝贺的。到我们这一辈,不同姓兄弟姐妹十个,我排行第八。十人均资质一般,庸不至于,但确是平,无一人有祖辈的卓然成就,但尊重读书的传统仍在,乐观积极的态度仍在,血浓于水的亲情仍在。

所有的兄弟姐妹都已自立,平时生活工作分散在四面八方,遇事聚在一起商量,无事偶尔互道一声平安,虽每年见面,像今年这样聚齐,刚好把一个八仙桌坐满的时候,也不多;但一种同荣辱、共进退的信任与踏实,让我们无论遇到什么艰难,都有那么一股子底气。我常想,武侠小说中形容同宗同源派别间不说自来的交情的词语,同气连枝,说的大概就是这么一种感情,不孤单,踏实地信任着自己被支持。

关于整个家庭。大家说,所有人平平安安,健健康康,遵纪守法,未与人起口角,未与人结怨,尽力帮助他人。长辈安享晚年,指引晚辈。我辈努力工作,独立承担起家庭责任和社会责任。再小一辈天真烂漫,认真学习。这一年,我们非常成功。

关于我。大家说,一年中进步显著。虽然越来越爱装嫩,总把外表弄得跟阿拉蕾似的,明显不服老,但内心日益温和。结论是,相由心生,老八越来越漂亮了。我说,在丽江当学霸的年月,是我最轻松的人生,之后,跌跌撞撞走了一大段路,在女汉子的路上狂奔,似乎有越奔越远的趋势,但我不怨天尤人,我快乐生活,我幸福收获,我学会了与世界温柔相处。其实谁又不是呢?当然,关于漂亮的话题,宜诚恳地一再强调,所以在我赤裸裸的明示暗示下,大家相当捧场,一说再说。

关于大家。我说,虽聚在一起仍宛如儿时,习惯照顾大家的老大依然忙里忙外倒茶倒水,爱拌嘴的老二老四依然见面就红眼但谁要去劝个架他俩准一起白眼伺候一致对外,好动的老十依然坐不住哪怕被哥哥姐姐们三令五申强逼坐下也总是忍也忍不住地左晃右晃坐不规矩,我和只大我一个月排名就比我高了一位还死活要我叫哥的老七依然为排名问题找各种理由来论证排名的靠谱与不靠谱,但我们这一桌人,有的开始奔五,有的奔四好几年,最小的也享受不了二字头几个月了,都已经在各自承担人生,或多或少或好或坏的经历,每个人都一抓一大把。

但对家庭对亲人,耿直的依然耿直,维护的依然维护,关心的依然关心,自然,争执的也依然争执。对此状况,虽排名靠后,但我首先表示,亲人间的不离不弃,我很满意,请大家继续。

关于未来。每个人都在计划自己的人生,这个家族,没有好高骛远的孩子,大家常一起反思家庭教育给的规矩太多。从小长辈就耳提面命,纳西人最重平等和信用,人与人平等,人与花草树木也平等,待人要诚信,待花草树木要爱护,做人要光明磊落,做事要掷地有声,要敬畏天地,不准向河流吐痰倒垃圾,凡进入家宅的小动物都要善待,公共场所不准高声喧哗,长辈进门小辈要起立,递东西给别人接别人递来的东西都要双手,做饭的人不上桌其他人不能动筷,吃饭碗底不准留剩饭⋯⋯

从小到大,无论在家在外,大家总是规规矩矩,不和比自己年长的人争口舌之快,不和比自己年幼的人做意气之争,从未有过随地吐痰的行为,还常常战战兢兢捧着闯进家里的水蛇呀青蛙呀什么的放回河里。在生活中,这叫修养;在职场中,这往往被视为迂腐,容易吃暗亏。兄弟姐妹互相发牢骚时,总说就怪家里长辈把大家都教得太规矩了,其实,大家心里也都觉得这样挺好,好山好水那么多,家人身体健康,工作收入还都不错,此外就人人从心所欲了,把时间花在喜欢的事情上。

老二爱踢球,四十多岁高龄了,还每周踢两三次,纳西族是个温和但阳刚的民族,运动是每个纳西小伙生来的爱好。老三爱种花,下了班就研究各种植物,为了种好花,又开始研究土壤、气候、有机肥无机肥什么的,俨然一名自然科学专家,左邻右舍的孩子常常过来和他探讨各种十万个为什么,他也乐意引导孩子们的兴趣。老五爱弹吉他,自己弹,也免费教所有找到他的小朋友,还常常感叹我们一代不如一代,说父辈祖辈们无论从事何种职业,下了班,拉二胡的拉二胡,吹笛子的吹笛子,吟诗作对的吟诗作对,精神世界丰富得让我们这些只会捯饬电脑捯饬智能手机的低头族汗颜。

老七最像纳西人,对纳西文化无比着迷,不仅整天研究东巴经书,还致力于纳西文化的传播,弄了个"纳西讲聚营"的类似脱口秀的节目。这节目名字起得好,"讲聚"在纳西话里意为讲话、聊天、交流,翻译成普通话"讲聚"二字,又有点聚在一起说一说聊一聊的意思,很符合纳西人的"化撮"文化。"化撮"是纳西人最普遍的活动方式,几人到几十人不等,每月一聚,轮流坐庄,烤着太阳,品着茶,吃着传统食物,谈天说地。这种方式增强了亲人朋友间的友谊和感情,信息交流量也很大,哪怕是耄耋老人或妇孺之间"讲聚",也能聊聊时事动态,说说国事,讲讲家长里短。最近他邀约了一些个朋友正乐此不疲地给各种经典剧目做二次创作，配上纳西对白，《唐伯虎点秋香》《河东狮吼》什么的，午休时我在办公室看，同事们都听不懂纳西话，我一个人笑到爆。还有爱书成痴的，有钓鱼上瘾的，也有大大方方承认我就是爱打麻将的。

这十个人，看似人人无甚进取心，没有谁天天寻思着找门路发大财，尽管嘴上总是嚷嚷着我要当土豪，也没有谁左右逢源企图在仕途上有啥大发展，虽然个个对工作都尽职尽责。家里的老人也从不催促大家说这个年纪了，应该有个一官半职了，应该有点家财万贯的气象了，从不。大部分纳西人确实都有这特点，看似不上进，不注重经营事业，总是显得悠闲自得，其实生活质量很高，很懂怎么才能让自己和身边的人快乐，老少都有自娱自乐的方式，非常善于经营小日子，总是以愉快的方式打发着甜蜜的日子。

看，这就是回家的感觉，围着火塘，围着八仙桌，照顾着长辈，看护着小辈，一起还原往事，相互分享与宽慰现在，也群策群力掂量掂量未来，可以肆意地放松自己，可以无视愁滋味，可以不用担责备，可以忽视人间苦累。回到这里，就可以把自己扔进阳光，扔进山水，扔进浓浓的亲情，而家乡和亲人，一定会稳稳地把整个的你，接住。

我们的生活，就这样充满了高原浓烈又明媚的阳光，忽而一冬，忽而一年，忽而一生。

作者：李学凤，1998级法学二系校友。

同学二三事

刘贵俊

是不是自己开始变老了呢，爱写些回忆过去的文字了。

记忆其实是一种靠不住的东西。我总有一种体验：某个特定的场景，忽然会觉得怎么这么熟悉，是以前就有过这么一回，还是做梦梦到过呢？一个平生第一次去的地方，毫无根据地觉得以前来过。

像童年的老屋，夏天的一束阳光从天窗里透进来，那明亮的光柱里缓缓飘过点点浮尘。越是要搞明白，最后越是一头雾水，如庄周梦蝶。一种恐惧就凉凉地从脚踵爬上后背。

记忆的谜是一条诡异的蛇，它总是躲在阴暗的草丛里，伺机教唆头脑简单的女人偷食那个禁果，让她在生生世世的梦魇里总是看到一根白森森的带血的肋骨悬在头顶。

张爱玲在她的文章里说，每一只蝴蝶都是从前的一朵花的鬼魂，跑回来寻找它自己。也许每一个人总有一天会听到一声记忆的弦响，如夏夜里忽然传来的远处的歌，时断时续，若有若无——其实也只是那么一瞬间，但熟悉得让人怦然心动。屏息凝神地去听，却再也听不到了。只剩下远处深巷里的犬吠和近处墙缝中的虫鸣。而你永远也不会知道那首曲子叫什么名字，以前在哪里听过。于是夜的空气里便充满了不可理解的恐怖。

当我离开一座古老的庙宇，抬脚迈下最后一级台阶，我怎么会知道在我的身后有一个年老的僧人冲我意味深长地微笑呢。

入不入团

慈恩寺大雁塔青砖的飞檐上总是撒满了游客的硬币，时日久长有的已经锈迹斑斑，新丢的在太阳下闪烁着光华。还有大兴善寺的一方荷塘，摇曳的波光里可以看见池底的镍币。游人把镍币投向睡莲的绿叶，投不中的就一声轻响滑入水底。投中的，投中的当然几个月后也沉入池底。和同学一起去这两个地方，我们也投过。

L和我一个宿舍，还是老乡。出了省才有老乡，就像离开家才可以想家。全班四十几个人，只有他不是团员。这可让班上的团支部书记太兴奋了，她觉得发展他入团是义不容辞的责任，一有空就往我们宿舍跑。夏秋两季西安的天气是一种让人想发火却发不出来的热，大家一进门就赤着上身，有的下身也只穿条内裤。每逢有女生要来，大家就得手忙脚乱地穿衣服。时间久了，大家嫌不停地脱衣穿衣麻烦，也跟着劝起他来："好歹你入了算了，就当做好事，帮帮忙还不行吗！"这样的场面他肯定见了不少，丝毫不为所动。劝过几次，大家也就死心了。团支书再来，大家也懒得再折腾，该怎么着还怎么着，没穿长裤的同学就坐在方桌后面点点头，也不起身问好了。

团支书是个宁夏的女生，大家劝不动那个，就转而釜底抽薪地来劝这一个："他现在是我班我校乃至全西安全中国高校唯一的团外人士了，你可不敢做历史的罪人劝他入了，入了就没有了，应该重点保护才对。"

说笑归说笑，他最终还是没有入团。

失不失恋

L其实是一个挺随和的人，戴副眼镜，背着一把吉他来报到。他是我的时尚和流行音乐的导师，正如另一位来自陕西汉中的同学是我的武侠小说和港台电影的领路人一样。他带我去小寨买童安格、张雨生、崔健的磁带，高兴或者失恋了不高兴的时候就坐在上铺给自己弹吉他，当然也给我们弹，如果肯听的话。他暗恋的那个女生在北京上第二外国语学院。开学后他给她写信，她也回信。后来他在信中流露出那么点意思，人家就懒

得给他回信，催得紧了，她干脆来一封信明确地拒绝。L还来不及张口，人家就先把他的路堵死了，连失恋的机会都不给。他在发了一阵呆，狂乱地弹了一通吉他后，就给我们念那封信。他用了一种伪装夸张的语调，实际上也真的辛酸，但又不愿被我们看出来，干脆就用公开的辛酸来掩饰内心真实的悲凉。她的拒绝虽然坚决却很委婉，委婉得让人觉得被她拒绝也是另一种幸福：

"也许你认为我是最好的，但不一定是最合适的。"宿舍里所有的人都被她信中的这句话折服。有一个同学不服气，怀疑这句话不是她原创。可惜那时还没有互联网，不然他也许能证明自己的判断。另一位同学不怀好意地替他抱打不平："合不合适，没试怎么知道！"而我自己，则死死地记住了那句话，以后在拒绝别人时就原封不动地引用。

相不相思

L是宿舍里的卧龙先生之一。一二年级要出早操，体育教研室抽查点名，不出操扣的分多了要影响毕业。到三年级就不用出操了，卧龙先生们睡得昏天黑地，只有我和辽宁的一个同学还坚持早起锻炼。学校田径队的队员们早晚也训练。L不知怎么发现其中有一个女队员，据他说长得像北二外的那位，还有一个很诗意的名字：咏蜀。他刷洗了球鞋，定好了闹钟，信誓旦旦要和我们一起去跑步。第二天他真的起来了。我们跑步，玩单双杠，他在女队员的周围可疑地转来转去。如此几天显然没有什么效果，心灰意冷也就不早起了。

学校召开一年一度的运动会，咏蜀同学胸前别着号码布在操场跑来跑去，L的目光追随着她。其实我也一向内向胆小，但那天不知哪来的勇气。我问L："你想不想和她说话？"他点点头。咏蜀在跑道边看别人比赛，我走过去从后面拽了一下她的衣袖，很认真地告诉她："那边有人找你。"咏蜀和一起的同学打了一声招呼就跟着我过去。

也许是不相信我会真的把她叫过来，也许是太激动以至于无从说起。可怜的L呆若木鸡，不但没有一点笑意，脸上的表情比哭还难看。他一动不动地有好几秒钟，嗫嚅着双唇，却说不出什么。咏蜀同学狐疑地看了我一眼，忽然明白了什么，脸一红，像受惊的小鹿一样跑开了。

男人是一种最容易单相思的动物，忘了谁说的，男人上一次街会产生十几次恋爱。而每当我想起L的那一幕，就觉得单相思的男人其实很可怜。

作者：刘贵俊，1990级劳改法系2班校友，现任职于武威监狱教育科。

孙少安的"理智与情感"

朱 锐

路遥的老家在清涧。老家，在陕北话里是故乡的意思。读来别有妙韵，泥土味更浓，与一个人的关联更紧密。你想，乡里有多少人，你不一定都认识，但家却永远是一个人最初的记忆和人生的起点。正如《平凡的世界》里描述的，孙少安对于秀莲提出分家这件事情近乎本能的抗拒；孙少平用自己辛苦掏炭和省吃俭用积攒下的钱，也要给家里修一孔窑。老家，就是一个人的根。

提起清涧，那句广为流传的顺口溜就窜到了嘴上："米脂的婆姨绥德的汉，清涧的石板神府的炭。"顺口溜是民间智慧的结晶，寥寥几句道出了陕北的风物人情。在陕北，提起清涧，绕不开的当属石板和粉条。清涧的石板硬朗平整，清涧的粉条韧性十足，一个硬一个软；硬的好铺路，软的好下肚；于是清涧人的性子就如同这石板和粉条，刚柔并济。

这几年，"清涧石板"已经成了注册商标，专门做石雕工艺品，在路遥的故乡榆林开起了专卖店，走上了西洽会。而"米脂婆姨"赫然跃上了足浴店的门头，有次在街上看到硕大的霓虹灯招牌，不禁哑然。"神府的炭"也已经引来了国家级的能源化工基地。路遥能否预料到在他写完《平凡的世界》后的这20多年里，家乡的土地上发生了怎样的巨变。

《平凡的世界》要拍成电视剧的消息在上映前就关注了，取景地之一在神木高家堡老城，还有朋友凑热闹去当了群演。黄土高原上熟悉的一草一木展现在荧屏上，是那样的动人，亲切的乡音，听来是那样的顺耳。播出时我一边拿着原著一边与家人讨论着剧情，电视剧还是做到了尊重原著；有些情节改得

很妙，深得我心。但也有些被删改的情节让人如鲠在喉，不吐不快。一千个读者心里有一千个《平凡的世界》，但当我们在看这部书、这部剧的时候，我们在看什么？

路遥：时代的记录者

第一次读《平凡的世界》是在高一，班里有位同学买了一本盗版的《路遥全集》，里面的字像蚂蚁那么大，密密麻麻爬了一纸。借来后的几天，在课间、在吃饭时、在被窝里，我如饥似渴地读完了《在困难的日子里》《早晨从中午开始》《人生》等篇章。《在困难的日子里》对饥饿那种让人身临其境的描写与友情的纯洁珍贵而温暖，对我不啻是一场精神的洗礼。这种对于饥饿深入骨髓的感受也出现在了《平凡的世界》的开篇，孙少平避开同学打饭独自去领黑面馍馍，吃没几点油花的"丙菜"。粮食，不仅与生存有关，在那个年代还与尊严挂钩。路遥如实地记录了这一切，对于完全没有经历过那个时代的人，却并不觉得遥远，甚至会把自己代入文中。

2007年，还在读大学的我，去延大拜访朋友庄少聪，在校园漫步，他说起路遥逸事：延大图书馆前本有一尊路遥半身铜像，前两年被盗了，想来是被人盗去卖铜。我们一边感慨村氓的无知，一边唏嘘偌大的延大校园竟然无一席安放路遥先生铜像之地。相映成趣的是，西北政法的图书馆前也有一尊雕塑，一部宪法典上面，两条橄榄枝托起一个地球。此像并称西北政法三大雕塑，被历代校友传颂，诨名"宪法顶个球"。2008年以后，这座承载了无数政法人的嬉笑怒骂与青春回忆的塑像被拆除，于是有人又说，现在宪法连球都不顶了。两座不同的雕塑以不同的形式作了时代的注脚。

我俩沿着黄土上踩出来的小路到了延大后山的路遥墓前，他一指说，就这么个。路遥的墓安静无声，可以俯瞰整个延大，"像牛一样劳动，像土地一样奉献"成为他身后与生后的墓志铭。是啊，就这么个。无论你是帝王将相皇亲贵胄，抑或贩夫走卒黎民黔首，死后都要归于这一抔黄土。我窃以为世上有三种不朽，一是诗人的心，二是作家的笔，三是凡人的爱。

路遥以一颗诗意的心饱蘸着对这片黄土地深沉的爱记录了一个时代，从这点说，他是不朽的。

润叶：我愿意一辈子和你好

润叶就是这么向自己的傻哥哥少安表白自己心意的。信里虽然只有一句话，但胜过千言万语。当自己心爱的少安家里面遭遇姐夫王满银被劳教这一重大变故时,她立刻想到去找自己的二爸田福军来化解这场危机。"少安哥的事就是她的事",这种朴素的情感不知道比多少誓言来的真。润叶的爱情就是不分彼此。作为读者,我们看少安和润叶,两个人从小青梅竹马,两小无猜,是多么般配啊。

可惜的是电视剧对于润叶和少安的感情发展,做过这样的情节改动。一是孙少安和田福堂挑明了要和润叶在一起,并且和田福堂叫板说"人不可能穷一辈子"。在听取润叶的建议后打电话想取得田福军支持,却被田福军的暧昧态度击溃了信心,选择了放弃。孙少安的挑明虽然让剧情更有冲突张力,但将内心戏外化,不符合孙少安的人物性格,也与面对弟弟少平的责难时称"不愿让润叶与自己吃苦"的说法自相矛盾。

二是在原著里,点破润叶和李向前是门政治婚姻的,是田福军的丈人徐国强。这个老粗干部对润叶说出了她的婚姻对于田福军政治处境有帮助作用这一席话,无疑是把润叶推向不幸婚姻的决定性的一只手。原著中的田福军知道自己的老丈人徐国强擅作主张后,气愤地骂道"老糊涂虫"。但在电视剧里,田福军挂断电话如此独白:"少安、润叶,恐怕我一辈子都要向你们两个人忏悔。"这一改动不仅让田福军这个改革者的形象大打折扣,而且使他变成不惜牺牲侄女田润叶爱情及幸福生活来换取政治同盟的弄权者。更意外的是,田福军在电视剧中又几度创造机会让少安和润叶相见。文学和影视固然是两种不同的艺术形式,但这种前后情节的自相矛盾实在无法说服观众。

另一只把润叶推入不幸婚姻的手来自她想与之共度一生的爱人——孙少安。当孙少安手里握着润叶对他炽热的表白信时"他站在公路上惊呆了"。两人并肩在东拉河畔还没说什么话,就被润叶的父亲田福堂搅散了。田福堂察觉女儿与孙少安的感情后,这个农村的政治家用私分猪饲料地给少安开了一场批斗会。此时,十三岁就背负起了全家人生计重担的少安彻底明白了:他和润叶永远不可能在一起。

过早成熟的他认识到了他和润叶之间横亘着的巨大现实鸿沟"就像金家湾和田家圪崂隔着一条东拉河一样明确",于是他采取了回避的态度,即便心里深爱着润叶,他也不得不割舍下。这一切都是隐忍的,润叶并不知道也没有看到,然而也正是这种如同冰面下的河水般涌动着,但表面波澜不惊的感情更打动人。少安的决定是单方面的,没有像电视剧里那样拍着桌子和润叶说放弃。正如人

们说的，心里面藏了一个海，流出来只是两滴泪。只不过少安心里的，是一片苦海。这种无法言说的苦，让我们更理解这个平凡的世界。

路遥以上帝视角这样评述润叶的悲剧："她现在还不能从更高意义上来理解自身和社会。尽管她是一个正直善良的人，懂事，甚至也有较鲜明的个性，但并不具有深刻的思想和广阔的眼界。因此，最终她还是不能掌握自己的命运。"

命运，在巴黎圣母院墙上刻着的这两个字，最终也让润叶沦为了家长意志的牺牲品。不得不说，这是时代的悲剧。但我们不妨追问，这种悲剧现在停止了吗？从孔雀东南飞、梁山伯与祝英台，到平凡的世界，这种悲剧从来没有停止过，时至今日依然在上演。润叶对少安说，我愿意一辈子和你好。但在这个平凡的世界里，愿意，并不代表一切。相爱的人不能在一起，或许是人类永恒的话题。

少安：永不松劲的驾辕人

孙少安决定和润叶分手时才刚刚23岁。23岁，现如今正是大学毕业踏入社会的年纪，而从13岁算起，少安已经当了10年的大人。"穷人的孩子早当家"，已经不足以形容他的处境。这十年里，他作为家里唯一的一个全劳力，在少年时代起就要面对一个成年人所要面对的问题，承担远超过这个年纪该有的承担。穷家薄业让少安面对生活的一切打击有一种淡然的态度。这种淡然外面包裹了一层历经风霜的老茧，轻易无法突破。全书中，第一次毫不留情刺穿这坚硬外壳令他痛哭流涕的，就是决定和润叶分手。

"他今年才二十三岁，但他感觉到他已经度过了人生的大部分时间。没吃过几顿好饭，没穿过一件像样的衣服，没度过一天快活的日子，更不能像别人一样甜蜜地接受女人的抚爱……什么时候才能过几天轻松日子？人啊！有时候都比不上飞禽走兽，自由自在地在天空飞，在地上走……"

这一段悲痛的内心独白里，少安觉得自己活得连飞禽走兽都不如，这种不自由的沉重感，在遭受无法与心爱的人在一起的重创之后，将少安推到了濒临崩溃的境地。他贴着杨树干光滑的树皮哭了起来，此时的哭还只是默默流泪。在发现父亲孙玉厚担心他出事一直尾随着他以后，少安不禁趴在高粱地里再次放声痛哭起来。

黄土高原的夜里，不知道这痛苦的哭声能够被夜风带到多远？能不能带到为他缝缀补丁裤子，给他黑暗青春洒进光明的润叶耳边？在父亲面前，少安终于像个孩子一样尽情释放了自己的痛苦。人世间最大的痛苦，不是肉体上的苦，而是你心里苦。不是你心里苦，而是有苦说不出。不是有苦难言，而是你不知道，这些苦吃来做什么？

在少安这里，吃苦是有答案的，那就是他的家人。他如同一个车把式，如果他垮了，车上拉的一家人都会遭受灭顶之灾。这种根植在血脉里的感情，让他不能抛下这一家人去奔自己的日子。即便是心爱的润叶，他也只能心上滴着血选择牺牲自己的爱情。人的软弱不仅无损人的伟大，反而可以彰显人性的光辉。这个平凡的世界里有多少人和少安一样，抱着一点信念咬紧了牙关，再苦再难也不放弃。当改革的雷声惊醒了这片黄土地之后，少安立刻跳上潮头改写了家庭的命运。

我们无法决定自己的出身，但可以选择自己生活的态度，少安用自己的不屈实现了让家人过上好日子的愿望。在为村里建起了小学后，少安想起了曾经的一切："哭，笑，都是因为欢乐。哭的人知道而笑的人并不知道，这欢乐是多少痛苦所换来的……"

在原著中，双水村遭遇大旱，田福堂与村委会合计去东拉河上游的罐子村和石圪节村豁坝偷水，最终酿成了金俊斌被决堤的河水淹死的惨剧。而此时孙少安去往山西柳林寻觅自己的婆姨贺秀莲。在回到双水村后，孙少安在安慰金俊武时，才事后诸葛亮地提起来应该先去谈判。在电视剧里，我们看到的是孙少安决定单刀赴会去谈判；在罐子村的谈判中上演了一幕"铁头碎砖头"，临走之际又把身边无辜的牛犊一把摔倒在地。这样富有个人英雄主义色彩的好勇斗狠，与孙少安内敛沉稳的性格大相径庭。在石圪节村民摆下的鸿门宴上，少安连着喝了几大碗酒。田润叶一路追来，面对石圪节村民们的质问，大声喊出"我是他相好的"。谈判成功后两个人骑着自行车互诉衷肠。这样凭空而来、纠纠缠缠的戏码，如同琼瑶剧一般，让润叶和少安在许多不可思议的场合发生了不可思议的事。

修大坝，原著中本是村支书田福堂农业学大寨的败笔，却摇身一变成了孙少安想出来被田福堂剽窃去的壮举。路遥这样评价这次淤地坝事件："在哭咽河上修起的大坝，已经被山洪从中央豁开了一个大缺口，完全垮掉了。……似乎是专门留下来嘲笑福堂和玉亭两个人的。"这样的改动贯穿全剧，编剧将原著中发生的每一件大事都为少安量身打造了附加戏码，使他成了当仁不让的主角，这样的少安无处不在无所不能，近乎完美，却无形中弱化了路遥描述的"命运这把大剪刀"对人无情的修剪，不得不说是一件遗憾的事。

在与润叶分手之际，在砖厂初建之时，在经营陷入困境之地，在决定回馈故里重建小学之机，路遥四次用同样的字句描写少安的心理活动："他应该像往常一样，精神抖擞地跳上这辆生活的马车，坐在驾辕的位置上，绷紧全身的肌肉和神经，吆喝着，呐喊着，继续走向前去……"无论道路是平坦还是崎岖，少安都要像个车把式一样勇敢地走下去，这是他生活的信念。

秀莲：陪老汉吃苦的好婆姨

秀莲，是电视剧塑造最成功的一个角色。少安到山西讨了这个喝稀饭都要放陈醋的婆姨之后，秀莲跟随他回到双水村，引起了全村人热烈的讨论。"婆姨"，是陕北人对妻子的爱称，据考证源自佛教词"优婆夷"，意为女居士。"老汉"就是陕北方言里的丈夫。民谚有云"婆姨管汉，金银满罐"，秀莲与少安印证了这句民谚蕴含的生活哲理。

在茫茫的高原上，少安对秀莲说自己的家庭情况，还说自己是个短命鬼。在他转身离开的时候，秀莲迈开步子向他飞奔过去，奔跑的姿态可以媲美《我的父亲母亲》里的章子怡，让人心动。秀莲跑得太快以至于将少安扑倒在地，然后她咬破食指用自己的血给少安手掌的生命线续上了长长一道。这一幕可以说是神来之笔，这个隐喻呼应了秀莲为把这一个大家营务得像个样子，付出心血最终积劳成疾的结局。秀莲最终被确诊为肺癌，剧中这一幕，可以说是伏线千里。

秀莲对少安是一见钟情。她不介意未来丈夫七老八小的烂包家庭，铁了心要和少安过出个红火光景。在准备结婚新衣服这件事上，秀莲已经显现出了她作为一个好婆姨的精明与体贴。"两个人只要合心，又不在几件衣服上！我知道你们家光景不好，这钱肯定是你借人家的。何必这样呢？借下钱，咱们结婚后还要给人家还……"就是这个举动，熨帖了少安的心。"少安被秀莲的话说得眼圈都发热了。如果这是个没人的地方，他真想把她抱住亲一下！"

电视剧安排秀莲和润叶见了一次面，虽然在原著里二人从没有正面的交集。而这次见面，秀莲的大方又让人赞赏不已。在润叶表明自己对少安的不舍之后，秀莲说"你的我不要，我的你也抢不走"。这个姑娘对她和少安的感情是多么自信。

秀莲也不是没有私心，吃饭时她总要给少安碗里捞点稠的，还拿奶奶的白面馍给少安吃。在已经将支撑全家当成是一种信念，甚至是"一种生活哲学"的少安看来，这当然是不可容忍的。但正是这点私心，才让秀莲真实可爱。她虽然也爱屋及乌，但是眼前的这个男人才是她要全心全意照顾的。电视剧里的少安把"额捶你了"当成了口头禅，但实际上，他没有动过秀莲一个指头，顶多就是举起了老拳头象征性挥舞了一下。

在少安听同学刘根民介绍的活路，打算买骡子拉砖的时候，秀莲鼎力支持，两个人合计着写信回娘家借到启动资金。掘到第一桶金后少安又办起了烧砖窑，继而扩大生产成砖厂。因为聘请的河南师傅烤坏了砖，陷入破产危机，此时又是秀莲挺身而出，从山西娘家门上借回一千多元钱，缓解了燃眉之急，最终为砖厂重开迎来了转机。

"少安想不到在这种时候，秀莲的头脑倒比他冷静。"秀莲的冷静唤醒了少安为生活奋斗的勇气，面对起伏坎坷的生活，没有什么比与之斗争的勇气更可贵了，一个家庭就是这样相互扶持着走出了新生活。一个好婆姨，可以陪你幸福，也可以陪你吃苦，秀莲用自己土地一般朴素与温暖的品性，滋养了这个家庭。

《平凡的世界》这部电视剧已经播完，借着电视剧我又读了一遍原著，少年时喜欢看少平与晓霞的相知相爱，少平对于自身与世界关系的探索，金波与藏族姑娘疯狂而动人的爱情……现在又对小说里的一些人和事有了更多的体悟。好的小说总是常看常新，不同的人生阶段看有不同的感受。或许若干年后我会再次捧读，却是给孩子们讲我青春的故事。

我们是平凡的人，却并不自甘平庸。大仲马说："生活是由无数烦恼组成的一串念珠，但得微笑着数完它。"如果你来过陕北，你会明白这片高天厚土是如何孕育了辽远高亢真情真性的信天游，书中那些可爱的人是如何在这片诗意的土地上栖息与繁衍。

请看看黄土地上那湛蓝高远的天空，天空一无所有，却能给所有人以安慰。

作者：朱锐，2004级法学四系校友，现供职于陕西省榆林市某检察院。

岁月断流

雷雪霞

曾以为

岁月如溪流，绵绵长长，无休无止

直到

我看见最后一滴水在枯萎的河床上艰难哽咽

——作者

一、长安

西安的天总是神经质的，半天晴，半天雨，一天雨，一天晴；蓝不蓝，灰不灰的天上，云朵也忧郁。当云朵忧郁到落泪，我喜欢坐在603的上层，雨滴打散了的视线里，手指随那透明的精灵一同跳动，微笑着与朦胧的玻璃一同叹息。

雨天来的时候，总有些人要离去，骊歌声声，亦喜亦悲。翻看泛黄的老照片，记录着他们曾经居住过的城市，曾经的朋友，曾经款款的拥抱，曾经深情的歌唱，曾经做过的坏事，曾经在过去眺望的现在……当今天的一切幻化成昨日的曾经，梦想在指缝间悄悄落泪，回忆必须沦陷，有没有人说抱歉？

昨天，想起大一时在三教楼的天台上，蜷缩在角落，暗暗哭泣；想起晚风中浮在空中的星，忽然想再去天台看看，一口气奔跑，渐渐远了，竟然是一扇锁了的门。竟然锁了。

所有的熟悉都曾是陌生，所有的故乡都曾是异乡，何必跟回忆拔河，带着它上路吧。

二、乌兰察布

我记忆中的乌兰察布，只有寸草不生连绵盘亘的山峦。

我就站在山头，听风从远古吹来，还有铮铮的号角，倒下的将士，远去的马嘶，夹杂着沙砾，扑面地来，没有遮拦。

我就走在山头，磕磕绊绊的每一步，几步就磨个泡。可以漫山的走，没有红绿灯，也没有路。

父亲说："这山开荒种庄稼时，种什么死什么，退耕还林，退耕还草，就连草也长不出来。"我悲，这山的可怜，人觉得应种庄稼就一粒粒地被撒下种，人觉得应种草就一锄锄地刨去根；我喜，这山顽强，随你种什么，石头还是石头，砂还是砂，当石头长出了树，砂生了草，山就成了旅游景点，而这山还是山。

我离开的时候，凌晨三点，没有星，站在铁轨近旁，火车从远处驶来，没有一点儿响动，满耳的只有风声，感到一丝丝凉意，浸没了脚踝，还是忍不住啜泣。别了乌兰察布，寸草不生的乌兰察布，其实我同你一样可怜，却决然，没有你那样的坚强。

三、头断井

我不知道，人的一生有多长，我不知道，我的一生有多长，我用指头扳着数着，一日日的，不记得数过了多少轮，也不管数过了多少轮，终是要回到头断井边。我生命最初的二十二个月真真切切地刻在头断井边，那口老屋后的井，四季干枯，永远绝望。

我羞涩的母亲曾在井边抚摸还未出生的我，想念我千里以外的父亲。

我善良的母亲曾在井边用她瘦弱的身子担起两桶水，流着泪挪着步，担心着会不会流产。

我总是猜想母亲是不喜欢回忆这里的吧，那些回忆是不是如头断井一样，存在但却绝望。

听父亲说老屋原本是座大宅，红墙灰瓦，院子中的树下埋着一个盛了首饰的坛子，是爷爷拆了屋子，砸了坛子，让我那地主家女儿的奶奶穿上粗布的衣衫，成了真正的劳动妇女。所以我又猜想奶奶必定恨爷爷，也不喜欢爷爷疼爱的儿子我的父亲，更不会正眼瞧我父亲的妻子我的母亲。

我已经记不起那年的冬天，十一月，我十一个月大的时候，据说雪很大，跟我出生的时候一样大，只是没有太阳。爷爷下葬的时候，只有奶奶、父亲、母亲和我，没有人哭泣，有的因为不懂，有的因为坚强，而有的因为怨恨。

如今的头断井依然干枯，依然绝望吧，如今的头断井，人走了，屋荒了，只剩下爷爷的坟和十一月的雪。

那些记忆都不在了，而我却常常听到雪飘过屋檐的扑扑声，好像那年的十一月，雪下在我的心里似的。当心头的雪白皑皑，有点儿晃眼的时候，希望就给埋了，井只剩下绝望。

四、十二支箭

1940 年，第一场雪来的时候，还是秋天。

一个叫作芷轶的年轻人赶着他的商队从张北来，路过一个叫"十二支箭"的地方。

秋天的雪，蕴含着焚烧枯树叶儿的味道，却也冷。芷轶的商队累了，而十二支箭是个没有客栈的地方。就拣了个贴着红福字的门，靠着，等天亮，竟睡了过去。

鸡叫的时候，雪也停了，一个姑娘开了门，惊了芷轶的美梦，也惊了自己。门上的雪纷纷地落了，芷轶打了个寒战，看雪花中姑娘转身，一会儿端出一碗冒白气的水和两个烫手的馒头，碗搁在门槛上，馒头放在手上，话也没说又转了身回了屋。再出来的是姑娘的母亲，把年轻的小伙子让进了门，谁想得到这一脚踏进门槛，竟一辈子也未再走出。

芷轶卖了货物，散了伙计，留了下来，姑娘就成了我的姥姥。姑娘不知道在遥远的张北年轻的芷轶有一个有钱的父亲和一个没过门的媳妇儿；姑娘不知道芷轶在雪白的纸上写上的是什么；姑娘不知道那牛皮纸里的戒指捎给远方的谁，姑娘只知道这十八年来未离开过的十二支箭，这辈子也不想离开。固执的芷轶也就生生地陪着她耕田织布，生儿育女，年轻时学的字儿也忘得差不多了，然而日子就这么，一天天地过去了。

五十多年过去的时候，新闻里说张北地震，伤亡惨重。姥爷第一次打电话给母亲，说他要回张北。母亲和父亲驱车赶回十二支箭，星月兼程整整用了一天半。只和姥姥说去城里做白内障手术，两天就回来，姥爷上车的时候，姥姥还在微笑，和当年第一次开门时一样，只是不再美丽。

张北正在震后重建，姥爷还是找到了当年的街，铺子不在了，人们说老张家败了，败在个没良心的少爷手上，只剩下寡妇，收养了一个儿子，是个好人啊。姥爷再上车时，父亲不知道把车开向哪里。姥爷说："回十二支箭。"

我的一辈子都没离开过十二支箭的姥姥，从来也不知道还有一个女人在远处爱着自己的丈夫，五十多年，没有离开过张北，和她一样。

十二支箭，依然没有客栈，年轻人们一个个地走了，没有人来。巷子深处，还有一扇门，四季都贴着大红福字，还要什么理由呢，只是一种选择。

五、断流的岁月

当微笑与朦胧的玻璃一同轻声叹息，我在回忆里筑起一个巢。

当沙砾叩击胸膛，思绪在风里挥洒了一个梦。

当白雪凝结在爷爷的坟头，奶奶为怨恨打了一个结。

当门轻轻打开姥爷回头的瞬间，姥姥为一生下了一个注。

在路上，不管是策马奔驰，还是驻足停息，时间毕竟还是自己走了，留下的一个瞬间，嵌在岁月的断层上，亘古不变，忘却也好，记住也好，意义只有嵌在断层上的瞬间知道。

作者：雷雪霞，2000级法三系行政法专业。

梵高的耳朵

杨 伦

到南方去
到阿尔
没有行囊背着画箱
去寻找
爱他的女子
去除内心的阴霾晒晒太阳
可他啥都没有找到没有遇见
只好
醉在苦艾酒里
收到弟弟的钱和信
躲在漆黑的长长的疯人院的走廊里疗伤
孤独愤怒
烧着了他的红红的头发
他紧紧地咬着烟斗
倔强地
把颜料狠狠地厚厚地涂抹在画布上

黄昏近了夜已经来临
在天空徘徊着一群乌鸦的麦田里
他找回了
自己
在涌动如河流的星空里
他陷落了
自己
他看到了一片葵园
欣喜

他闻到了太阳的味道
还有
死亡的气息
他的画更美
更迷人
更令人不安更无人解读

流离
苦闷
只有疯掉
一个妓女叫拉舍尔的懂他
感激
他拿起剃刀割下了耳朵
送给这个了和他一样落魄的女子
那一朵朵向日葵
盛开着
如金色的火焰燃烧着
而花瓣却似流淌着金色的眼泪
望着自己的画像
他扣动了扳机

梵高死了
而
那只耳朵还在倾听
拉舍尔的
哭声
和
高更的
冷笑

作者：杨伦，西北政法 1987 级校友，现从教于母校新闻传播学院广电编导系。

杭州与西安

黄 震

> 杭州与西安
> 于我
> 两难割舍

因为我是来自浙江的缘故，许多人都这么问我：杭州与西安你更爱哪个？这样的问话每每让我为难，尽管我对这两个城市的细微处亦都有所领悟。

其实，我爱杭州，我也爱西安。

我爱杭州的纤细灵巧、含情脉脉一如爱我的初恋情人；我爱西安的沉重稳重、沧桑世情一如爱我的年迈父母。如以人作譬，杭州总像一个怀抱琵琶轻歌曼吟"杨柳岸，晓风残月"的十七八岁少女，西安则多多少少有点像手执檀板高歌"大江东去"的北方汉子。杭州近海，丝丝水汽凝成女儿骨肉；西安深居内陆，层层黄土掩埋了英雄足迹。杭州有一种"风乍起，吹皱一池春水"的小器和细腻，西安则有一种"咸阳古道，汉家陵阙"的大度和旷远。如果说杭州是一件细描精勾的瓷器，那么西安就是一块千熬百炼的粗砖。游杭州须清赏，游西安则必须精读。走在杭州的街道上，总有一种小家碧玉的亲近感；走在西安的街道上，则总觉有大家闺秀的雍容气，未免有望水中月，看雾里花之憾。

杭州是倚西湖而筑城的，湖水是杭州的灵魂。她始终是一个休闲化的城市，她的街道总是弯弯曲曲的，仿佛一个害羞深藏的淑女。杭州是以她的山水取胜的，引来许多士人墨客的流连忘返，西湖的九溪十八涧也成了他们埋骨的最好去处。杭州的脂粉气盖住了英雄气，因此以杭州为都城的朝代都亡得很快，南宋就是一个很好的例证。杭州不比西安有潼关之险，南京有长江之隔，杭州是坦荡荡的。她只是文人才女演出恩怨的舞台，而非帝王将相的。她的十里荷香、三秋桂子能医治所有国破家亡的伤痛，因此南渡的那些权臣们一到杭州就没有了要收复半壁江山的雄心。

杭州人是非常平和的，他们抬头见山、低头见水，守着一派青山丽水天地灵秀而心满意足。杭州人没有太多的历史沉重感，尽管杭州也有很长的历史，在南宋时还经历了一次亡国之痛，但杭州的历史是洒落在平常闾巷，写在人心里的。到过杭州的人总是会被一些名字所惑，什么断桥、雷峰塔、一线天、飞来峰，每个名字都会引出一段充满迷离色彩的传说和神话。于是杭州的历史也跟西湖的水一样，波光潋滟虚虚实实，不可琢磨起来。

西安是坐北朝南的，一副帝王的雍容大度。西安的城市结构也是简洁明了的，以城墙为界，以钟楼为中心，延伸东南西北四条街，条条大街宽广平整。

西安是没有什么山水胜迹的，西安是与历史相融的，从半坡村到兵谏亭，你可以通读一遍中国历史。二十四史在这里感性成为残砖破瓦，宫殿墙垣。西安的城外，散散落落地布满了帝王权臣们的坟墓，从茂陵到乾陵到昭陵，他们生前在这个城市攘攘，死后也要呵护着他。西安是既有英雄气也有才气，只是许久以来，西安的英雄气盖住了才气。江山依旧在，几度夕阳红，如今的西安英雄气渐渐平落，而才气复又旺盛，于是便有了西安那么许许多多的才气横溢的作家，而一向以才气著称的杭州倒显得有点冷冷清清。

杭州人清闲的时候玩越剧，西安人则吼秦腔，一种闲情在两个地方开出截然不同的花来。越剧的唱腔清婉柔丽，与杏花春雨的江南合拍，是丝竹管弦之乐；秦腔则来势汹汹，与八百里关陕合拍，是黄钟大吕之戏。越剧以表演儿女之情，别意离伤见长，细作曼唱，是纯粹的女人戏，一如桃花扇底风；秦腔则以过关斩将，挑灯看剑擅时，是纯粹的英雄戏，一如塬头的黄沙白云。两地人心性之不同亦由此可见一斑。

总之，杭州是情绪化的，象征了南方江湖之畔的浪漫精神；西安则代表了北方大河之侧的理性意志。

在杭州看到苏堤的垂柳依依就会想起西安的三月飞絮天，在西安漫步于雨中的长安南路又会想起杭州的六月梅季。杭州与西安，我已两难割舍了。

作者：黄震，1993级经济法系。

读书记

吕　锋

在关中老家眉县读高中的时候，成绩忽高忽低，老师、父母一批评，马上就变成班上前三名；稍不注意，啪，就又掉到全班倒数了。倒是一门中国历史和世界历史，却一直学得很好，居然常能得满分，引起历史老师左志宏的关注，在文理分科后，他鼓励我读文科。

父亲在西安读书时学的工科，他认为文科没有实用价值，于是他串通我的班主任也是他的同学蒋旭老师千方百计地阻挠我的选择。经过反复几个回合，我如愿以偿地坐在文科班的教室里了。感觉学了文科自由立即如鱼游戏于水中，快活极了。课程也轻松了，还有大量的时间去阅读，读了泰戈尔、高尔基、托尔斯泰、英国三姊妹、巴尔扎克、梅里美、福楼拜、雨果、大仲马、巴勃罗·聂鲁达、川端康成、马克·吐温，国内梁晓声、鲁迅等作家大量的文学作品，自己的知识积累多了，觉得课本内容有些简单，经常带着书去眉县中学东边的小河里嬉水、在树荫下书盖在脸上睡觉。觉得高中三年轻松愉快，看到别的同学背文史哲背得昏天黑地，觉得还有些好玩儿。

1986年高考的时候，是7月的7日、8日、9日三天，考前天很热，我中了暑很难受，可是考试头一天，突然降暴雨，街上校园里平地即起水流，空气中充满泥腥气，天空也阴暗下来，气温自然降了下来。我居然在考数学和政治时题都没做完，给睡着了，打起了呼噜，单人单桌的同学也没法叫我，恐怕也顾不上。等监考老师发现的时候，交卷子的头遍提醒铃已响，完了，还有五分之二的题都没有做完。交卷时，空了一大片，脑袋也空了一大片。

很快，考试睡觉、把事不当事，立即成了全校当年的一大笑话。所幸我爸妈不知道。我有些悲观，计划再复读。突然一天堂姐到我家来，她刚从西北大学毕业、放暑假等待分配工作。一进门就喊："考上了，考上了。"我在楼上听到，心想，肯定考上一般学校，不去上。494分，距离一本线差了不到10分。我的命运从此确定。

本来想去读中文历史等专业，父亲和老师给我报了西北政法学院（西北政法大学的前身）法律系，也许他们认为法律是文科里最有实用价值的专业吧。

在政法读书几年，除专业课以外，主要业余时间就是在旧、新两个图书馆占位子，读文、史、哲类的书籍。并且认真地做了许多本读书笔记。最早我们在行政楼上的旧图书馆借书，面积小、书刊也少，每次排队借书都得用好多时间；后来在操场北面新修了气魄宏伟的图书馆，藏书量大增，阅读区面积大且窗明几净，入口处是汉白玉的栏杆和台阶，馆前是一大片草地，周谷城题写的馆名，我在这里占了一个座位，从此一坐就是几年，直到毕业。

20世纪80年代后期，各种思潮涌动，新思想新书籍很多，目不暇接，有大量译介的成系列的外国学术著作和文艺作品，也有以各种名义出版的小丛书，如布老虎、三角丛书等；国人对外国人的学术及文艺经过几十年的封闭突然国门大开后产生了浓厚的兴趣，阅读的热情高涨。那时家里给我的生活费，我除了吃饭以外，节余的钱都买了书。当然这里边有许多当时还看不懂的书籍。

四年很快结束了，在1990年大学毕业后，像许多当年的毕业生一样，没能进入惯常应当分配去的机关或部门，我一个文科生被分配到了陕南的一个大型三线企业工作。去报到，要搬家，三大箱书籍成了很大的负担。上班事少，在办公室当秘书。好吧，业余时间就读书，逛书店买书。一晃近二十年过去了，工作又要变动，由县上到市里，又要搬家，个人东西最多的就是近15箱书，这里我还扔掉了一些过时的、内容太陈旧的书籍，如苏联出版的法学著作以及旧的教材。在新单位办公室放了一些。大多被存放在家里，下班回家坐拥书城，读着书、品着茶，十分地惬意。又过了两年，工作又要变动，从市上又到另一个县里工作，不能再搬那么多的书了，太多了，在家里开辟了专门的空间存放，只搬了两箱子，这不，才到新单位上班两年多点，又收获了近四五箱子约上百本，主要来源是社科院出版社的大学同学刘晓君、陕西人民出版社的朋友张田德赠送的，还有一些作家本人题赠的书，如贾平凹先生所赠的《古炉》《带灯》，穆涛先生所赠送的《看左手》以及他主编的《美文》系列，刘元林先生赠的《坡哆》等，多了去了，当然还有在书店和网上购买的。慢慢地积攒起来，自己又要被书埋了。所以时时有紧迫感，这么多好书我得抓紧时间把它们读完，我坐在酒桌上和人聊天就没耐心，想尽快逃离，别人在麻将桌子上一玩几个小时，我也觉得浪费时间。经常是急急地在晚饭后去办公室或从外边赶回家去，朋友问干啥这么匆忙，我说有点事，屁事，就是想赶紧地把自己正在读的书往完读。

书读得多了，反倒有一种恐惧感，觉得这个东西没弄懂，那个知识不了解。越是这样，越往下读去。你一个小公务员，累不累，读这些东西？知道这么多干嘛？思考那么多有用吗？朋友、家人都这样问我。我不管不问，依然故我。好像得了爱读书的病一样，不可救药。我自己倒觉得更像一个书虫，在书库里不停地忙碌着，只有一个目标，就是吃掉这些书，把这些书咬烂，咬得千疮百孔。

书读得多了，语言就少了，和人交流就少了些，和朋友、家人也开始话少，有时甚至说错日常的话、用错一般的词汇，可能不想表达，怕出差错，被读书更多的人笑话。还有，书读得多了，想法会更多，关心了生活现实以外的许多问题，偶然有言论，会让有些人听着不舒服，但是和自己的同好同道在一起的时候，话比那春夏之季原野上的花儿还多，但不可否认的是，对于自己所肩负的工作，往往会有更新的思路和更广大的认知背景，能够做到举重若轻。当然，读书对我还有一个作用，那就是我父亲每次见我，都会问我是否还坚持读书？都读了哪些书？我会和父亲坐在一起，讲给他听，他已过古稀。父亲在三年困难时期辍学走入军营，没能读完书，但他始终认为我们赶上了读书的好时代。他现在还在每天坚持读书，还抄写一些东西，我坚信于他自己已成生活习惯，他似乎在弥补什么。我觉得我要多读书，每次见父亲时就有给他老人家说的新内容。

随着年龄的增长，大多按自己的兴趣去选书读书，知识之间相互沟通融合印证，觉得得到心证，如沐春风。现在喜欢在自己读的书上写眉批，读完写读后记，概括书的大意和自己获得的新知，最近突然觉得有必要将自己近几年来读的一些书的读后记整理出来，一是可以重温这些书的大概，温故而知新；二是能够整理自己的思想认知，使知识在内心形成系统化，也算是对自己人生的一种回顾。

现在的各种节日太多，都记不清了，据说4月23日是第二十个世界读书日，这个节日我喜欢。

作者：吕锋，1986级法律系3班校友，现就职于汉中市宁强县公安局。

想起父亲

李学军

昨夜，当我和朋友在路灯下的长安街散步，尽情享受那份宁静和闲适时，我没有想起远方的父亲正为我的衣食学费奔走；

今天，当我独自徘徊在这乱雪纷飞中长长的孤寂街头，我却想起了父亲，想将有关他的事件反刍一遍，可是，我的脑海里一片空白。

今天，我又在大雪里散步。思绪杂乱得就像这漫天里飞腾的雪花。我蓦地想起了那年冬天的那场大雪，在大雪里我痴狂地边走边唱，是父亲连训带骂地把我拉回家。那年冬天，我就此大病了一场。父亲天天守在床边。

今天，当我强健的躯体抵抗着严寒一次又一次地侵袭的时候，我想起了远方的父亲——来的时候，父亲还在病里。远方的父亲是否还卧病在床？奔波劳碌的父亲在新年临近之际病倒了。那个曾经像山一样、像树一样支持我们家庭的父亲，那个曾经喜欢大碗喝酒大块吃肉高兴了还会唱几句大戏的父亲，他病了——我远出家门来长安读书的时候，他依旧病着没能送我。我依然记着当我向父亲告别时，父亲不耐烦地斥责我走得太迟会误了班车。我走出屋门，站在庭院里听见父亲在里屋叹了口气，接着便是连续的咳嗽。往常父亲总是坚持送我上车，可这次……我也清楚地记得没了父亲的车站，依如往常喧闹拥挤，我却感到一种无法言语的孤独和清冷。正如站在大雪飘飞的街头。

昨夜，当我和朋友在路灯下的长安街散步，尽情享受那份宁静和闲适时，我没有想起远方的父亲正为我的衣食学费奔走；今天，当我独自徘徊在这乱雪纷飞中长长的孤寂街头，我却想起了父亲，想把他所给我的一切有印象的事件都反刍一遍，可是，我的脑海里一片空白。

作为父亲的儿子——一个孝顺的儿子。我既不知道父亲的年岁也不知道父亲的生日，我不知道父亲喜欢喝什么茶，更不知道父亲最爱吃什么菜。

只是记得父亲和我从很早的时候就一起下地干活，一起开车（父亲带着我）。更清晰地记得从12岁那年起，我总抱怨父亲给家里担负的太少；也是从那时开始，我天天寻事和父亲吵架。有些日子我们简直不能在同一个桌子上吃饭。父亲总是拍桌子瞪眼，挥着拳头威吓——却从没舍得动过我一巴掌。至今我还会想起那年当父亲听说我要独自去游黄河的时候，他大吼着："你敢走出这个家门半步，老子打断你的腿！"父亲咆哮着，满屋里找着顺手的家伙，我依旧倔强地无声抵抗。这样相持了很久，最终的结果，我还是去游了黄河。所不同的是多了几个水性极好的伙伴。在那个年龄，我丝毫不认为这是父亲对我的爱护。我自信，等有一天，我长大了会义无反顾地离家到远处去闯荡外面的世界——离父亲越远越好。

18岁，我远走乡关到西安来求学。可临走的时候，面对父亲，我却流泪了——和父亲的"相持阶段"延续了几年，这次离别算是它的尾声。父亲拍了拍我的肩膀，笑着说——我相信你会好好干，因为……因为你是个大男子汉了！从那天起，我忽然觉得父亲老了许多。

到校一年多了，父亲的书信寥寥的如同他在家里的言语，回家时，才听姐姐说——你走了那几个月，父亲大病了一场。每次你的信回到家，父亲便让小弟读给他听；父亲在给你攒钱，等你毕业了给你盖楼房……我终于明白了父亲整个夏季为什么都穿着那几件缝缝补补的衬衣了；我终于明白了父亲为什么一年舍不得再买双新鞋子；我终于明白了……

今天，当我站在大雪里，在长安街上散步时，我又想起了父亲，心里竟然满是酸楚。

却没有哭。

作者：李学军，1993级法学系校友。

图书在版编目（CIP）数据

青春都在西北政法.第一季／西北政法大学校友总会组编.—北京：知识产权出版社，2017.7
ISBN 978-7-5130-4967-2

Ⅰ.①青… Ⅱ.①西… Ⅲ.①西北政法大学—纪念文集 Ⅳ.①G649.284.1-53

中国版本图书馆CIP数据核字（2017）第121915号

责任编辑：齐梓伊　　　　　　　**责任出版**：刘译文
封面设计：张　悦　　　　　　　**执行编辑**：雷春丽

特别鸣谢书中图片提供者王贤老师、部分作者和热心校友！

青春都在西北政法（第一季）

西北政法大学校友总会　组编

出版发行：知识产权出版社有限责任公司	网　　址：http://www.ipph.cn
社　　址：北京市海淀区气象路50号院	邮　　编：100081
责编电话：010-82000860 转 8176	责编邮箱：qiziyi2004@qq.com
发行电话：010-82000860 转 8101/8102	发行传真：010-82000893/82005070/82000270
印　　刷：天津市银博印刷技术发展有限公司	经　　销：各大网上书店、新华书店及相关专业书店
开　　本：787mm×1092mm　1/16	印　　张：23.25
版　　次：2017年7月第1版	印　　次：2017年7月第1次印刷
字　　数：436千字	定　　价：68.00元

ISBN 978-7-5130-4967-2

出版权专有　侵权必究
如有印装质量问题，本社负责调换。